故园寻迹
——
大连古城

王国栋/著

© 王国栋 2020

图书在版编目（CIP）数据

故园寻迹·大连古城 / 王国栋著. —大连：大连出版社，2020.1
（品读大连）
ISBN 978-7-5505-1492-8

Ⅰ.①故… Ⅱ.①王… Ⅲ.①城市史—大连 Ⅳ.①K293.13

中国版本图书馆CIP数据核字(2019)第266280号

GUYUAN XUN JI · DALIAN GUCHENG
故园寻迹·大连古城

出 版 人：刘明辉
策划编辑：刘明辉　代剑萍　卢　锋
责任编辑：金　琦
封面设计：汪安琪
版式设计：对岸书影
责任校对：李玉芝
责任印制：孙德彦

出版发行者：大连出版社
地　　址：大连市高新园区亿阳路6号三丰大厦A座18层
邮　　编：116023
电　　话：0411-83620490 / 83621075
传　　真：0411-83610391
网　　址：http://www.dlmpm.com
邮　　箱：1024460963@qq.com
印 刷 者：深圳市国际彩印有限公司
经 销 者：各地新华书店

幅面尺寸：170mm×240mm
印　　张：19
字　　数：336千字
出版时间：2020年1月第1版
印刷时间：2020年1月第1次印刷
书　　号：ISBN 978-7-5505-1492-8
定　　价：150.00元

版权所有　侵权必究
如有印装质量问题，请与印厂联系调换。电话：0755-86106978

目 录

引子　关山岁月　沧海流年 / 001

辽东郡的沓氏城
披荆斩棘　先人足迹 / 009
　　遥远的青丘与青铜剑 / 010
　　燕秦的开拓与大汉沓氏 / 022
　　沓氏一定在辽南 / 032

海上丝绸之路的节点
沓津沓渚　黄渤岸边 / 036
　　徐福东渡与牧羊城 / 037
　　小窑湾畔的董家沟城 / 049
　　大岭屯汉城与三宅俊成 / 055

沓氏与汶县的猜想
双子星座　南北对峙 / 061
　　马蹄金与张店汉城 / 062
　　从沓氏到东沓和新沓 / 070

　　营城子的谜底在哪里 / 075
　　陈屯汉城和汶县说 / 090

辽南的四大"金刚"
垒石筑城　高夷布防 / 095
　　高句丽时代的辽东 / 096
　　黑山逶迤卑沙城 / 100
　　沧桑吴姑巍霸山城 / 107
　　龙潭虎穴得利寺山城 / 112
　　两姊妹城山山城 / 117

隋唐军的山城之战
楼船如云　传说如风 / 122
　　猛将来护儿含恨而归 / 123
　　程名振夜袭卑沙城 / 127
　　唐王传说与遗迹 / 131
　　长烟落日孤城闭 / 141

金州古城的兴废盛衰
铁马冰河　龙争虎斗 / 146
　　金宣宗命名金州的缘由 / 147
　　明将马云、叶旺与韦富 / 156
　　辽东第一卫——金州卫 / 162
　　甲午金州城保卫战 / 170
　　甲辰日俄南山阻击战 / 179

千年的文脉与灵魂
人杰地灵　乡土厚重 / 184
　　修修补补与不理智的拆城 / 185
　　神圣的庙宇和天后宫 / 191
　　副都统衙门、火车站、博物馆 / 196
　　阎福升和他的老宅 / 207
　　关向应在广场注视着我们 / 214
　　王永江——古城民国第一人 / 222

复州城的兴起没落
背影模糊　渐行渐远 / 232
　　复州城的千年兴衰 / 233
　　土城、石城与砖城 / 237
　　复州古城何时消失 / 248

永丰塔下的风景
苦难热血　流风遗韵 / 250
　　老八景之"永丰夕照" / 251
　　永丰塔下石磊就义 / 257
　　横山书院、龙爪槐和皮影戏 / 259
　　吟咏辽南古城的诗词 / 265

从望海埚到羊官堡
古戍卫国　烽火斥堠 / 271
　　望海埚城与抗倭大捷 / 272
　　万马奔腾的永宁监城 / 279
　　现存最完整的羊官堡石城 / 282
　　一道残墙映落日：牧城驿 / 285

参考文献 / 289

附录 / 290

后记 / 299

引子

关山岁月　沧海流年

> 现在就应该出发，去寻找大连地区的古城。
> 寻找古城，就是寻找我们的母城，就是要找回城市的原点，找回发展的契机，找回我们的自信，找回我们热爱这座城市的理由，甚至是找回我们自己。

往事如烟，岁月无痕。

我们今天所在的大连，是一个时尚、现代的浪漫之都，一个东北亚经济圈最活跃的开放中心。我的目光所及，看到的都是鳞次栉比的城区楼房、绿地广场，都是车水马龙、脚步匆匆，行走如风。也许读者会疑惑：这座现代化的城市和遥远的古城有什么关联呢？为什么你这本书的名字是《大连古城》？

1

近年来，我一直执着于我的寻找大连地区的古城之旅、文化遗迹之旅。从金州到甘井子、旅顺，从普兰店、瓦房店再到庄河；从最南端的老铁山到最北的步云山，从渤海岸线到黄海岸线……这种执着既是这座城市对我的呼唤，也是深藏于我骨子里的，即人对本源的一种本能的追寻求索。

去寻找那久远的已经被湮灭的古城，其实并不是非要找到一段残破斑驳的古城墙，或者是非要挖出一柄青铜短剑及几个陶片那么简单，而是钩沉辽南，找回那一段遥远的记忆和自信。

这些年我们走得太快了，急匆匆地去追赶 GDP、去追赶潮流时尚和各种标签、头衔，似乎只有这样，我们才有自信；然而历史文化的断层又让我们变得浮躁不安、盲目自大、左右摇摆。

一座座古城遗址、文化遗址就是这座城市最早携带有遗传信息的 DNA 序列，或者说是 DNA 链条上的密码。破解了这些密码，也就了解了我们这座城市的前世今生，也就了解了这块土地上的风雨沧桑；了解历史，我们才能站得更稳更高，我们才能拥抱未来。

我相信，如同扎根于沃土的植物才能欣欣向荣，只有厚重的历史文化才能滋养出更灿烂的文明。而我们所在的这座年轻而美丽的现代化都市，正是在这块热土中扎根了两千年的老树上，抽发出的新枝。

寻找古城的意义就在这里。

2

1898年3月,沙俄强迫清政府签订了《旅大租地条约》；5月,又签订了《续订旅大租地条约》之后,俄国人就准备在这里兴建一座国际性的大商港了。因其远离俄国,尼古拉二世所以赐名"达里尼",即远方之意。

1899年8月11日,踌躇满志的俄国沙皇尼古拉二世,拿起鹅毛笔写下了《关于兴建达里尼市和赋予这个城市自由港权利》的敕令："大连湾港位于伟大的西伯利亚铁路末端的一个站点,日益繁华的黄海中心,具备所有的优势,在最短的时间内成为全世界重要的贸易中心。为追求财富而在它周边着手兴建城市设施,并将其称为达里尼。"

由此,拉开了俄国人在大连开埠的序幕。

日俄战争爆发后,建设中的达里尼即将落入日军手中,大连历史上第一任市长萨哈洛夫接到沙俄驻守旅顺的俄关东军防区司令斯特塞尔中将的命令,把达里尼海港一带的码头、工厂、发电所以及军事上的重要设施全部炸掉。

萨哈洛夫当时回答说,即使把现在所有的炸药都用上,恐怕连码头都炸不掉。

他基本没有执行这道命令,按照现在有些人的推理,萨哈洛夫实在不想炸掉他亲手建设起来的城市设施。

也许,萨哈洛夫还期待着能再次回到达里尼,继续他的城市规划建设。可惜,最后他也不得不撤退到旅顺去了,怀着未完成的宏图大志和无限遗憾,最后在炮火声中孤独地病死在旅顺的俄军战地医院病床上。

萨哈洛夫的故事会让人联想到二战时期的一则往事:

1944年8月,希特勒在得知盟军即将攻占巴黎的时候,曾经砸着桌子大声吼叫"巴黎烧了么,巴黎烧了么?"但是,负责执行命令的德军驻巴黎司令官肖尔铁茨,虽一贯对希特勒忠心耿耿,却没有执行这道毁城的命令,这样艺术之都巴黎城

萨哈洛夫

终于保留了下来。

在客观地评价萨哈洛夫这一段历史时，我们还是不要忘记，俄国人包括萨哈洛夫在内，是以侵略者的身份来到这里的，他们把我们的"青泥洼"硬是改成了"达里尼"。

我们还是不要忘记，俄国东清铁路公司强行收买了东、西青泥洼等 12 个村落的 3300 公顷土地，每公顷地价仅为 105 卢布。

而青泥洼这个小渔村，当时毫无疑问是归属于清政府的金州厅和金州副都统衙门管辖。

金州厅和金州副都统衙门坐落在明清时代的金州古城东街……

明清时代的金州古城是在辽金时代的土城基础上修筑的……

辽金时代的土城又承袭了隋唐时代的遗风……

隋唐时代又承袭了秦汉时代和更久远的燕国时代的郡县建制……

这是一条通往时光隧道的小路，曲曲折折地走过漫长的黑暗之后，我们久违的母城，就像清晨一缕穿透云层的曦光，就像白发苍苍的母亲一样，站在隧道的尽头望眼欲穿地在等待着我们的回访。

我听说过这样一个段子：

一位大连人去西安旅游。西安天热，汗流浃背时他怀念大连的海风凉爽，于是向西安人炫耀，大连建市百年的时候举行了隆重的庆祝活动，来了多少名人云云，然后问西安的导游："你们建市一百周年有什么庆祝活动没有？"

西安的导游一愣，想了一会儿说："我记得西安建市六百年的时候，周幽王搞过一次'烽火戏诸侯'吧……"

作为大连人，我感觉到脸红和羞愧。

我们都知道，大连市有很多很多荣誉称号：

——中国最佳旅游城市；

——全国文明城市；

——全国卫生城市；

——联合国人居奖获得城市；

——全球环境 500 佳城市；

……

但遗憾的是，在中国 135 座历史文化名城的大名单中，至今还没有大连的身影。

3

《大连日报》前些年曾经发表过一篇《追溯大连的城史纪元》的长篇报道,这篇文字是该报女记者秦玉对大连大学东北史研究中心主任王禹浪教授的一个专访,其中的链接资料提供:

莫斯科建城于1147年,因为这一年库赤卡大公为自己的这个小村庄围起了第一道木栅栏。

彼得堡建城于1703年5月28日,因为沙皇彼得一世在这一天搭建了一个松木的小木屋,由此开始将该地的小村庄加以扩建,使其形成新的港城,并启用了圣彼得布尔赫的名字。

再如金边(1371年)、哈瓦那(1519年)、华盛顿(1791年)、亚的斯亚贝巴(1885年)以及罗马(前753年)等许多城市,在确定自己建城起始时间时,也多是从发展史中选出能够标志本地重大变化而且可以确知的年份作为纪元。

其实,确定城市历史纪元的标准除了以建城之日为准外,还有一种是以设治之日为准的,即以最早由中央政府批准设立最高行政机构之日,为该地之历史纪元。

前一标准,对于曾经建有城垣的城市来讲,是首选方式;但对从未建有城垣的城市来讲就不太适用,例如我们熟知的云南丽江古城就没有城垣。因此又产生了后一标准。

大连市确定1899年9月为建市纪元,实际是以后一标准来确定的。

但如果依照这后一标准,清朝北洋大臣李鸿章1880年奉旨在旅顺开始筑港、设海军提督衙门,再到1887年在大连湾筑港,这算不算开埠呢?那时的旅顺有了中国第一个自来水设施。

"百年大连"仅仅是近现代的一个新阶段。近现代的大连城市与古代大连地区的城池之间,是存在着性质、功能、规模、形制、作用、布局等诸多方面的巨大差别,但这丝毫不能排斥它们之间在地理和历史上的文脉关系。如果我们认识到了这种本质上不可分割的联系,那么我们就会真正懂得追寻古城的意义所在。

这些年的田野调查,我结识了很多默默无闻、埋头苦干的考古、史志工作者以及业余的历史文化保护者志愿者,我知道数十年来,他们一直在做着

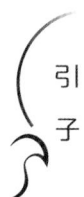

一个最基础的工作,就是通过他们努力发现和发掘出的文物,把我们的视野从"百年大连"的层面,提升到千年的城史文化的高度。

4

仰望历史星空,许许多多灿若群星的中国文化名城一直在历史长河中闪耀着光芒,但不好意思,你找不到大连。

就是在辽宁,相比较于白发三千丈的沈阳或者辽阳抑或朝阳,大连也不过是幼儿园里的一名稚童,一下子就差了不知多少辈分。

我国中原地区按古城址追溯建城纪元的城市非常多,这也正是我国确定历史文化名城的一个标准。

我们并不是仅仅想争一个时间的长短,因为建城史的长短,实在是衡量一座城市历史文化底蕴是否悠久和深厚的标尺,更是留给后人

位于沈阳五里河公园的秦开铜像(张仁军/摄)

值得挖掘和彰显的宝贵文化遗产。我认为摈弃"百年"意识、放弃荒漠意识,树立一个千年历史意识,是当今我们大连人重要的城市人文理念之一。

根据已发布的考古报告,现在大连地区发现的汉代城池至少有七座:

一、牧羊城,位于旅顺口区铁山街道南山里,是大连地区所发现的战国时期至汉代的重要城址之一。

二、张店汉城,位于普兰店区铁西街道二道岭村张店屯,原花儿山乡张店村西北靠近海湾的地方。

(考古学家说,迄今为止,在大连挖掘的最古老的城址,当数上述两座古城,它们又都是跨越两个以上历史朝代的古城,最早可以上溯到战国时燕国时期。)

三、董家沟南山城,位于金州区董家沟街道临近小窑湾的近海处。

四、大岭屯汉城,位于金州区大李家街道大李家村。

五、马圈子汉城，位于金州区三十里堡街道马圈子，这里原属于一家国营农场。

六、黄家亮子城，位于普兰店区杨树房镇战家村黄家亮子屯。

七、陈屯古城，位于瓦房店市太阳升街道的复州河北岸，是一座边长为800米的方形城，南壁被复州河破坏。

汉代以后，城池在辽南地区逐渐增多，规模和设施亦逐渐完备，这些城既是政治经济文化中心，更是军事重镇。这些城池的存在充分说明，早在2000余年前，辽南就已经出现了城市的雏形，说明大连城史纪元的开端，也许应该是在汉代。

东晋之后，高句丽统治时期，在大连地区就有15座山城，例如金州有大黑山卑沙城、普兰店有星台镇巍霸山城、瓦房店有得利寺山城、庄河有城山镇城山山城等。

辽金时代主要城址有复州城、金州城（苏州城）等。

元代主要有金复州万户府城，是利用辽金的土城作为建置所在。因为喜欢追逐水草的马背民族，历来不喜欢筑城，甚至对此也没兴趣。

需要说明一下的是，元代以前的城基本上是夯筑土城，就如"城"字本身的表意一样，是用"土而成"为"城"，明代以后开始出现石城和砖城。

明太祖朱元璋雄才大略，所以明朝在辽南修筑的城池最多，粗粗计算一下已经超过20座。主要有复州城、金州城、旅顺南城、旅顺北城、永宁监城、牧城驿城、孛兰堡城、归服堡城、望海埚城、红嘴堡城、石河驿城等。

清代没落，于是主要是维修明代城池。

截至目前，大连地区已发现的古城遗址有60余座，不谓少矣。

这些古城，按照大连史学家王万涛先生的说法，大体可划分为五种类型：

一是军事城堡，以旅顺汉代牧羊城、金州明代望海埚城为代表；

二是州县治城（州县衙驻城），以普兰店张店汉城、金州大岭屯城、复州城和金州城为代表；

三是综合性城邑，以旅顺南、北城，得利寺山城及城山山城为代表；

四是粮秣储藏转运城邑，以长海县广鹿岛朱家村汉城、普兰店红嘴堡城为代表；

五是驿邮小邑，以金州石河驿、甘井子牧城驿及普兰店孛兰堡为代表。

古城，是大连古代史壮丽画卷上的一个个亮点，从古城遗址我们可以知

道，在这块热土上，曾经有过——
　　燕秦的开拓，
　　汉武的雄风，
　　盛唐的足迹，
　　辽金的胡音，
　　大明的城垣，
　　……

可惜到了现代，大连地区曾经灿若群星的古城，却一个个先后在这块土地上消失了。

如今，我们走在灯火璀璨的中山路、人民路，走在大气恢宏的星海广场和东港广场，走在改革开放前沿的先导区，举目处处是楼宇如云，广厦林立。

大连地区的古城到哪里去了，又是如何凋落的？

朝代更迭，战争破坏，风尘湮没……古代许多城市往往都是"兴为都邑，衰为废墟"的，大连古城也难逃这一规律和命运。

古城虽然远去，但历史年轮永存。要说大连古城，还应该从头说起——

从遥远的记不清岁月的时候开始。

辽东郡的沓氏城

披荆斩棘　先人足迹

遥远的青丘与青铜剑

> 那时辽南叫"青丘",青丘有着威严沉重的石棚和光芒夺目的曲刃青铜短剑文化。而大嘴子遗址还有三道半环形石围墙,三道石围墙把村落围在里面。
>
> 石墙距今约有三千五百年的历史。这算不算最古老的"城"墙呢?

1

一万七千年前,在瓦房店古龙山的一个山洞里,升起了辽东半岛南部的第一缕炊烟。

据说,生活在这个山洞里的古龙山人,属于夏至冬走的游猎部落,考古学家们说,他们是一群勇敢的猎马人。

为什么说他们是猎马人呢?

因为在他们居住过的一个小山的洞穴里,挖掘出很多马骨,至少有200

瓦房店古龙山遗址

古龙山的大连马化石

匹野马的马骨,这种野马被命名为"大连马"。可以想象,夏天,古龙山人回到这个山洞里来狩猎(主要猎食大连马);冬天,他们则背上石斧、棍棒,扶老携幼迁移到温暖湿润的南方。

那时,渤海还是一个内陆湖。这块土地属于胶辽古陆,与山东半岛甚至日本列岛都是相连通的,先人们可以在这片辽阔的土地上自由地行走。

当然,那时的辽南依然处于茹毛饮血的时代。

在古龙山人之前这块热土上还有谁呢?

从古人类的角度考证,一是南下的庙后山人(本溪旧石器时代,距今50万年—40万年)和金牛山人(营口旧石器时代,距今约28万年);二是北上的山东半岛古人类。他们都和这块土地有着密切的联系。

他们肯定都在辽南这片土地上留下过脚印,可惜,现在除了古龙山山洞的兽骨外,还没找到其他任何人类活动的痕迹。目前,大连地区发现的最早有古人类生存遗迹的是长海县广鹿岛的小珠山文化,距今约七千年。

旅顺、甘井子、金州、瓦房店等地后来也都陆续发现了古人类的足迹。在老铁山下、大连湾畔、长兴岛上、牧羊城里……先民们捕鱼养畜、耕织采撷,炊烟袅袅,生生不息。他们用石英岩打磨出锐利的石矛、石斧来狩猎,他们在储藏粮食的陶罐上刻上祈求幸福的花纹,他们用贝壳为女人打磨出一串串美丽的项链……

那时的先民们喜欢在距海边、河边不远的山丘南麓建造半地穴式的房子，这样的地方可以捕鱼、打猎，而且暖和又避风。

这个时期，辽南已经跨入了刀耕火种的时代。

不管是庙后山人、金牛山人，还是古龙山人，历代的史书典籍都没有留下任何只言片语，他们像风一样地来了，又像风一样地走了。

铜铁炉中翻火焰，为问何时猜得？不过几千寒热。

2

古龙山人之后，人类已进入新石器时代。与中原地区相比，辽东半岛还是尚未开化的蛮夷之地。连号称"溥天之下，莫非王土"的周王朝对这片土地也知之甚少。

现能查到最早记载大连地区及其相关情况的，是汉代以后出土的周代逸书。周代逸书《竹书纪年》记载，夏、商、周时期，中原王朝一直把居住于我国东部沿海一带，南起淮河，北至山东半岛、辽东半岛和朝鲜半岛的居民统称为"夷人"，并把夷人分为九种：把居住于淮河一带的称"淮夷"，居住于江苏北部的称"徐夷"，居住于山东半岛的称"莱夷"，居住于辽西和辽东一带的称"东北夷"，居住于朝鲜半岛的称"高夷"……所以，当时的大连地区在夷人生存的范畴之内。

古籍《逸周书·王会解》中曾经提及15个东北古国，依次为稷慎、秽、

辽南出土的石斧

长海县出土的玉牙璧

良夷、扬州、解、发、俞、青丘、高夷、独鹿、做孤竹、不令支、不屠何、东胡、山戎。这本书又把居住于辽东、辽西的夷人做了进一步的划分，称居住于今河北东部的夷人为"孤竹""令支"，居住于辽西一带的称"俞人""屠何"，居住于辽东一带的称"青丘""周头"。

周头在辽东何处，现无从考证。但从历代史书的记载中，可以确定青丘是在今日大连所处的辽南一带，这就是说，西周时期称大连所处的辽南一带为青丘。

青丘，在中国古代典籍中还真有一些语焉不详的介绍。

《逸周书·王会解》载：青丘向周天子贡献的特产是九尾狐。孔晁注云："青丘，海东地名。"青丘亦作"青邱"。"附宝见大电光绕北斗枢星，照耀郊野，感而生黄帝与青邱。"

《吕氏春秋·求人》："青丘之乡，黑齿之国。"

《初学记》引《归藏启筮》记蚩尤"登九淖以伐空桑，黄帝杀之于青丘"。

《山海经·海外东经》："朝阳之谷……青丘国在其北，其狐四足九尾。"

东汉人服虔在《正义》中注解："青丘国，在海东三百里。"

按古人五行说，青色代表东方。如果再以山东等中原地区为基准，"海东三百里"应该就是隔海相望的辽东半岛。有人说青丘是朝鲜半岛，虽然朝鲜半岛也在海外之东，但距离山东半岛已超过了150公里。这一点，比较权威的《东北历史地理》一书也有注明。

"黑齿之国""其狐四足九尾""在海东三百里"等近乎神秘的描述说明了什么呢？至今没有人能解释清楚。

青丘这个地名很有意思。从战国时期燕据辽东一直到秦汉时期，在东北、在大连地区正式建立行政建制时都从未用过此名，起码是正式的史书记载中没有。但在唐代的史书《旧唐书》《新唐书》和宋代司马光的《资治通鉴》中，却多次出现过。

据《新唐书·东夷传》记载，唐太宗于贞观二十一年（647年），曾兵分两路征伐高句丽，其中海路任命左武卫大将军牛进达为青丘道行军大总管，他们自山东莱州渡海到今大连地区，攻取了石城（今普兰店巍霸山城）、积利城（前城即今庄河城山山城，后城即今庄河夹河山城）。

贞观二十二年（648年），唐太宗又任命右武卫大将军薛万彻为青丘道行军大总管，首战曷山（今大黑山），直达今丹东地区的泊汋城。

《新唐书》里所说的"青丘道",虽然不是唐代的行政建制,但显然是沿用了古代青丘之名,牛进达、薛万彻的行军路线和活动范围确实在古青丘的范围之内。

据此,我们可以认定古代辽东半岛沿海的辽南被称为青丘。

或许,那时的辽南层峦叠嶂,满目苍翠,植被繁茂,鸟语花香,故名青丘。

有意思的是,现在的影视剧很喜欢炒"青丘"这个概念,例如《青丘狐传说》《三生三世十里桃花》,里边所发生的故事都是在青丘这个地方,这就给青丘蒙上了一层神秘的色彩。

3

青丘时代辽南有什么?当然不是白浅、夜华、墨渊……真正的青丘时代,这里有青铜短剑文化。准确地说,是曲刃青铜短剑。

神州大地,曾经发现的古代青铜剑何其多也,最著名的当属吴王夫差剑和越王勾践剑,都属中华瑰宝级别。就是在大连的庄河桂云花乡,也曾经发现过春平侯剑,也有叫春平侯铍的。这是春秋战国时期著名的兵器,但这些剑绝大多数剑身都是直线形,又可分为兰叶形和柳叶形两种。

曲刃青铜短剑却在这两种形制之外。

这种短剑的两侧刃身有两三道弯弧,整个剑身不是直线、流线型,而是琵琶形,剑柄是"I"字形,与剑身分开,故又称"琵琶式短剑"。曲刃青铜短剑在东北各地,如我国辽宁、吉林、内蒙古、河北和朝鲜境内都有出现过,而辽南地区尤为突出,出土的也最多。

据考古学家说,远古时还有一个很奇特的民

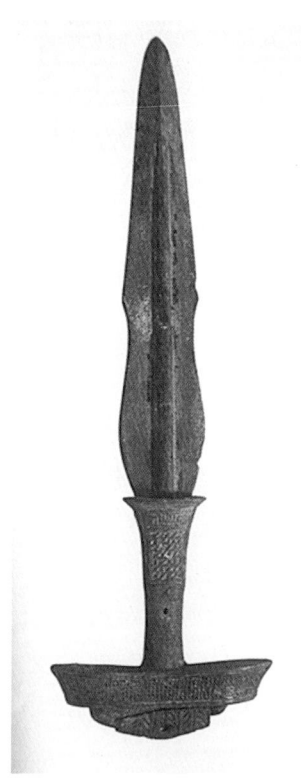

长海县出土的曲刃青铜短剑

族，他们以使用凸脊曲刃青铜短剑为主要特征。这个民族大约形成于西周时期，一直延续到战国后期，在漫长的岁月里，他们都活跃在东北各地以及辽南这块热土上。

从20世纪20年代开始，首先是日本学者不断地在这里发掘出曲刃青铜短剑。例如1937年4月，在旅顺南山里郭家村南丘陵耕地中，一次就出土了15把。此外，日本学者还在旅顺口刘家村、长海县马石等地都发现过曲刃青铜短剑。

死后还把心爱的短剑放在身边的，一定是真正的武士和勇士。

这个民族的遗迹，在今天的营城子后牧城驿村的双坨子遗址，尤其是岗上墓地的挖掘中已经得到验证。岗上墓地是一个完整的以青铜短剑为特征的氏族公共墓地。

除了旅顺口、甘井子之外，金州和普兰店、瓦房店等地区，也都发现了曲刃青铜短剑的踪影，这说明，这个民族活跃的区域范围很广。

关于曲刃青铜短剑，近年来在国内学术界取得了一些新的研究成果，已引起国外专家的注意。日本学者称其为"辽宁式短剑"。

这种短剑，显然是青铜时代活跃在长白山下、辽东半岛的某些强悍部族使用的一种武器。为什么把短剑铸造成琵琶形呢？没有人能说清楚。

以游牧和围猎为主要生活方式的民族习惯于逐水草而居，并养成勇猛好斗的性格。迄今已发现了他们遗留下来的几十个营地、墓群和壕堑，以及数以千计的兵器、工具、日用器皿和服饰。

从出土的大批戈、链、短剑、矛头等青铜兵器，以及锁、马镞、马衔、銮铃等马具来看，青铜短剑的主人是能征善战、精于骑射的。而许多弧刃上有卷钩的铜斧、柄底带齿的兽首铜刀、嵌满各种铜泡的皮靴和弹簧形耳环等，则更突显出其极具浓郁的马背民族特色。还有一个很有意思的现象是，这个使用曲刃青铜短剑的民族，其丧葬方式也有特点，一是多为石墓，如积石墓、石墓石椁墓，二是多施行火葬。如甘井子区营城子后牧城驿村的岗上墓地，是20世纪60年代发掘的曲刃青铜短剑的遗存地，而墓葬里的人骨都经过了火烧。与我国西北一些少数民族实行的火葬意义相同，是为了让灵魂"升遐"。烟火升遐，灵魂永生，群体护佑。这个部落的火葬习俗，也使其有别于后来的一些部落。

现在，旅顺博物馆和金州博物馆里的那些寒光闪闪的曲刃青铜短剑，至

20 世纪 80 年代航拍的大嘴子遗址

今仍令人望而生畏，敬重不已，亦让人浮想联翩，为之赞叹。它们，就是在辽南的土地上发掘出来的。

有人说，他们是古东胡人的一支。

有人说，他们是古濊貊族的一支。

也有人说，他们就是肃慎人。

东胡、濊貊、肃慎，很怪的名字，都是中国北方最古老的游牧民族。

这些以使用凸脊曲刃青铜短剑为主要特征的人，他们逐海而居，具有开放的海洋性格。

4

从大连市内来开发区，走振兴路跨海大桥时，在大桥南端会看见一处裸露着泛红色的山岩，北、东、南三面环海，大概由于海浪冲击或者地震的原因，形成高出海平面约 20 米的一道崖壁，像噘起的一个动物嘴，以咄咄逼人之势，高高地伸进海里，当地渔民一直称之为"大嘴子"。

这处现在看起来并不起眼的高地，就是辽南一处重要的历史文化遗存——大嘴子青铜时代历史遗址。

遗址证实了四千年前即我国原始社会末期，大嘴子一带就有先人居住。遗址的总面积将近 1 万平方米，南北长 100 余米，东西宽 90 余米，可见这

大嘴子出土的陶罐、铜镞、石钺

里曾是一个人丁兴旺的大规模古代村落,在800—1000年的时间里,大嘴子人就在此劳作生息,一直走到了奴隶社会的初期,相当于中原地区的夏、商和西周早期。

最让我们眼前一亮的是,在遗址高台上,从东到西依地势起伏修筑起来的有三道半环形石围墙。第一道石墙总长达39米,宽2—3米,现存高0.4米;第二道石墙长19米,宽约1米,高约0.3米;第三道石墙高约1米,而长度应该更长,但在挖掘时发现,这一段已经被当年修路的推土机挖断,实际它还应该延伸很长。

当年,考古人员在大嘴子遗址进行挖掘

辽东郡的沓氏城

三道石墙把这个夷人部落围在了里面。

注意！是三道石墙，这是一个小城墙的规模了。

这是不是金州地区最古老的"城"墙呢？

石墙和在遗址里发现的铜戈、铜镞、石戈、石钺、石矛、石剑等，都说明当时战争已经很频繁。当然，想在这样大的一个区域里，长期保持和谐平衡几乎是不可能的。部落之间，常常会为食物或女人等发生战争，这是正常的。

半圆形的墙外堆积着高高的土堆，当考古学家们挖开泥土时，发现里面竟然全是牡蛎壳。这说明，大嘴子人主要靠从黄海中捕捞的牡蛎、鱼虾、贝类等果腹生存，这里是一个地地道道的渔村。

考古工作者发掘出45座房址，分为石筑和半地穴两种。最大的一座房屋，室内长4.6米、宽4.2米，有火炕和锅灶，估计是部落酋长的居所。火炕是石砌的，上面铺着石板，沿袭至今的北方人生活方式在这里找到了渊源。

而在大嘴子发掘出的稻米，还证实了考古历史上一个悬而未决的问题：朝鲜半岛和日本的水稻，是经由辽东半岛传过去的。

日本学者关于中国栽培稻东传的路线有"北路""中路""南路"诸说。从考古发现来看，"北路"说证据最多。

北京大学严文明教授认为，最大的可能就是按"长江下游—山东半岛—辽东半岛—朝鲜半岛—日本九州—日本本州"这样一条以陆路为主，兼有短程海路的弧形路线，以接力棒的方式传播过去的。这五站除了辽东半岛之外，其他四站之前都有考古挖掘的稻谷标本，大嘴子稻米的发现，恰好可以补上辽东半岛这一缺环，为研究中国栽培稻传播至朝鲜半岛、日本的路线推测提供了有力的实物资料。

5

辽南除了石墙，还有令人瞩目的石棚文化。

石棚文化的传说和谜团也是最多的，在民间，有人说是唐朝大将尉迟恭所建造；也有人说是最早的夷族人放牧所用的班房；也有人说是高句丽人祭祀用的石桌……

辽南最早发掘石棚的是日本学者三宅俊成，他在石棚中发掘出人骨、石斧、陶片等等。证实了这是一种墓葬形式，而且和辽南积石冢群有着密切的联系，有可能是属于最早的夷人之一的濊貊族。

金州小关屯石棚

也有人说是古肃慎人的杰作。

肃慎人是东北最古老的民族之一。《竹书纪年·五帝纪》说："肃慎者，虞夏以来东北大国也。"有学者研究证明，早在六七千年前，肃慎族就定居在辽南沿海一带和岛屿之上，过着刀耕火种、捕鱼打猎的生活。

到底是濊貊族、肃慎族还是东胡族，迄今尚无定论。

但石棚从世界范围说属于巨石文化，即从石器时代至青铜时代分布于世界各地的、以巨大石结构建筑为标志的古代文化类型，这些以宏大的平面布局和奇特的造型而著称于世的巨大石质建筑物，从类型上可分为墓石、独石、石台、金字塔等。大连地区发现的几十座石棚，都属于墓石。

金州小关屯石棚就是颇具代表性的一座。

当我来到金州向应街道小关屯的那一片农田时，一座由六块黑色花岗岩大石板搭建的石棚，就赫然矗立在眼前。

近前看到，硕大的石板上布满了风剥雨蚀的痕迹，却依然保持着高傲的姿态。据资料介绍，整个石棚长 4.3 米、宽 2.8 米，石板厚约 0.43 米，南面一块石板已经倒地，现在是三块黑色的花岗岩石板撑一块顶板。

在石棚的左侧还有一石碑，上面篆刻着"市级文物保护单位 小石棚"字样，落款是"金县革命委员会 一九七九年六月六日"。

我走近它的时候，看到石棚附近还残留着一些明显是刚刚祭祀用过的水果与纸杯等。

看来，就是时至今日，人们依旧对它怀有宗教与迷信之间的膜拜心理。

古人信奉以东为大、以东为尊，于是石棚顶板从东向西往下倾斜，石棚底部用石板铺就，开口方向朝向正南，石棚外还有一块平整的石板铺在地面上。赶上大晴天，正午的阳光直射在顶板的脊背，投在石棚内的阴影如它本身一样神秘莫测。

石棚就是石棺已基本成为定论，石棚的主人也肯定不会是布衣平民，应该是部落里的酋长或氏族族长。

石棚也说明原始社会即将解体，就要跨入阶级社会的门槛了。从石棚中发现的尸骨、青铜器物和陶器残片等遗物判断，石棚存在的年代在距今三千七百年到三千年的原始社会。

后人以石棚为伴，世世代代在这里春种秋收，却弄不清楚究竟是谁把它安放在这里的。也许因为它突兀、神奇，附近的农民对它始终怀有一种小心翼翼的呵护和敬畏之情。

所以小关屯石棚保存基本完好，它的影像经常出现在报纸或书籍上，俨然成为辽南石棚的一个标志和样板。千百年来，它一直骄傲地站立在山岭上，保持着沉默，却难掩一种逼人的气势。

神秘的是，石棚常常不是孤立的。小关屯村里的老人们说，在小关屯石棚东南方向的250米处，原来还有一座大石棚，可惜20世纪50年代被驻守在这里的苏军炸毁了。

据说，当年苏联红军驻守于此，常常进行实弹演习，于是以山川旷野之中的突出目标为靶，由此也毁掉了不少自然景观。除了这座大石棚，还有大孤山乡红星村的将军石和金石滩龙山的回音石等等。

石棚也有称作"石桌坟"和"支石墓"的，又有"姑嫂石"和"石庙子"之俗称。

在中国，辽宁石棚最多，在辽宁，又以辽南为最。除了金州小关屯，在普兰店、瓦房店、庄河等地也都发现有石棚遗存。因为有石棚，辽南叫石棚乡、石棚村、石棚屯的地方也很多。

金州向应小石棚

大连地区石棚最早见于文献记载的,是见之于金代文学家王寂的《鸭江行部志》。金明昌二年(1191年),王寂在任提点辽东路刑狱时,奉命巡按辽东,他自辽阳出发,当行至今瓦房店市境内时,见到了一座石棚。于是王寂在日记中写道:

己酉游西山,石室上一石,纵横可三丈,厚二尺许,端平莹滑,状如棋局,其下壁立三石,高广丈余,深亦如之,无瑕隙,亦无斧凿痕,非神功鬼巧不能为也,土人谓之"石棚"。

王寂所说的西山石棚在哪里呢?据考证,即今天已被破坏了的瓦房店李官镇榆树房西山石棚。

现在的石棚,又应该叫作"裸棚",因为就是那样坦坦荡荡地裸露在大地上。但最初的石棚并不就是这样裸露着的,在石棚的外面,曾经覆盖着厚厚的封土,就像一件厚厚的外衣。在漫长的岁月里,那一层厚厚的封土渐渐散落在风雨之中,最后,只剩下孤零而空落的几块石板相依而立。

关于石棚的建造过程也是一个谜。现在可以断定,小关屯这六块数吨重的巨石板,是从十里外的小黑山采来的,但当时生产力水平十分低下,如何运来巨石并搭建起石棚,简直不可想象。

从大嘴子的石墙,到墓葬的小石棚,这些,是不是辽南最古老的"城"的雏形呢?

燕秦的开拓与大汉沓氏

> 《史记·匈奴列传》:"燕有贤将秦开,为质于胡,胡甚信之。归而袭破走东胡,东胡却千余里。……燕亦筑长城,自造阳至襄平,置上谷、渔阳、右北平、辽西、辽东郡以拒胡。"
>
> 辽东郡县,始建于战国,定制于秦代,确立细分于汉代。

1

说到古城,自然会联想到边塞、战火、冷月、狼烟……战争似乎永远是中原王朝与北方游牧民族间的主旋律。但是一直以来,当人们吟诵"秦时明月汉时关，万里长征人未还"的诗句时，往往不会联想到辽南这块热土。

秦宫汉阙，长城边关，大漠孤烟，似乎都离我们这块土地很遥远。我们这座朝气蓬勃的城市有面对浩瀚大海的开阔空间，却似乎缺少了深邃的时间和历史的深度。

然而，曾历四百多年的大汉王朝，辽南即大连地区也曾占有一席之地。这就是西汉时幽州的辽东郡沓氏县。

汉家烟尘在东北，汉将辞家破残贼。

《史记·匈奴列传》曾记载："燕有贤将秦开，为质于胡，胡甚信之。归而袭破走东胡，东胡却千余里。……燕亦筑长城，自造阳至襄平，置上谷、渔阳、右北平、辽西、辽东郡以拒胡。"

这是公元前300年时在辽东发生的故事，说的是燕国有一位大将叫秦开，早年曾在东胡做人质，深受东胡的信任，通晓其民情风俗。

燕昭王即位后，秦开逃归燕国。后于公元前300年率燕军大破东胡，迫使东胡北退千余里。

这个东胡是一个大概念，包括了鲜卑、乌桓等许多部落，统称为"胡"。

秦开大军趁战胜东胡的余威，又东渡过辽水进攻箕子朝鲜[1]，取地两千余里，直达满番汗（今鸭绿江）。至此燕国据有辽宁全境。

然后秦开在这片辽阔的土地上一下子建立了辽东、辽西、上谷、渔阳、右北平等五郡，其中的辽东郡区划就包括了现在的辽南地区，而汉民族由此从中原大批移民至此。

说到"郡"字，现代人大概有些陌生，但也不能说完全陌生，因为有的地产楼盘也喜欢用这个"郡"字。他们以为"郡"是一个很时尚的名字。

其实，中国古代从春秋时期开始首先有县一级的建制，后来才有郡。那时，"郡"属于新兼并的地广人稀又很偏远的地方，土地幅员虽比县广阔，但其政治经济地位却不如县重要。所以晋卿赵简子在《誓师辞》中说："克敌者，上大夫受县，下大夫受郡。"

后来到了战国时期，由于经济发展，边远的郡也逐渐繁荣起来，内地的县逐渐增多，需要建立更高一级的管理机构，于是就形成了郡、县两级制的

---

[1] 箕子朝鲜：据《史记·宋微子世家》记载，商代最后一个国王纣的兄弟箕子在周武王伐纣后，带着商代的礼仪和制度到了朝鲜半岛北部，被那里的人民推举为国君，并得到周朝的承认，史称"箕子朝鲜"，也称"箕子侯国"，从公元前1122年始，至公元前194年亡，历经九百余年四十余代。

地方管理体系。郡守为郡之长，多由武官充任，有征兵领军之权。至战国末年，各国郡县的设立已很普遍。

这时，县的地位反比郡低了一级。

2

总之，燕国是我们知道的第一个在大连地区建立郡县制的中原政权，现在发现的战国时期古城址就有牧羊城（旅顺）、黄家亮子城（普兰店杨树房战家村）、张店汉城（普兰店花儿山）等。而且大连地区出土战国时期货币的地点也非常多，其中主要就是窖藏的燕国刀币。

有人分析，这应该是当年秦朝大军扫荡燕国时的事情。燕人仓皇出逃，于是窖藏刀币，例如在金州大黑山下就发现过窖藏的燕国刀币。

但燕国当时在辽东郡下边是否还有县，史无记载。也许有，也许没有，这又是一个历史谜团。

辽东郡治所在辽阳，以当时的交通条件和手段，对辽南地区的管理肯定是鞭长莫及的。即使建辽东郡的初期辽南没有县治，后期也应该有。

而且燕国设置辽东郡之后一直到秦灭燕，经历了约78年，辽南已经逐渐繁荣起来形成了规模。

到了秦末，陈胜、吴广起义，天下大乱。陈吴政权上台后派赵人武臣来经略赵地，武臣稳定赵地之后又派部下韩广去安抚燕地，结果韩广一到燕地就很受欢迎，被当地贵族拥立为燕王，他的势力范围包括辽东在内的故燕国之地。

公元前208年，秦军攻赵王武臣，燕王韩广派部下大将臧荼率兵救赵，在这个过程中臧荼又跟了项羽。项羽在大胜秦兵之后自立为西楚霸王，借口臧荼功劳大，立臧荼为燕王，就把韩广迁为辽东王，让他到更偏远的地方去。过去的部下来接替他称王，韩广当然咽不下这口气，不愿意迁走，结果反被臧荼击败并杀害。

公元前202年，汉高祖刘邦亲征而灭了臧荼，封了自己的发小卢绾为燕王。公元前195年，刘邦又怀疑卢绾要造反，遣绛侯周勃为大将发兵讨伐卢绾，平定燕地，安抚了包括辽东、辽西两郡共二十九县（《史记·周勃传》）。

城头变幻大王旗，几度讨伐征战之后，辽东郡终于安定下来了。这时候的辽东郡，辖今辽宁大凌河以东、开原市以南、朝鲜清川江下游以北的大片地区。

《汉书》卷二十八《地理志》中曾有这样的记载：

辽东郡、户五万五千九百七十二，口二十七万二千五百三十九。

县十八：襄平、新昌、无虑、望平、房、侯城、辽队、辽阳、险渎、居就、高显、安市、武次、平郭、西安平、文、番汗、沓氏。

总之，汉代辽东郡的设置，使辽南地区正式进入中原王朝的版图，而沓氏，是我们知道的辽南在史书上正式记载的第一个县级行政建制名字。

辽东郡从燕秦时代过渡到两汉。东汉末年，军阀割据，中原少安，而辽东郡因偏居东北，则得以喘息振兴。189年，辽东太守公孙度自立为辽东侯，把辽东郡分为辽东、中辽、辽西三郡。238年，公孙氏割据政权被消灭，辽东郡又并入魏国版图，这时辽东郡辖9县。

从《汉书·地理志》中可以看出辽东郡县建制时间的大致轮廓，也知道辽东郡18个县中有沓氏县。

但我认为，这肯定不是大连地区的第一个名字。

在青铜时代的石棚文化，在战国时代燕国的统治时期，这里都应该有地方政权建制，当然也应该有自己的名字，也许就是"青丘"，也许是另一个。虽然人们曾口耳相传，遗憾的是没有文字记载流传下来。

那时的《尚书》《春秋》《左传》《史记》等史书巨著，笔墨主要局限在中原地区的历史，对于偏远的化外之地，蛮夷之地，左丘明、司马迁他们知之甚少或不以为意也情有可原吧。

后来，在强秦觊觎之下，随着侠客荆轲的一去不复返，秦国大将王翦率铁骑横扫北方，整个燕国包括大连地区一起并入了秦帝国版图。然而，千古一帝的秦始皇却把目光投向了更辽远的南方，只给这片土地留下了一个转身而去的高大背影。

一直到公元前107年，雄才大略的汉武帝终于回眸北方的辽东，打算打理一下这片久已荒疏却异常肥沃的土地，于是开始在这片天高海阔的蓝色海湾里，夯土筑城，设县安民。

于是大连地区正式建立了行政区——沓氏县。

今渤海海峡岛屿示意图

3

沓——对于现代人来说也是一个很生僻的汉字，相信现代人使用这个汉字的概率也不会太多。中国最早的字典——许慎著的《说文解字》中释"沓"为"从水曰"，表明了这个字应当与水有关，同时他还特别注明："辽东有沓县。"

应劭集解的《汉书·地理志》注云"沓氏，水也"，也指明沓氏县因水而名。许慎和应劭同为东汉时人，所言应该具有相当的可靠性和准确性。

《辞海》关于"沓"字的解释，有繁多、重复的意思，有会合的意思，有姓氏的意思，也可以做量词……

作为姓氏的"沓"字，如今在《百家姓》上已查不到了，大汉却以它为名在辽南设立了"沓氏"县，属幽州辽东郡管辖。

如今绞尽脑汁也想不出，那时辽南为什么叫沓氏这个怪怪的名字呢？

当然，命名为沓氏，一定有它的理由。

读班固所著的《汉书·地理志》，会发现沓氏是排在辽东郡十八个县的最后一位，而且书中只有地名"沓氏"这两个字。其他如"文县、西安平县、番汉县"等或许还有几个字来说明一下，而沓氏则根本没有。

《汉书·地理志》既然如此简洁，就给后人留下了想象的空间，其中唐朝历史学家颜师古做了很多批注，关于沓氏，颜师古这样说："凡言氏者，皆谓因之而立名。"即以姓氏而立名。

清代地理学家徐松也有批注，但不同意颜师古注。他说："应注氏水也，谓县以沓水得名。"在他之后，清朝学者钱大昭、朱一新、王先谦等人也纷纷在《汉书·地理志》上加注，同意沓氏是因水得名的观点。

在后人的著述中，关于沓氏名字的解释也限于这两种说法。

一说，山东有沓氏大户，在山东建沓县后，因避战乱而移民到辽东半岛再建沓氏县城。

还有一说，就是沓与水有关即与海有关，应该是一个近海的县治。

与水有关，与海有关，也不一定非叫沓氏啊。因此，应该研究一下"沓"的字义。

"沓"者，有逐层递进向前推移之意。

辽东半岛与山东半岛隔海相望，两个半岛似两只巨臂，环抱着渤海口。

两个半岛之间的渤海海峡，两端最短距离为106千米，而庙岛群岛又像一串闪光的珍珠撒落其间，既串联起两个半岛，又把海峡装点得更加璀璨。

庙岛群岛自南而北由南、北长山岛，庙岛，大、小黑山岛，大、小竹山岛，大、小钦岛，砣矶岛，南、北隍城岛等20多个岛屿组成；南北纵列；南端的南长山岛距胶东的蓬莱仅3.5海里，最北端的北隍城岛距辽东半岛南端的老铁山22.8海里，在蓝天晴日之下，肉眼看彼此山头清晰可见。这种地理环境，给古代人们的文化交流和海上交通提供了极大的方便。远古时代的人们完全可以凭借一叶扁舟，往来于各岛之间。

因此，山东的移民或者逃难人流可以顺着这些岛屿一步步地到达彼岸辽东，反之，辽东的移民或者逃难人流也可以顺着这些岛屿一步步地到达彼岸山东。当然，首先是山东移民积聚到这里后才有了沓氏县。由此可知，不仅仅是在近代，早在远古时代，大连地区就有了"海南丢"。

我们知道"纷至沓来"这个成语，用来形容接连不断纷杂而来。由此可推断，沓氏县也许真的是一个流民们"纷至沓来"而形成的移民县。

历史上还真有很多这样的故事。

例如公元前567年发生的齐灵公伐莱之战。

那时胶东半岛有一个小国名莱，立国已历三百余年，但齐国成为它的强邻之后，先侵占了莱位于今平度县的领地，弱小的莱国委曲求全，就迁都到今黄县一带，史称东莱。但齐国得寸进尺，公元前567年，齐灵公再度率军讨伐，莱国人节节败退，一直被追杀到海岸边，仓皇之间再无退路，于是"乘桴浮于海"，携妻将子开始渡海大逃亡。

莱国人早就知道，海的对面有一块神秘的大陆。

莱国人乘船北上，或者就是仓皇中抱一块木板跳下海，一路上惊涛骇浪、狂风暴雨，经过大钦岛、龟岛、歆岛、末岛……海的正前方总是有庙岛群岛的小岛屿在指引，终于，他们踏上了这块新鲜而又辽阔的土地——辽东半岛。

莱国人被迫迁徙到辽东半岛，是顺着庙岛群岛这些岛屿一步步地到达彼岸的，正所谓"纷至沓来"的过程。

读到这一段历史的时候，我突然想起2000年的夏天，那时中国著名的横渡勇士张健，也曾经独自一人在劈波斩浪50小时横历123千米之后，成

遥想远古，先民开发沓氏县的拓荒精神是何等可歌可泣。图为金州古城北门（1894年摄）

功地横渡渤海海峡，从旅顺口游到了山东蓬莱海滩。

纵一苇之所如，凌万顷之茫然。那么，当年逃难的山东人有没有乘着一叶舢板就横渡到辽东半岛的呢？肯定会有，只是史无记载，未留其名罢了。那应该是很壮烈、很震撼又很酷的"秀"。搁在当代，一定会现场直播的。

史料记载，上岸之后，莱国人一部分留在了辽南，而继续逃亡的人甚至远遁到朝鲜西海岸和日本列岛。

据考古学家说，远古时就逐渐南下的庙后山人和金牛山人来到辽南之后，多居住在辽南中部的丘陵山地，包括后期从黑龙江流域移居于此的肃慎人，都是以捕猎采集为生。而北上的山东半岛古人和后来的莱国人，则多居住在岛屿或黄渤沿海一带，以捕鱼采贝为生。

也许，这就是辽南地区最早的渔猎经济和农业经济的分工吧。

齐、莱移民的北徙，使山东文化与辽东文化进一步交融，辽南人口开始大幅增长。此外，黄河下游一带的居民，每逢战乱和荒年，也常沿着这条路线过来避难，这些徙民一部分在辽南定居，一部分向东北腹地迁徙，逐渐形成了由旅顺至东北腹地的一条古道。

遥想远古，流民聚集，筚路蓝缕，以启山林。

他们聚集在黄渤双海岸边，但似乎更青睐于渤海海岸线，历经艰难的创业，历经了几代人的开拓，终于在这块土地上建立了沓氏县。先民们开发沓氏县的拓荒精神，是何等可歌可泣啊！

4

说到这里，许多问题都来了。

例如，沓氏建县的具体时间是在哪一年呢？

那年代不知有没有搞奠基、揭牌等等仪式，可以肯定的是没有文字影像记录在案。所以，大汉辽东郡的沓氏县我们竟然不知道是在哪一年成立的。

当然，设置郡县，首先这个地区要有人。

在辽南除有许多躲避战乱的山东移民外，汉武帝时期还向辽东实行了移民垦殖政策，加速了辽南地区的发展。

雄才大略的汉武帝就是不同凡响，他为了进一步开发辽东，于建元元年（前140年），从山东、河北一带向辽东的辽河中下游及辽南地区进行移民实边，移民垦殖。

汉武帝元封二年（前109年），汉楼船将军杨仆率兵5万自山东登莱入海，翦灭卫氏朝鲜右渠[1]之后，大汉在朝鲜半岛设乐浪等四郡，打通了被右渠阻塞六十余年的山东半岛经旅顺至朝鲜半岛的航线。其间，经旅顺、金州至今丹东再至朝鲜半岛的马车道路业已形成。

随着辽东人口的增多和经济的繁荣，汉武帝元封四年（前107年）正式建辽东郡（一说在公元前128年设郡），下设"凡县十八，乡邑五十一"。

那么，公元前195年西汉大将周勃平定的辽东、辽西的29县中含不含沓氏县？还是公元前107年汉武帝正式设置辽东郡时才有沓氏县？

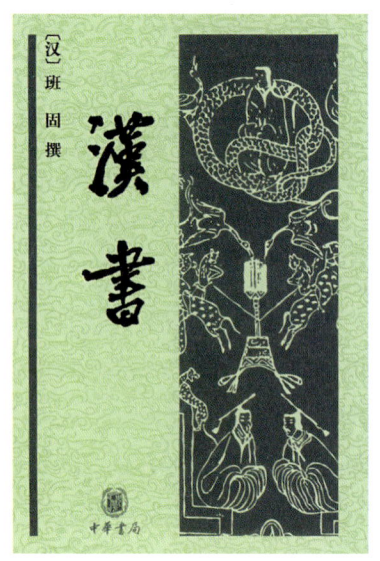

班固所著《汉书》对辽东郡有较为细致的记载

通俗地说，是先有沓氏县后有辽东郡呢，还是先有辽东郡之后再设置的沓氏县？这也是历史学中的一个哥德巴赫猜想吧。

许多史学家都认为，若解答这个问题，需要与《汉书·地理志》对照起来找答案。

《汉书·地理志》记载辽东郡十八县，辽西郡十四县，合起来共计三十二个县，比周勃平定燕王时的二十九个县又多出三个县。

不言而喻，这三个县正像《奉天通志》所言，是后来增加的，那么，沓氏县是含在周勃定的二十九个县之内，抑或是在后增的三个县之内呢？

如果是前者，那么沓氏县在公元前195年时就有；如果属后者，那就是公元前107年设置的。

很多史志书都是以公元前107年汉武帝正式设置辽东郡算起，这大概是主流声音吧。但同时，也有一些学者认为应该按公元前195年，即汉高祖的大将周勃平定辽东、辽西的二十九个县时算起。

---

[1] 公元前195年，燕王卢绾的属将——燕人卫满率部流亡到朝鲜半岛，召集战国时齐国和燕国的流亡者组成军队，于公元前194年，推翻箕子朝鲜的俊王，建立了卫氏朝鲜。卫氏朝鲜前后存在近九十年，于公元前108年被汉武帝所灭。汉朝在卫氏朝鲜旧地置乐浪郡及其治所朝鲜县，从而创造了光辉灿烂的"乐浪文化"。卫右渠是卫满之孙，卫氏朝鲜第三代国王。

到底是公元前 195 年还是公元前 107 年呢？

从地理环境来看，沓氏靠山东半岛最近，气候比辽东郡所在的襄平（今辽阳）和北部地区温和湿润，从山东来的移民和北部南下的移民，都必然喜欢在这里定居，就像现代的北方人也喜欢到大连来定居一样。因此，这里肯定要比辽东郡其他十七个县先发展繁荣起来才是，所以，建县的时间绝不会晚于其他县。

沓氏建县时间，如果按公元前 195 年算起，到公元 239 年迁徙到山东故纵城（今淄博市淄川境）止，共存在 434 年，不谓短矣。

甚至还有人猜测，如果在周勃平定二十九个县之前，燕国大将秦开击败东胡设置辽东郡时就有了沓氏县，那就应从公元前 300 年算起，时间就更久远了。可惜，先秦无辽东郡县建制的文字记录和数据，故无法推断，无从详考。

沓氏县的规模又如何呢？

秦汉以后人口万户以上的县官称为"令"，万户以下的称为"长"。沓氏县够不够万户呢？

《汉书·地理志》记载，辽东郡共有 55972 户 272539 人。显然，这个数字仅仅是郡县上报官府掌握的数字。就按这个数字的平均数计算，则每县就有 3110 户 15141 人，也是人口过万的大县。

为避赋徭有许多农户会隐瞒不报，这是肯定的。还有就是豪强大族私占和隐瞒了许多田亩和人口，这也是必然的。

沓氏县居辽东郡之南端，自然气候比北方好，离山东半岛又近，所以它在辽东郡十八个县中不会是个小县，人口必然是辽东郡总人口的十八分之一的平均数以上，是个大县或较大的县。

这个推断，还可以从朝鲜平壤出土的"沓丞之印"的封泥来加以判断。

曾经，在朝鲜平壤出土过"沓丞之印"的封泥，就像我们在张店汉城发现过"临秽丞印"封泥、旅顺牧羊城发现过"河阳令印""武库中丞"封泥一样。通过驿道，古代两地之间的通信联系也是很紧密的，那时的朝鲜平壤城，属于大汉乐浪郡。

县丞是县令的辅佐。既然出土过"沓丞之印"的封泥，有"沓氏县丞"这个官职，其上面一定会有沓氏县令。既设县令，它的户口当然要超过或达到万户。

这说明沓氏县是一个大县。

说沓氏是一个大县,其证据还可以从羊头洼、营城子、三十里堡、石河、蚕厂、华家屯、大岭屯、董家沟等地发现和发掘的大量汉墓群来加以证实。从其数量之多、密度之大,即可看出当时人口之多。

当时,沓氏县的经济也比较发达。这从汉墓群的建筑规模和出土文物即可见一斑,许多汉墓都是厚葬的规模,说明有一定的经济基础。当时辽南农业是以种植谷子、糜子、高粱、大豆为主。沿海渔民打鱼,也要缴纳鱼税。汉族人织的布帛,造的漆器、铜器等,经常与北方的高句丽、乌桓、鲜卑、邑娄等少数民族的毛皮、羊、马等物资进行交换。

沓氏一定在辽南

> 东汉《尔雅·释水》曰:"水中可居者曰洲,小洲曰渚。""渚"是指海上的小岛;"津"即渡口码头。有时候,"洲""渚"又是同一个意思,即渡口。沓津、沓渚是解开沓氏的钥匙。

1

时间问题之后是地点问题,即沓氏县城应该在哪里呢?

从辽东郡治所的角度来说,是汉承秦制、秦承燕制。如此推论,汉代沓氏县的治所,也应该是沿用了战国晚期燕辽东郡的县治所——如果确有县治的话。但史无记载,所以引发了后人的许多猜想和争论,并且生发了许多话题。

金州古城曾有一位老学者叫孙宝田,号辽海鳌翁。他编著的《旅大文献征存》是一部颇具功力的地方史著,书中关于沓氏有这样的论述:

史称金州最古之城为汉代沓氏县城,今考沓氏县城之说有七:

(一)顾祖禹《读史方舆纪要》(卷三十七)谓在辽河旁。

(二)李兆洛《历代地理志韵编》谓在盛京奉天府辽阳州境内。

(三)马冠群《奉天地略》(小方壶齐舆地丛书第一秩)谓在辽阳西北边即今铁岭地。

（四）日人稻叶君山《满洲历史地理》谓在今之金州。

（五）《满洲旧迹志》谓在旅顺牧羊城。

（六）杨氏《盛京疆域考》谓在明之金州卫东南海岸迤东境。而岩间德也尤主张此说，以为汉沓氏县城在今金州城东南之董家沟海滨，著《沓氏县考》以证之。

（七）金州大岭城。

孙宝田搜集到的沓氏猜想有七种说法。实际远远不止这七种，还可以列举出一些。

例如到了现代，又增加了普兰店区张店汉城和甘井子区营城子之说。

孙宝田搜集的七种说法，综合历史文献来看，现代的考古学家们都认为，首先就可排除辽河、辽阳和铁岭的前三说，因为沓氏县城一定是在辽南。

为什么这么肯定呢？

因为史书上有一个重要的佐证，就是"沓津"和"沓渚"，它们是和沓氏县密切联系的，有时候甚至泛指就是一回事。

所谓"渚"，原指海上的小岛；所谓"津"，是渡口码头。有时候，它们又是一个意思，即渡口码头。所谓"沓津""沓渚"，就是指在沓氏县境内的岛屿和码头。

2

关于沓津、沓渚，还要从历史上的战争来看。

元封二年，北方的卫氏朝鲜出问题了。

汉武帝时卫氏朝鲜的由来是这样的。

公元前195年，汉高祖刘邦怀疑燕王卢绾要造反，派大将周勃率兵讨伐，卢绾兵败逃亡到匈奴，而他的属下将领——燕人卫满则率千余人"东走出塞，渡濒水，居秦故空地上下鄣"，即流亡到了朝鲜半岛，并得到了箕子朝鲜哀王箕准的礼遇。

既然已是亡命之徒，卫满干脆一不做二不休，召集战国时齐国和燕国的亡命者组成军队，推翻了箕子朝鲜的俊王，并占据箕子朝鲜的首都王险城（今朝鲜平壤），建立了卫氏朝鲜。

卫满称王后，向朝鲜半岛大量输入中原文化，国家逐渐强盛，他一直与中原大汉保持着藩属外臣的关系。卫氏传至其孙右渠时，始与大汉背盟断约。

元封二年四月，右渠攻打辽东东部督尉涉何，阻碍朝鲜半岛中部真番和南部辰韩等国与大汉的海上往来，也使渤海与黄海北部的海上交通为之阻断。

雄才大略的汉武帝岂能咽下这口气，于是同年秋，遣楼船将军杨仆，率新募之军5万人自齐地山东走海路；左将军荀彘率燕、代之地的边军，从辽东走陆路，对卫氏朝鲜发动了声势浩大的全面进攻。

这水陆两路和后来隋唐王朝征讨高句丽[1]的路线基本上是一致的。

楼船将军杨仆率舟师从"齐浮渤海"至大连口岸登陆，分别在将军山（今旅顺老铁山）和三山浦（今大连市区一带）囤积粮秣。经过一年的战争，右渠被诛杀，卫氏朝鲜灭亡。战后，西汉在朝鲜半岛设乐浪等四郡，打通了被右渠阻塞六十余年的山东半岛经旅顺至朝鲜半岛的航线。所以，后来在平壤出土了"沓丞之印"的封泥也就不奇怪了。

自此，在后来的史书中，就开始不断出现"沓津""沓渚"这两个地名。

有人统计，仅《三国志》一书中就先后五次提到东沓、沓、沓津、沓渚，为什么《三国志》会频频提到沓氏和沓津呢？

因为沓氏县是三国时期江南的吴国与辽东公孙氏政权之间，使臣往来与军事互动的水陆转运站。正如清初顾祖禹编撰的《读史方舆纪要》中所说，"盖泛海至辽，沓渚其登涉之所也"。

吴国孙权当时频繁通使辽东，使南方与辽东地区的直通航线得以开通。这条航道的走法，宋代史学家胡三省介绍说："自建康出大江至于海，转料角至登州大洋；东北行过大钦岛、龟歆岛、淤岛、乌湖岛三百里，北渡乌湖海，至马石山东之都里镇。"

翻译成现代汉语就是说这条航线是：从建康（今南京）沿长江东下，在长江口北端海门附近的料角转向，傍黄海海岸北行，绕过山东半岛东端的成山角，再进入登州大洋，即威海、烟台北部海域，再沿庙岛群岛北上，经大钦岛（即长岛）、乌湖岛（即北城隍岛）等，渡渤海海峡到达辽东半岛南端的都里镇。

---

[1] 高句丽是中国东北古代民族建立的王国，立国于公元前37年，最初为西汉玄菟郡高句丽县管辖，我国史书也称之为"高丽"。因其统治者姓高，学界一般以"高氏高丽"呼之，以区别于918年由王建在朝鲜半岛建立的王氏高丽。高氏高丽和中国中央王朝是臣属关系，进入隋唐时期后，因其不遵从隋唐两朝诏令，不断扩张，并阻塞朝鲜半岛其他政权入贡中原王朝的道路，结果导致隋唐两朝的征讨。668年，高氏高丽终于为唐朝统一。高氏高丽的辖境最初完全由唐朝安东都护府（治所最早在今平壤）管辖，几十年后有一些辖境为我国历史上另一个地方政权渤海国占据，一些划归兴起于朝鲜半岛南部的政权新罗，一些仍由安东都护府管辖。

都里镇即马石津，亦即三国时期的沓津（或称"沓""沓渚"），今天的旅顺。

孙吴出使辽东的船队每每停泊于此，在这里进行互市交易。然后再由此处上岸由陆路至公孙渊所在的襄平。这条海道的开通，大大便利了江左地区与东北地区的交通，史称"吴虽在远，水道通利，举帆便至，无所隔限"。

此后，历经东晋、南朝，这条航道日益繁忙起来，成为六朝时期江左地区与东北地区交通的重要线路。出现了"乘舶泛海，使驿常通"的情景。

通过这条航道，辽东公孙渊向孙权"献貂马"，孙权也以"金宝珍货，九锡备物，乘海授渊"；更远一些的高句丽也曾向孙权"贡貂皮千枚，鸡皮十具"，孙权则向高句丽"赐衣物珍宝"。

孙权远交近攻，与辽东公孙氏和高句丽都整得挺热乎，首先是为了在曹操背后插一颗钉子，其次他也看中了辽东的名马。

冷兵器时代的陆战中，骑马作战具有相当优势，而江南恰恰缺少高大优质的良马。所以，这条航线的开通，对两地物产文化的交流也具有积极意义。

不过后来公孙渊却杀了孙权派去的使者，公开归降曹魏一方。于是，孙权大怒：我活了60岁，还没有被这样的人所骗，要不杀掉这个鼠辈，我还有什么脸面当皇帝！我一定要亲自杀了这个小人，以解我心头之恨。

大臣陆瑁这时候就上疏谏之："公孙渊东夷小丑，屏居海隅，且沓渚去渊，道里尚远。"（见《三国志》卷五十七《陆瑁传》）

陆瑁此话的意思是：如果攻打公孙渊，在沓渚（即沓氏县的港口）这个地方上岸后，离公孙渊的首府辽阳尚有相当一段距离，远征取胜的把握不大。

于是"权再览瑁书，嘉其词理端切，遂不行"。从这段话中可以推断出，沓氏应该位于辽南地区，应该是南方船只过来登陆后的第一站。

据此推断沓氏县之设，在今大连地区内是无须质疑的。

史学家胡三省所作的《资治通鉴音注》上，也说过："辽东郡有沓氏县，西南临海渚。"就是说沓氏县城距离海岛很近，而且是在西南方向。这个重要的提示让之前的推测与谜底更近了一步。

由此可见，"沓渚"一名来源于"沓氏"，意即沓氏境内的一座港口。

海上丝绸之路的节点

沓津沓渚　黄渤岸边

徐福东渡与牧羊城

> 公元前140年,汉武帝派船东来,停泊在将军山下,开辟了从山东半岛通往朝鲜半岛的航线,而且还在将军山下修筑了一座海防城——牧羊城。
>
> 牧羊城的军事地位,等同于现在的旅顺海军基地,甚至有人说,它是当时汉王朝在整个东北的行辕。

1

公元前138年,张骞的西域之行打开了一条连通欧亚交通的陆上要道,被后人称为"丝绸之路"。

其实在这条陆上的丝绸之路形成前,中国北方沿海就有一条海上丝绸之路,开创者正是我们向海而生的先民们……

北方海上丝绸之路始于秦汉之际,源头在山东,中转在大连地区,尤其

秦汉时期的大连地区就已是海上交通的枢纽了

是沓津、沓渚，然后由此到朝鲜半岛和日本列岛。

说到北方海上丝绸之路，还要从辽东半岛与山东半岛的海上交通说起。

辽东半岛与山东半岛海上的交通由来已久，最早可以追溯到秦始皇派徐福出行日本。

有秦一代，虽仅存15年，却是开天辟地地有徐福船队东渡日本的浩荡壮举。

在司马迁的《史记·秦始皇本纪》中有这样一段记载：

始皇二十八年："齐人徐（徐福）等上书，言海中有三神山，名曰蓬莱、方丈、瀛洲，仙人居之。请得斋戒，与童男女求之。于是遣徐福发童男女数千人，入海求仙人。"

那么，徐福求药寻仙最后去了哪儿呢？据《史记·淮南衡山列传》记载，徐福最后到达"平原广泽"之地，竟"止王不来"。这"平原广泽"是今天日本的九州。在日本学术界，研究徐福事迹的学术团体、学者和专家有很多，也有很多研究徐福事迹的文章、著作和专著，都确认了徐福到达并开发日本事实，徐福至今也仍受到日本民众的尊崇与爱戴。

在公元前210年，徐福借去海中仙山求灵药以使秦始皇长生不老为名，征得童男童女3000人并五谷、百工等大量远航所需物资，组成一支浩浩荡荡的船队，从山东古港琅邪入海东渡。

根据大连海事大学教授孙光圻先生的研究，徐福船队东渡的可行性航路是：

第一段航路：琅邪—成山头—芝罘（今烟台）；

第二段航路：芝罘—蓬莱头—庙岛群岛—辽东南端老铁山（今旅顺港）；

第三段航路：老铁山—鸭绿江口—朝鲜半岛西海岸—朝鲜半岛东南海岸；

第四段航路：朝鲜半岛东南海岸—对马岛—冲岛—大岛—北九州沿岸；

第五段航路：北九州沿岸—关门海峡—濑户内海—大阪湾—和歌山新宫町熊野滩。

由此可推断出，后来史书所说的沓津，就是徐福走过的老铁山旅顺港。而且徐福船队停泊在沓津期间，有数十人因病不能继续随航而留居大连地区，其中不乏能工巧匠。

汉武帝建元元年，曾从山东、河北一带向辽河中下游及辽南进行移民垦殖。沓津是当时移民的登陆港。

此举又推动了海上交通的发展。汉武帝开辟了山东半岛—辽东半岛—朝鲜半岛之间的航线。沓津成为其间一个重要的停泊港。

齐人徐福率数千童男童女自这条航线东渡日本，为北方海上丝绸之路的发展和繁荣奠定了基础。日本人民由此尊祀徐福为"蚕神"。此后不久的秦汉之际，由于国内政治局势动荡，战乱频繁，山东居民携带家口、生产工具和生活资料沿北方海上丝绸之路迁徙到朝鲜半岛，其中有部分又转赴日本。

魏晋以后，这条北方海上丝绸之路仍然兴盛，从山东半岛、辽东半岛和朝鲜去日本的中国移民已从事多种职业，但尤以从事纺织业者为最多。《日本书纪》等书中曾提到该时期汉人移民有锦部安定那锦、陶部高贵、鞍部坚贵、画部斯罗我等，还有手人部、衣缝部等。其中锦部、衣缝部毫无疑问是从事纺织业为生的移民集团。正是这成千上万的来自山东、辽东一带的中国移民，把先进的纺织技术和其他生产技术沿着北方海上丝绸之路源源不断地输入朝鲜和日本，推动了朝鲜、日本纺织业和其他行业的发展。直到今日，日本的羽田、波多、羽太、八田等姓氏的日语发音为"八夕"，意为"机织人"，他们很自豪地声称自己的祖先是汉代、魏晋时期来自中国的移民。

2

还有一个例子也很说明问题。

唐朝有一位大地理学家名叫贾耽，曾经官至宰辅。尽管身为朝廷高官，这个贾耽却喜欢潜心研究地理学，并且颇有成就，为此撰写了很多地理著作，绘制了多卷地图，给后人留下了一笔宝贵的文化财富。他在《皇华四达记》中就曾详细记载描述了"渤海道"即山东半岛到辽东半岛的海上路线图：

登州海行入高丽渤海道：登州东北海行，过大钦岛、龟歆岛、末岛、乌湖岛（以上为庙岛群岛）三百里。北渡乌湖海（老铁山水道），至马石山（旅顺老铁山）东之都里镇（旅顺口）二百里。东傍海壖，过青泥浦（大连市区）、桃花浦（金州清水河口）、杏花浦（庄河花园口）、石人汪（长海石城岛北部海峡）、橐驼湾（鹿岛以北大洋河口）、乌骨江（丹东附近鸭绿江）八百里。乃南傍海壖，过乌牧岛、贝江口、椒岛，得新罗西北之长口镇。又过秦王石桥、麻田岛、古寺岛、得物岛，千里至鸭渌江（鸭绿江）唐恩浦口。乃东南路行，七百里至新罗王城。自鸭渌江口舟行百余里，乃小舫沂流东北三十里至泊汋口，得渤海之境。又沂流五百里，至丸都县城（吉林省集安县），故高丽王都。

又东北沂流二百里，至神州。又路行四百里，至显州，天宝中王所都。又正北如东六百里，至渤海王城。

贾耽所记录描述的海上丝绸路线图，就是从山东半岛到辽东半岛，再到朝鲜半岛乃至东北腹地的路线图，也是一个海上丝绸之路的路线图。

这条海上丝绸之路的形成应该可以追溯到更久远的年代，或许是因为要去寻找一片新大陆，或许是要逃避战乱和灾荒，甚或是在海上遇到风浪无意间漂向远方，数千年前的先民们从山东半岛和辽东半岛顺着海岸向东北行驶，来到朝鲜半岛和日本列岛。而后他们开始反复穿行于这条水路，逐渐形成了一条相对固定的航线。

距今约三千年的大连湾大嘴子遗址出土了碳化稻谷，证明了日本的栽培稻技术是从山东半岛经过辽东半岛、朝鲜半岛再传到日本九州，也证明了一条早已存在的连通山东半岛与东亚之间的海上传播之路。

这一系列海上贸易活动都需要途经辽东半岛南部，天赋的优越地理位置和优良港口使辽东半岛从三千多年前即成为环渤海地区的海上交通枢纽。

再后来，北方海上丝绸之路也成了东北亚各国与中国之间的外交走廊。日本学者阿南惟茂说："607年，日本朝廷第一次派正式使节团到中国。当时是隋朝，当任的大使是小野妹子。他们的船队沿着朝鲜半岛先到辽东半岛，以后渡过渤海海峡到了登州，可能从登州到长安去了。"

实事求是地说，对于北方海上丝绸之路的历史功绩和现实意义的研究，在当前还远远没有达到应有的高度，尤其是辽东半岛地区对这一命题的研究显得更少。

3

由"津""渚"我们可以推断出沓氏县一定是在辽南，那么，沓津或沓渚具体又在哪里呢？

民国时期历史学家金毓黼等人编纂的《奉天通志》谓："沓津、沓渚为吴军航海至辽登岸之地，自在金州无疑。"

俯瞰辽南的古城遗址示意图，会感觉到它们恰如天幕上的星座一样灿烂闪烁，而位于最南端的一座古城，也是历史最悠久的一座古城，就是旅顺牧羊城。

牧羊城，一个似田野牧歌般的名字。

牧羊城在哪里呢？就在今旅顺口区铁山镇刁家村西南、刘家村东南的丘陵地上，西南距渤海东岸仅500米。如果说，辽东半岛凸起的千山余脉山脊像一柄利剑插入大海，直指胶东半岛，那么，牧羊城就是那柄利剑的剑尖。

1928年的大连还是日本关东厅统治时期，这年9月，由日本东亚考古学会和关东厅博物馆（今旅顺博物馆前身）共同组织，对牧羊城进行了一次考古发掘。

参加发掘的有日本京都大学滨田耕作博士，助手水野清一、岛田贞彦；东京大学的原田淑人博士，副手田泽金吾、八幡一郎、驹井和爱；关东厅博物馆主事内藤宽、馆员森修和中国北京大学助教庄严等人。

发掘行动从同年10月1日开始，至10月25日结束。

经勘查发掘，牧羊城城池长方形，东西宽约82米，南北长约133米，周长430米，与文献记载的"二百五十步"（当时每步为五尺）基本相符。北壁有一个宽约12米的缺口，当为城门所在。

那一次发掘出土的文物之丰让人惊叹，有石斧、石刀、石镞、石纺轮和骨镞、骨针等各类生产和生活用具；有战国至汉代的铜镞、铜镦等兵器；有铜带钩、铜斧石范、铁镬、铁刀、铁锸、泥质灰陶罐、豆、盆等生产和生活用具；有花纹砖、板瓦、筒瓦、模印有"长乐""未央"文字的半瓦当以及

牧羊城遗址（汤亚辉/摄）

海上丝绸之路的节点

卷云圆瓦当等建筑构件；还有明刀钱、明字圆钱、一刀钱、半两钱、五铢钱、大泉五十等战国和西汉时期流通的货币。

发掘成果的丰富让日本学者自然十分得意，于是在1931年出版了《东方考古学丛刊》第二册《牧羊城——南满洲老铁山麓汉及以前遗迹》，这成为东北考古的一个重要文献史料。

牧羊城出土的铜钱、半瓦当

日本人在牧羊城发掘期间，又对城址周围的古墓进行了调查，发掘了刁家屯、于家屯、官屯子等地的贝墓、石墓、瓮棺墓、圣周墓等。

时隔32年之后，从1960年开始，我国自己的考古工作者开始对牧羊城及附近的尹家村、刁家村、刘家村等进行考古研究。

尽管此前日本人已经发掘了许多古墓，但经过大量调查和科学发掘之后，考古工作者依然发现了许多新的战国至汉代的土坑墓、贝墓、砖室墓、瓮棺墓和石墓。在大乌崖汉代遗址中还发现陶圈水井一眼，铁镢一捆和陶器、瓦当等陶片。

另有一个重要的收获，就是在这一带采集到了专门为封缄信件而钤印的"河阳令印""武库中丞"封泥等。

"武库中丞"是汉代一个专管兵器及军事装备贮存的官职，是京师中负责治安、治理犯罪的高官"执金吾"的下属，执金吾在皇府中的地位与九卿相同。一个国家主管兵器装备的官员封泥在牧羊城出现，更加证明此城具备军事重镇的特点。

大胆地设想一下，"武库中丞"封泥非常有可能就是楼船将军杨仆率大军到此地时遗留的，因为他们从"齐浮渤海"至旅顺口登陆后，曾分别在将军山和三山浦囤积粮秣。

而"河阳令印"的河阳即今天河南省的孟县，汉代称为"河阳"。

这些文物进一步证明，牧羊城在战国、西汉时期都是一座非常重要的城，是山东半岛至辽东半岛交通线上的一个重要枢纽。

当时无论是中原官府往来信件、公文和军需品，还是中原汉民族的布帛、漆器、铜器等手工业商品，多经过牧羊城再北上辽东郡府襄平以及东北大陆，或直达朝鲜半岛的乐浪郡。

而东北游牧民族的特产羊、马、毛皮等物品也汇集到这里，源源不断地越海运抵中原和南方。当时，这里不仅是一座海防城堡，也是沟通中原与东北地区政治、经济、文化的枢纽和桥头堡。

曾经有专家说，旅顺牧羊城和普兰店张店汉城是大连地区最早的两座汉城，但它们之中，如果按建成时间计算，哪个是老大，哪个是老二呢？

我感觉，旅顺牧羊城的历史应该更久远，牧羊城应该是辽东最古老的城池。

因为它面积最小，所以它年纪最老。

因为它位置最南，所以它年代最远。

它的后辈，才是张店汉城、营城子城、大岭屯汉城等等。

为什么这样说？

人们在史书典籍上找到了沓津和沓渚这两个地名，人们在旅顺最南端又发掘出牧羊城。

其实，它们就是一回事。

在很久很久以前的远古时期，牧羊城就是沓津、沓渚，沓津、沓渚就是牧羊城。

或者说，沓津是港口，牧羊城是海防城。

在公元前210年，徐福率领着传说中的童男童女到日本时，船队就来过这里。

史料还记载，公元前140年，汉武帝在刚刚登基即位之后，就派船队来到辽南，停泊在将军山下，开辟了从山东半岛通往朝鲜半岛的航线。而且还在将军山登陆的地方——一大片高地，背靠青山，面朝大海，风景如画，视野开阔——修筑了一座海防城——牧羊城。

那时牧羊城已经是辽南沿岸的一个重镇，城内城外的居民很多，牧羊城临山构筑，居高临下，既不受水患之害，又具易守难攻之优势，且水陆交通方便，这便是牧羊城之所以成为古代居民聚居地和重要海防城堡的原因，牧羊城周围分布大量的汉代贝墓和砖墓,已经证明了这一点。

公元前109年,汉代楼船将军杨仆率大军经过这里时,我认为他一定派人加固修葺过牧羊城,因为东征卫氏朝鲜的战争打了一年,其间西汉大军需要在这里囤积粮秣,补充给养。

沓渚成为西汉水师的停泊港和屯粮地,并以此奠定了旅顺作为汉代北方三大军港之一的地位。

杨仆之后来过这里的重要人物就更多了。

值得一提的是公孙度父子割据辽东时期。

公孙度在东汉中平六年(189年),经同乡徐荣推荐,被权臣董卓任命为辽东太守。公孙度上任后,在辽东厉行严刑峻法,打击豪强势力,使令行政通,于是羽翼渐丰。

汉献帝初平元年(190年),中原地区董卓乱起,董卓乱后又是魏、蜀、吴三国逐鹿中原,三国之间斗得不可开交,都无暇顾及辽东。

辽东山高皇帝远,不服天朝管,反而得到了休养生息的机会。随后,看中原乱得像一锅粥,于是公孙度趁机自立为辽东侯、平州牧。

《三国志》如此介绍公孙度:

立汉二祖庙,承制设坛于襄平城南,郊祀天地,籍田,治兵,乘鸾路,九旒,旄头羽骑。

继而公孙度东伐高句丽,西击乌桓,南取辽东半岛,开疆拓土;又招贤

牧羊城贝墓

纳士，设馆开学，广招流民，威行海外，俨然以辽东王自居。

公孙氏保境安民，所以辽东和今大连地区有一个较长时期的比较和平安定的环境。当时中原大地军阀割据，互相争战，彼此兼并，以致出现了"白骨露于野，千里无鸡鸣"的悲惨景象。大批中原流民渡海经沓津而来辽，这既增加了劳动力，又传入了比较先进的生产技术和生产经验，使辽南一带社会经济迅速发展和繁荣起来。

东汉初平二年（191年）开始，齐鲁大地一些淡泊仕途的名士纷纷逃亡到辽东避难。最著名的当属管宁、邴原、刘政，他们并称为"辽东三贤"。三贤中影响最大的是管宁——齐国宰相管仲的后人。

此外还有太史慈（山东掖县，今龙口市人），后来成为东吴第一武将；王烈（山东平原县人），名震中原的学者，也先后在公元191—193年渡海来到东沓。

据《三国志》记载，他们开坛讲学，"讲诗书，陈俎豆，饰威仪，明礼让"，其讲学范围已远远超出文化知识传播的范畴，中原传统礼仪由是系统传入辽东，其"教授之声不绝"，足见授业之盛。

十余年后，中原形势渐趋稳定，这批学者又从沓津陆续返回山东原籍。

据《三国志注》载："后原欲归故里，止于三山。""三山"原指大连湾口的三山岛，泛指今金州迤东以南地区，这也是大连见于史载的最古老的名称。

《邴原传》还有"原之邑落多虎患"的记载，说明东汉时期大连地区山地林木繁茂，虎豹出没，人烟不稠，生态环境仍处在原始状态。现在金州地区的村屯以"老虎"命名的依然很多，如老虎屯、老虎沟、老虎山等等。

到了现代人们重新发现了沓津，并叫它"牧羊城"。

为什么叫牧羊城呢？

按当地人的说法，它的本名应该是木羊城，是由渔民祭海风俗而来的很乡土的名字。

据说，生活在这里的先人们靠打鱼为生，老铁山下的海面水深流急，每遇狂风大浪不能出海的时候，渔民们便杀猪宰羊抛入海中，以祭海神，求其保佑平安。后来，人烟渐稠，没有那么多猪羊怎么办呢？有人就想到刻木猪木羊来代替，所以，就有了以木猪头、木羊头投海祭祀的方式。

有一天海上又起大风浪，渔民们虽将木羊头全都抛进海里，但船还是被打沉了。待风平浪静后，渔民们发现有三只木羊头漂到了三个地方，后来变成了三个小岛，从三面屏蔽海湾，从此形成了叫羊头洼的良港，以后每每遇到风浪，来往船只便驶入这个港内避风。离港湾不远的小城堡就叫了木羊城。现在旅顺还有叫一羊头、二羊头、三羊头的地方，成了这个传说的有力注脚。

至今，牧羊城周围由"羊"而来的其他地名都还在，却不知道城堡因何原因最后有了很"文化"的名字：是某个人在记录它时，将同音字有意无意地写成了另一个？抑或，这里真的曾经有牧羊人存在？

还有一个传说是，645年唐太宗李世民亲征辽东，率兵从山东蓬莱渡海到旅顺，在羊头洼大乌崖登陆，上岸时看到一位老人坐在山丘草地上牧羊。

左图是1928年时的牧羊城城墙残迹，而今日这段残墙处（下图）已是荒草丛生（汤亚辉摄于2012年）

唐太宗走到老人面前施礼，问老人哪里可以筑城，老人说："我坐的地方可以筑城。"言罢，老人随羊群飘然而去。于是唐太宗率领渡海的大军，在老人指点的地方破土筑城安营扎寨，准备东征，后来人们称这座城为"牧羊城"。

这里说的是唐代故事，不靠谱。而这座古城的实际建筑年代还要更久远，要上溯到秦皇汉武时期。

4

那一年我们来探访牧羊城。驱车沿旅顺滨港路向西南，一路边走边问，竟然无一人知道牧羊城，而到处都是新楼盘和醒目的商业广告。走过老铁山路口再向西，遇见一卖水果的女人才知道了牧羊城村的方向。于是疾驰到了村里，走到村路尽头，看见一片已经打完场的玉米地，玉米地地头有两块石碑。我们疑疑惑惑走过去，竟然就是牧羊城的石碑。一个是省立的，一个是市立的，碑刻为"省、市文物保护单位"。

那一次到牧羊城，我看到的是仅剩下的城基残迹。城基系用石头砌成，城墙则用土夯筑，隆起地面约2米，西壁最高处约有3米。可见，原来的城墙显然是比较高的。

据旅顺的朋友介绍，20世纪80年代，在牧羊城的残墙断壁上，仍可见筑建城墙时留下的"夯窝"和条条版迹。据载，这种建筑城墙的版筑施工，在汉代曾被广泛采用。值得一提的是，牧羊城建筑在施行版筑之初，为使整个墙体牢固，防止雨水侵蚀，采用石块砌筑墙基。因此，今牧羊城虽历经风雨，部分墙体仍挺立原址，这与墙体基石的牢固有相当关系。

从考古发掘来分析，牧羊城起始于距今3000多年的青铜时代遗址之上，始建于战国末期，兴盛于西汉，衰落于东汉，而后渐之废弃。

很早以前，学术界还曾有人推断这里就是汉代的沓氏县城。

1923年，日本满铁调查部派八木奘三郎等，对东北地区已考查核实的古物进行分类汇编，历时五年撰成《满洲旧迹志》三卷，此书可称"满洲"地区（主要是辽宁）地面古物遗存的一本总账簿。

《满洲旧迹志》认为，沓氏县址就在牧羊城。

持这一观点的还有我国著名考古学家安志敏。

安志敏师从裴文中、梁思永、夏鼐等大家，生前曾任中国社会科学院考古研究所研究员、副所长、《考古》杂志主编、中国社会科学院研究生院院

牧羊城遗址处的文物保护石碑

务委员兼考古系主任等职,他一生致力于田野考古,曾经发表《双砣子与岗上——辽东史前文化的发现和研究》(1996)等报告,对辽东半岛史前文化有着开拓性、指导性的意义。

安志敏认为:"沓氏县为辽东门户,通过海路与中原交往密切,'河阳令印''武库中丞'便是有力证据。牧羊城当为县治所在,可能战国晚期以来已成为统治的中心。尹家村一带既有汉墓分布,附近的大坞崖遗址又可能是汉代的聚落遗址,这里显然经过长期的发展。"

但是,质疑它是沓氏县县治的理由似乎也很充分。

据民国时期的《奉天通志》记载:

牧羊城,城(指金州城)西南一百五十里,周围二百五十步,门一。

折合成我们熟知的计量单位,它东西宽约82米,南北长约133米,也就是说它仅有一万平方米的城区,作为县治所在小了点。

尤其是相比于对大岭城、营城子、张店汉城的猜想,它现在的悬念似乎已经不那么悬了,像《大连百科全书》就已经把它定为海防城堡遗址。

我认为,虽然它建筑规模很小,不太像我们想象中的沓氏县城治所,但还真说不准。

现在可以肯定的是,牧羊城曾经是沓渚,即港口所在地。

到了21世纪的今天,牧羊城的性质是什么已经不那么重要了,在翻云覆雨的岁月里,它于兵、火、风、雨等九九八十一难中能幸存下来,也许就在等待后来人从新的视野中真正认识它,或者站在它的身旁有所领悟,于海洋深处看到新的方向。

一切,还都有待于今后进一步发掘考证。

小窑湾畔的董家沟城

> 董家沟汉城遗址面对大、小窑湾,是北方海上丝绸之路的必经节点。而董家沟汉墓数量之多,令人惊叹,足可见这里应该是一个规模很大的汉墓群,在辽南也许仅次于营城子汉墓群。

1

关于大连古城的发掘其实从百余年前就开始了,只不过由于特殊的历史原因,最早进行这项发掘的却是日本学者。

1908年的一天,39岁的日本学者岩间德也带着他的学生从金州古城来到乡下。那时从古城通往黄嘴子庙会的公共汽车已经开通了,尽管那汽车是烧木炭的,但一般穷人也坐不起。

他们来到董家沟的城南村时停下来,开始发掘一座古城遗址,岩间德也没有意识到,他的这次发掘,掀开了辽南远古历史帷幕的一角。

岩间德也是1906年从日本秋田应聘来到金州古城的。日本殖民统治当局聘他担任金州南金书院院长一职,为日本殖民统治进行奴化教育服务。但岩间德也同时又是一位考古学家。所以到金州之后,他第一个发掘就选择了董家沟汉城。

董家沟汉城遗址经他考证,城址面积为22500平方米。他依据发掘出来的资料和文物,认真地进行推理、考证、质疑,最后发表了一篇重要的学术论文《沓氏县考》,文中认为,董家沟汉城即是中原大汉辽东郡的沓氏县遗址。

岩间德也的《沓氏县考》一发表,就引起当时很多历史学家的关注。因

为那时关于沓氏县在辽南什么地方一直没有定论，当时的考古发掘又非常少，所以岩间德也的观点成为一种非常有力的声音。

后来的岁月里，由于考古学家在辽南又发掘了大岭屯汉城遗址和普兰店张店汉城遗址，以及在营城子又发现了大量汉墓群等，董家沟汉城遗址开始逐渐退出了沓氏县城遗址的竞争者行列。

虽然关于沓氏的遗址所在一直是众说纷纭、云山雾罩，但厘清脉络主要有这样几个观点：

——在金州董家沟（日本人岩间德也）；

——在金州大李家大岭屯（日本人三宅俊成）；

——在普兰店张店汉城（当代学者）；

——在旅顺牧羊城（安志敏）；

——在营城子（当代学者）。

岩间德也 1905-1929 年为金州公学堂南金书院院长

这里除了营城子始终未发掘出汉城遗址外，其他几处都已经发掘出汉城遗址，而且都符合《资治通鉴》中"沓氏县西南临海渚"之说，即西南方向有海岛。

那么，众多的汉城遗址中，谁是沓氏县城遗址，谁是乡邑一级遗址呢？

从规模来看董家沟汉城遗址较小。尽管不太可能是沓氏县城遗址，但根据这个遗址的规模和附近汉墓群的发掘，董家沟汉城遗址也应该是当时辽东郡五十一个乡邑一级的城址。

遗址在董家沟福泉小区北，遗址南 3000 米为大连机床集团，北 1060 米为董家沟小学，南 20 米就是福泉小区。现在所处的位置已经是在新建的植物园范围内，山坡上是新种植的银杏、海棠、樱花、法桐、白桦等，而南坡下面，是一些村民的小菜地，春韭、毛葱已经郁郁葱葱。只有南侧有现代新建的两座水塔和一个水池可以作为参考地标。

如果不是依据过去的记载，常人已经很难找到这个古城遗址了。岩间德也当年来发掘这座汉城时，一定还有很多关于汉城的痕迹文物在，例如残墙，例如出土的瓦当、陶罐等。

20 世纪 70 年代城址内挖沟时，曾挖出过石斧、石刀、陶器等。十年前全国第三次文物普查时，这里地表已经都是耕地，未采集到任何标本，当时还有东北、西南走向的一段城墙，残高在1.2—1.6米，长约180米，中间有一处长约18米的豁口，东西走向的一段城墙残高约2米，长约140米，西北、东南走向的一段城墙残高约0.6米，长约130米。

巧合的是，现在金普新区属下的董家沟街道政府办公楼也在这里，两者的直线距离仅几百米而已。两千年前，人们选址在这里建古城，两千年后，和当年乡邑政权平级的街道又将办公场所设置在这里。

这是一个朝南向海的高地，从这里向南望去，就是小窑湾海口，视野十分开阔，东南是太山，西北是大黑山，东大河从城前流过。

北方海上丝绸之路，这里是一个节点，尤其古城紧挨着大小窑湾两个海口，当年大小窑湾就是叫大窑口、小窑口来着，后来才改为大窑湾、小窑湾的。

2

大连地区古城的历史考证和发掘，不得不提到两位日本的考古学家，他们就是岩间德也和三宅俊成。大连、金州区域乃至东北最早的一些历史遗迹，都是由他们来完成发掘的。

岩间德也担任金州南金书院的院长之后，又兼任日本"满铁"株式会社的嘱托（顾问，实际就是"满铁"的经济特务），还担任了奉天省省长王永江的

董家沟出土的汉代陶器

顾问，和王永江私交甚好。

岩间德也一来到金州就首先发掘了董家沟汉城，那时在辽南只有牧羊城和董家沟汉城刚刚发掘，刚刚走进人们的视野。他之所以能这样顺利地发掘到汉城遗址，是因为受董家沟"城子前"这个村名的启示，还是那座古城遗址保存得比较完整而引人注目？实际上这两种因素都存在。

岩间德也之后，是他的助手和学生三宅俊成。根据三宅俊成考古文献记载，他曾经多次到董家沟来进行考察和发掘。

三宅俊成先是发掘董家沟台山和阎家楼丘陵的史前遗址，之后对董家沟的汉墓进行调查发掘。

三宅俊成发掘董家沟汉墓，收获很大，之后发表了《董家沟汉代墓葬》一文。而他发掘的一些文物，据说保留在金州古城南金书院里。1945年金县解放后，这些文物也随之不见了。

说董家沟古城遗址是汉城，董家沟一带的汉墓群也是最有力的证据。后来在三宅俊成的《在满二十六年》中得知，他们在董家沟发掘了十二座汉墓，数量之多，令人惊叹，足可见这里应该是一个规模很大的汉墓群，在辽南也许仅次于营城子汉墓群。

关于董家沟汉墓群，我们已知的在历史上至少有过三次较大规模的发掘。

第一次就是三宅俊成等日本学者发掘董家沟汉墓，这是一个很长的发掘时间段。

第二次是1993年4月，董家沟村村民王善龙在建造住房时发现了一座古墓，金州博物馆的工作人员闻讯赶来，对这座古墓进行了抢救性的挖掘清理。

这座古墓墓室为长方形，底部以红砖错缝斜铺，墓室四壁用青砖以三平一竖法垒砌。清理出来的随葬品有26件陶器，包括陶房、陶灶、陶楼和盘、罐、钵、盒。值得一提的是，陶楼十分精美，为细泥灰陶，器外涂朱，楼顶为硬山式，四面出檐，檐端饰16个瓦当，楼脊中间处立一只仰头翘尾、展翅欲飞的鸟。

那一次，博物馆的工作人员判断出附近应该是一片汉墓群，这绝不会仅仅是孤立的一座墓。但当时附近的老百姓都不同意扩大挖掘，不愿意配合，既有传统保守观念作祟，又有经济利益上的考虑，再加上博物馆当时的经费所限，所以那一次的挖掘机遇就错过了。

日本殖民统治旅大时期的关东州公学堂南金书院

日本侵占时期金州东门外的南金书院旧照

董家沟汉墓群的位置在现在的大连机床集团附近,也包括董家沟的老粮库、老电影院。老人们回忆说:"往农东农西全是这类坟墓,年轻的时候去那里平坟,大墓一挖开里面就有大罐、汉砖什么的。"

第三次是2005年10月开始。那时英特尔项目即将落户董家沟,在建厂

施工中，又发现了五座汉墓。这一次，有了比较完整的发掘和清理。古墓位于董家沟镇西南方向的一大块被当地百姓称为"南茔顶"的开阔地。这五座墓都是夫妻合葬墓，时间为东汉晚期，距今约一千八百年。

在这五座墓穴中，保存最完整的是3号墓室。墓室十分讲究，分为前室和后室，中间有甬道连接。由于墓室内缺乏说明墓主人身份的文字资料，如印章、墓志等，因此很难确定其身份。但从随葬品上判断，墓主人在当时应该算中产阶级以上。

5号墓整体都是用长方砖砌成，在墓中还发现了陶灯、陶罐、陶盘、陶尊等古代的日用品，还包括少量的陶楼、陶俑等陪葬品。而其中比较特殊的是一个陶盒和一个铜簋。铜簋在商纣时候比较盛行，在当时属于一种礼器，代表了此人的地位。此次发现的铜簋制作非常精美，高圈足，两边饰有兽面衔环的铺首。虽然由于年代久远而断成两截，但是其价值却难以估量。

在墓室里还发现了陶制的小房子，有的是独门独院，有的竟然是二层小楼。这说明了什么呢？古代陪葬的冥器，都是对当时社会生活的浓缩和再现，它说明了董家沟一带当时的繁华和富庶。

董家沟汉墓的主人，就是居住在附近汉城里的人物。当时的居住区域和殡葬区域距离既不远也不近。

辽南汉墓的特点是西汉多为贝墓，东汉多为砖墓。董家沟的汉墓群多为东汉时期以及魏晋时期的墓葬，专家们估计至少有百座，在规模上也许只稍逊于营城子地区的墓葬。由于东大河河流不定期的泛滥，泥沙冲刷，这些汉墓群有的已深埋在地下，而且董家沟汉墓群有很多是花纹砖砌成的，这在当时也属于一种厚葬。也就是说，是相当富裕的人家才能建造得起这样的墓室。

清理了五座古墓之后，英特尔项目在这块孕育千年的热土上生根发芽了。

现在金州博物馆陈列的还有很多在董家沟区域出土的文物，其中有一个是西汉时期的六鱼陶洗。

六条鱼活灵活现，摇头摆尾，头尾相连，不仅是生活用品，也是艺术品。

除汉墓的发现，在董家沟各个村落里依然常常会发现一些类似的文物。有的陶罐里还会发现女人的饰品——银质的簪子。

大岭屯汉城与三宅俊成

> 三宅俊成提出沓氏县址在大岭屯汉城的根据有四：1. 大岭屯地理位置符合史书记载在金州城东境之说；2. 其地西南临青云河海口，符合《资治通鉴》中"沓氏县西南临海渚"之说；3. 虽然属较小的类型，但足以说明它够得上县城规模；4. 发掘出大量文物，附近还有大量汉墓。

1

大岭屯汉城在哪里？

在今天金普新区大李家街道辖区内，它濒临黄海海湾北侧的土丘上，南依太山屏障，东部地势平坦，可经庄河、东港、丹东达朝鲜半岛；西南可达旅顺，既有海运之利，又有群山险隘，当年在北部丘岗上还曾遗有连片的汉墓。

大岭屯汉城遗址和其他古城遗址相比，显得有些荒僻。就是今天我们想去拜访遗址，一般而言都很难找得到。

2017年春，我再一次来寻访大岭屯汉城，竟然又找不到路径了。不得不让大李家街道的朋友为我画了一张坐标图。坐标图以大李家街道办公楼为起点，左拐到大正线，过红绿灯再左拐，看见"汉城"大石碑之后继续左拐，才是真正的汉城遗址所在地。

现在的大岭屯汉城遗址，只有通过一块小石碑和碑文的记载，人们才会知道这里就是三宅俊成发掘的汉城遗址。一切都是静悄悄的，看不到人，只有一排排蔬菜大棚和几棵老树。不远处就是新建起的高层住宅，田野里是秋天收割之后的玉米地，玉米秸秆的茬口还留在地里。

举目望去，田野中连绵起伏的青翠，被似雾非雾的白气笼罩着，最引人注目的是一条"文

1981年，三宅俊成的自画像

革"时修筑的青云河引水渡槽,以青色的石块和红砖砌成,远看颇似一座石拱桥,其曲线造型很有艺术美感。

2

一个偶然的机会,让日本学者三宅俊成的目光注意到了大岭屯汉城。

那是 1932 年 10 月,正是辽南的深秋时节,三宅俊成本来是去考察高句丽时代的山城,在回来的路上,意外地发现了大岭屯有汉城遗址。三宅俊成来发掘这座汉城遗址时,这里还属于金州民政署的正明寺会(会相当于后来的乡镇)。

三宅俊成在他的《在满二十六年》一书中,曾经详细记载了他发现大岭屯汉城的过程:

昭和七年(1932 年)10 月 3 日。在调查正明寺会城儿山之城后往回走的路上。踏查了大吴家屯部落的南大岭屯的高丽城,结果意外地从城内田地里以及城墙壁里发现了石器、土器及汉代的瓦器,并确认了它为汉代的城址。

16 天试挖掘出的结果为:明刀钱、铜镞、铁斧、瓦类等遗物的出土,使我们作出决定要进行正式大规模挖掘。

把附近的正明寺会的普通学堂(小学校)作为本部大本营。每周星期六的下午,在金州东门的车

大岭屯汉城遗址出土的铁釜

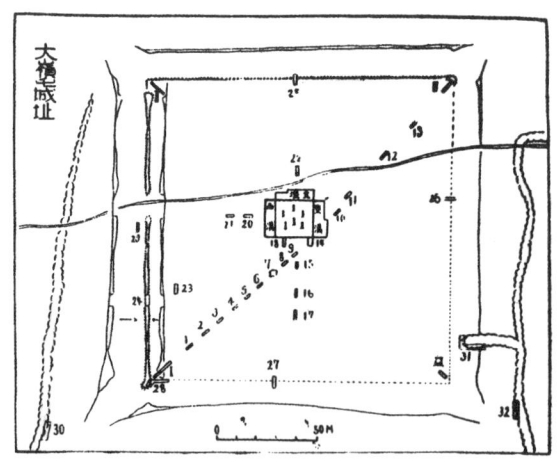

三宅俊成手绘的大岭屯汉城遗址示意图

站上车出发，16点左右在登沙河车站下车，然后向东北方向步行10公里，达到正明寺会普通学堂。住一晚上，早上7点开始挖掘，到16点结束。坐上末班列车，回到家就已经是晚上8点多了。

此挖掘调查持续到12月30日，而且在第二年昭和八年的3月至5月也实施了……

三宅俊成在发掘中，雇用了当地的农民。因为农民没有挖掘文物的经验，所以最初三宅俊成还要对他们进行培训，第一批他雇用了10人，后来以这10人为骨干又增加到20人。

在开始发掘时，以4人为一组，文物出土以城中间的部分为最多。当时的感觉就是汉城遗址中到处都有遗物。

三宅俊成记录的大岭屯出土文物有：磨制石斧23件，石刀2件，石制纺锤车4件，石剑1件；陶壶、陶片、纺锤车23件；铜镞21件；铁斧、铁刀等。

其中值得一提的是一个铁制大釜即大铁锅。

大铁锅底部有残缺，口径30厘米，腹部径48厘米，残余高度为34厘米，推定原高度为38厘米。

这种大铁锅的出土，当时在辽南、在东北都尚属首次。此铁釜后来陈列于旅顺博物馆。

此外还有平瓦、丸瓦、半瓦当、明刀钱断片20余片，货泉等等。

三宅俊成的挖掘持续了两个月时间，每天考察发掘回到南金书院之后，他必然要翻出史书来核对一番。他发现大岭屯的位置符合史书所载沓氏县在金州东境之说，而且大岭屯汉城遗址的西南方向正好面向青云河海口，这样又符合《资治通鉴》中"沓氏县西南临海渚"之说，他越想越觉得像，越想越觉得有可能。

三宅俊成在满洲文化协会发表了《大岭屯城址》的报告，最先提出大岭屯汉城遗址就是汉代沓氏县城。

他提出沓氏县在大岭屯汉城的根据是：

一、大岭屯地理位置符合史书记载在金州城东境之说；

二、其地西南临青云河海口，符合《资治通鉴》中"沓氏县西南临海渚"之说；

三、发掘出的城址东西长 150 米强，南北宽 150 米弱，接近正方形，其规模虽不算大，但以山东、朝鲜等地已发掘的许多汉代县城遗址来衡量，属其中较小的类型，但这也足以说明它够得上县城的规模。

大岭屯遗址发掘之前，曾有学者认为沓氏县城遗址在旅顺牧羊城。大岭屯发掘之后，一直到 20 世纪 70 年代，这里就是沓氏遗址的推论，曾得到过历史、考古方面专家近乎一边倒的支持。

除了大岭屯城，三宅俊成还在辽南其他地区多次进行了田野调查和发掘，据其 1985 年出版的《在满二十六年》中记载，他在辽南考察过的历史遗址有 90 余处之多。

岩间德也、三宅俊成还在金州亮甲店发掘了蚕厂屯史前遗址，出土了百余件石器和大量陶片；在金州凤凰山麓发掘了史前时代遗址等。

金州历史上曾发现过一块著名的"元上百户张成墓碑"，张成墓碑对于元代金复州万户府在这里屯田镇守边关和抗倭，特别是元朝在黑龙江流域的驻防、开发等都提供了珍贵的第一手资料。

这块碑就是 1924 年岩间德也和三宅俊成两人在金州北门外岱宗寺后的菜地里发现的，现珍藏于旅顺博物馆。

旅顺鸿胪井遗迹

3

早在 1895 年 8 月,日本东京帝国大学教授鸟居龙藏就来到中国,调查旅顺、大连和熊岳、盖平、大石桥、海城、辽阳等辽南地区的史前遗址和汉代遗址,这是日本学者首次在大连地区进行的考古调查。

1905 年,日本在取得日俄战争胜利之后,鸟居龙藏再次来到大连,调查和试掘了普兰店锅底山遗址。

当然还要指出,日本殖民统治时期在旅顺、大连等地进行的一系列考古调查和发掘,是在刺刀保护下进行的。在殖民统治当局的保护下,日本人完全主宰了大连地区的考古调查和发掘权,并把一部分重要文物运往日本。这是对中国主权的侵犯,是对中国文物的掠夺。

总之,从 1895 年鸟居龙藏进入大连地区,特别是从 1905 年至 1945 年日本侵占大连时期,日本学者在大连地区做了大量的考古调查和发掘,同时也盗取了许多珍贵的文物。

例如旅顺有一个著名的鸿胪井遗址,其历史背景是这样的:公元 713 年,唐朝派鸿胪卿大臣崔忻前往渤海国册封,途经旅顺。次年完成册封重任的崔忻率团返回,再度经过旅顺黄金山时,为纪念此重大历史事件,崔忻在黄

被日本人盗走的鸿胪井刻石及石亭,现存放在日本东京千代田区皇宫建安府前院(引自日本学者渡边谅《鸿胪井考》一文,发表于《东洋学报》1968 年 51 卷 1 期)

金山南麓和西北麓各凿井一口，并在井旁的石头上刻字纪念。这块刻石宽300厘米，厚200厘米，高180厘米。1908年，该刻石竟然被日本驻旅顺的海军镇守府司令富冈定恭盗走。他将唐鸿胪井刻石及井上的石亭一起偷运到日本，献给了日本天皇。

再如，由日本东亚考古学会发掘的羊头洼贝丘遗址出土文物，现藏于日本京都大学考古研究室；营城子文家屯贝丘遗址出土文物，现藏于日本名古屋爱知学院大学，还有一部分石器现藏于日本九州大学。而藏于日本民间的就更多了。

被日本人盗走带回日本国内的文物，都是珍品。如四平山积石冢出土的玉牙璧、玉斧、玉锛、玉笄、蛋壳黑陶把杯、黑陶罐、黑陶豆；文家屯贝丘遗址出土的彩陶；大长山岛上马石贝丘遗址出土的高足陶豆、石戈、卜骨、青铜片等。

日本人在大连地区的考古调查和发掘，大部分都发表有考古报告，其中重要的有：

《貔子窝》——东方考古学丛刊甲种第一册；

《牧羊城》——东方考古学丛刊甲种第二册；

《南山里》——东方考古学丛刊甲种第三册；

《营城子》——东方考古学丛刊甲种第四册；

《羊头洼》——东方考古学丛刊乙种第三册。

另有一些报告、简报发表在《考古学杂志》《人类学杂志》《满洲学报》《满蒙》《历史与地理》《满洲史学》等日文和中文期刊上。

沓氏与汶县的猜想

双子星座　南北对峙

马蹄金与张店汉城

> 张店汉城遗址东濒平阳河,西北群山环抱,遗址南北长340米,东西宽240米,占地面积近10万平方米。不仅出土过"临秽丞印"封泥和"万岁千秋"瓦当,以及铜印、铜镞、安阳布、货泉、五铢钱等许多文物,还在遗址南三里处发现过两块马蹄金。

1

1983年1月26日。

那天下午,普兰店花儿山乡张店屯的村民王兆和、王兆清兄弟俩到南海甸子去挖碱泥,碱泥是准备用来苫盖房顶的。挖着挖着,哥哥忽然挖到两块硬硬的东西,拿起来一看,黄澄澄、亮晶晶的。

弟弟说,是块铜吧?

哥哥说,不对啊,是铜怎么不生锈?

他们把在旁边干活的村民李旭财喊过来,李旭财也认不准。那时已是下午4点40分,兄弟俩决定提前收工回家。回家后找到74岁的二大爷,二大爷也觉得挺稀奇:"长这么大,我还没见过呢!"

张店汉城遗址附近发现的马蹄金

这么一块不知来头的宝贝，却被一位叫初淑凤的农妇猜出了一个大概："我以前看小人书，书里面提到过马蹄金，我看很像啊。"

后来，兄弟俩又找了担任过物理教师的普兰店第三中学校长吴忠实，他用水浮法证实了这是块纯正的金子。金子底部近圆形，中空，中心都刻有一个"上"字圆印。

许多古代文物的发现都带有偶然性，甚至是充满喜剧色彩，这对马蹄金亦如是。

这从天而降的马蹄金彻底把兄弟俩砸蒙了，从来没见过甚至没听说过的事情啊。老实忠厚的王氏兄弟辗转反侧一夜都没睡好。第二天王兆和与媳妇带着马蹄金早早就来到大舅哥家，商量后三人马上一起来到了县工商银行。

经过银行测试验证，两块马蹄金一块重259.45克，另一块重260.45克，含金量均为98%。王兆和当即把这两块马蹄金卖给了新金县工商银行，县行按普通金饼的含金量折价测算，以6600元人民币收购了。

银行每克作价仅十余元人民币。

这是一个轰动性的新闻，远远超过现在的彩民中了五百万大奖的消息，《大连日报》为此刊发了报道。市文物管理部门就是看了《大连日报》之后，才知道普兰店那里发现了马蹄金。

马蹄金，这可是一件稀世国宝啊，那时许多人搞了一辈子考古都没见过马蹄金什么样。于是县文化局和市文物管理部门开始了解追索，到工商银行一问，说马蹄金已经运到沈阳的省行，而追到了沈阳，省行又说被北京总行调走了。

他们没敢耽误，猛打电话，一个接着一个逐级向上级文化管理部门汇报，一直汇报到文化部。磨破了嘴皮子跟银行交涉，说那绝不仅仅是一块普通的金子，而是一块稀世国宝，是珍贵文物啊！

按照国家文物法的规定：所有地下出土的文物均属国家所有，而且要留在当地文物部门保管。

费尽了周折，两块马蹄金终于要了回来。大连市的两位文物工作人员拿到马蹄金之后又喜又怕，把马蹄金贴身放好，外面用旧棉大衣裹紧，坐火车一路上瞪大眼睛左右防备。

马蹄金拿回到大连之后，县里和市里的领导亲自来到张店屯王兆和家做工作，宣传国家文物政策。淳朴的王兆和积极配合，主动退回银行款，表示愿意献出国宝给国家。

因为献宝有功，有关部门发给王兆和奖状一张，同时颁发奖金1700元钱。

没有少写一个零，就是1700元。

于是，马蹄金成了旅顺博物馆的镇馆之宝。

也有人点评，这应该是大连文物第一宝。

马蹄金，又名"褭蹄"，是汉武帝太始二年（公元前95年）制作的一种新型金饼，距今已有两千余年的历史。

《汉书·武帝纪》卷六中曾记载过此事："有司议曰，往者朕郊见上帝，西登陇首，获白麟以馈宗庙，渥洼水出天马，泰山见黄金，宜改故名。今更黄金为麟趾褭蹄以协瑞焉。"

就是说，在西汉太始二年，汉武帝颁诏说，自己春天出行，登西陇高原喜获白麟，在渥洼水边见到了天马，在泰山见到了黄金……这都是祥瑞吉兆啊！所以命人用黄金做了马蹄金。

但当时的马蹄金不是用来在市场上流通的，只在统治阶级贵族阶层内祝寿、馈赠和赏赐时使用，因此可以说，这是一种极为特殊的高档货币。

发现马蹄金的南海甸子正是古代汉城临近港口的一个通道，现在到海边的距离也只有5公里，当年也许那里就是上船的地方。

这两块马蹄金非常有可能是公元238年正月，魏主曹叡（即曹操的孙子）派太尉司马懿带兵4万征讨辽东时，大军打到了沓氏城下，沓氏官员慌乱逃跑，匆匆上船时把马蹄金等细软遗落在这条路上。

总之，是非常偶然的原因，两块马蹄金在辽南土地里默默地埋藏了近两千年，才得以重见天日。

2

为什么会在这里发现马蹄金呢？

因为这里有张店汉城遗址，即历史上著名的辽东郡沓氏县县城遗址。

张店汉城遗址的发现是在20世纪70年代。

1972年5月，普兰店（当时叫"新金县"）文化馆搞了一次文物普查。文物管理员戴廷德是一个有心人，他早就听说张店屯那儿有古城遗址，这次下乡来到张店屯调查时，果真发现了遗址还在。

汉城遗址坐落于一片开阔的平原上，东濒平阳河，西北群山环抱。遗址为长方形，夯筑土城。戴廷德发现城墙上还有很多小空洞，估计是建城夯土墙时，用木杆做的拉筋，年代久远木杆腐烂，所以留下了空洞痕迹。

实际上张店汉城有大小两座城址，大城居北，小城居南，大城地势略低于小城，两城均用砖石、黄土夯筑。

古代城池，大都分为大城和小城两部分，或称内城与外城，内城为城，外城为郭。

《释名》云："城，盛也，盛受国都也；郭，廓也，廓落在城外也。"

位于普兰店的张店汉城遗址

《吴越春秋》云："筑城以卫君，造郭以守民。"很明显，内城为贵族所居住，外城为百姓所居住。

张店汉城的一大一小是不是"城"与"郭"呢？

大城遗址南北长340米，东西宽240米，占地面积近10万平方米，比大岭屯城址大三倍。当地农民形象地说，这个大城遗址好像是过滤豆腐浆的豆腐包，四个角是向上兜起的。

小城遗址东西长140米，南北宽113米，经过漫长的岁月销蚀，黄沙尘土已经把它一层层掩埋起来了。

据考古专家讲，小城是战国时期修筑的瓮城，亦叫月城，是用以增强主城池的防御力量的。放眼四方，小城的四周有四个山头，据说当年都修有烽火台，驻扎兵哨，护卫着城池的安全。如今普兰店郊北面的孛兰山（又称"饽饽山"）还存有汉烽火台遗址，当为四大烽火台的南山头。

张店汉城的规模用现在的眼光看并不是很大，只不过是现代城区百分之几、十分之几，可在古代，那就是了不得的一座城池。

3

看到戴廷德来搞文物调查，纯朴的张店屯村民何锦章把多年前在这里发现的一批文物拿出来给戴廷德看。其中盖有古代印章的一个坚硬泥团十分引人注目，细看上面是"临秽丞印"四个字，这是何锦章在城西一个叫陈茔的坟地里发现后捡回家的。

张店汉城出土的陶俑、陶罐、彩绘陶盒、陶灶

如今,何锦章的儿子何传盛子承父业,也成为张店汉城遗址的看护员。

戴廷德把封泥拿回来之后,考古专家们一看到"临秽丞印"都兴奋起来,认定这是汉魏时期官府之间传递文书用的,名字叫"缄封",又叫"封泥""泥封"。泥封不是印章,而是盖有古代印章的干燥坚硬的泥块。由于印章是阴文,也就是文字反面的,盖在泥上便成了阳文,即是正面文字。

从战国至汉魏,文书、信件一般都写在竹简上,为了保密,古人将竹简捆好后用泥封在结绳处,并在泥上加盖送件人的印章,这样封泥就成了印章的凭证。直到晋代以后,采用了纸张、绢帛进行书信来往,印章以印色盖在书信上,封泥才退出了历史舞台。

对于在张店汉城发现的"临秽丞印"封泥,专家解释说,"临秽"是汉代中原的一处县城名字,"丞"字表明这是一位辅佐县太爷的官员。因此,这应该是县与县之间的公文来往而留存下来的。

"临秽丞印"的发现,有力地旁证了这座古城曾是一级政权的所在地,因此,专家们就推断这里应该是沓氏县县城。

这个观点一抛出,立即引起质疑。有人说,仅凭一枚官印封泥,还有史书上语焉不详的几句话,就说这里是沓氏县城,恐怕不能服众吧?

张店汉城出土的鎏金铜贝鹿镇

学术需要争论，但最有说服力的还是证据。要认定张店汉城就是沓氏县城，就要有更多的证据。于是戴廷德又四处寻找证据。

他觉得"临秽丞印"既然是在一个坟地发现的，那么这里一定有古墓。

戴廷德到古城的周边查看，果然发现了大量的古墓群。兴奋不已的他把这一发现向大连市的专家做了汇报，一开始专家还半信半疑，他们来了一看，大吃一惊，这里果然有大量古墓。

后来勘查的结果是，张店汉城周围的驿城堡、乔屯、土城子、鼓盖子地、老白地、姜屯、张店屯西北、平房屯西山地带等，均分布着汉代墓葬群。

1975年到1978年，考古工作人员先后在这里发掘清理了30座汉代墓葬，并出土了大量文物。

在挖掘的30座墓葬中，7号贝墓就出土文物一百多件，其中的鎏金铜贝鹿镇就是典型的代表。

卧伏着的铜贝鹿，雌雄各两个。两鹿吻部尖而前凸，线刻双目。雄鹿角以铜铸造，勾红边；雌鹿角以红彩绘画。鹿首下连鹿体为铜铸鎏金，平底，雌雄鹿身均镶嵌天然虎斑贝，内以细砂填充，铜铸与嵌贝按接处均以红彩勾描。

这样精美的鎏金铜贝鹿镇是干什么用的呢？其实，这只是当时贵族家中用来压炕上席子四角的一个小物件。

同时出土的还有彩绘陶灶，呈圆形瓦棱的灶身，前面有斜出柱状烟囱，后面有出檐通地大门，灶面中央有一釜（炊器），釜上置甑（蒸锅），前后各置一条釜，大釜肩部和口沿绘红彩几何状；还有彩绘陶洗高12.5厘米，口径28.2厘米，敞口，卷唇，底内壁刻一龟卧中，两鹭鸶追鱼，口沿均绘红彩。

汉墓中还发掘出彩绘陶鼎、彩绘陶壶、彩绘陶盒、陶鸥鸮壶等，还有汉代"千秋万岁"瓦当，"射襄之印""高阳"等字样的铜印，汉代钱币的"安阳布""五铢""货泉"等。

这些文物都是其他汉城遗址周边汉墓出土文物所无法相比的,所以,许多学者认为,这足以证明这里就是汉代的一座县城,也足以证明这里曾是人口密集、商贾云集、繁华热闹的大连古代行政中心。

但汉代辽东郡南有汶县,紧挨着沓氏县,张店这座古城遗址究竟是沓氏县遗址,抑或是汶县遗址呢?

2009年12月,在修建皮口到炮台山的皮炮高速时,又在张店汉城北部附近的姜屯发掘出汉墓,因为墓葬群面积大,于是在2010年3月,辽宁省文物考古研究所组织了专家进行勘探和发掘,结果在姜屯共发掘出墓葬212座,墓葬形制主要是土坑墓和砖室墓。

据专家考证,姜屯汉墓群的年代上限可到西汉中期,下限可达东汉中晚期。遗憾的是其中部分墓室已遭到了盗掘,保存情况也较差。尽管如此,在墓葬中也出土了大量随葬品,且多为陶器,也有少量铜器、铁器、玉器和骨器。陶器器形多为壶、罐、鼎,铜器则有铜镜、铜盆、鎏金车马具(冥器)、铜钱,铁器有环首铁刀、铁剑,玉器有玉璜、玉猪等。

姜屯出土的文物中,最为珍贵的要数M45出土的24件玉件组成的玉覆面。所谓"玉覆面"是指将玉石缝缀于编织物上,并覆盖在死者脸部的一组丧葬用品。目前,发现的玉覆面主要出土于陕西、山西、河南、山东、江苏、湖北等地,制作形式也多种多样。

姜屯汉墓M45出土的玉覆面由24件玉件组成,分别是:玉璧(符号1)、玉璜(符号2)、玉圭(符号3)、玉牌饰(符号4)、玉片(符号5)、剑璏尾(符号6)。经过考古工作者的复原,玉覆面中的小玉片和玉圭围绕成人脸的外廓,玉圭用于脸形的转折处,两件梯形玉片代表眼睛,剑璏尾代表鼻子,牌饰代表嘴,2件方形玉片代表下巴。

这是东北地区首次发现玉覆面,更使玉覆面的使用历史由西汉早期向后延伸了二百多年。玉覆面的玉料为玛瑙和岫岩玉两种,用料比较讲究,玉饰也比较精美。但据学者研究,该玉质基本是残料,由此推断墓主人的身份可能为没落的贵族,其在等级上可以使用玉覆面,但由于物质条件限制,只能追求了玉覆面的形式而没有在材质和造型上做到精良。

还有学者说,张店汉城还可能是大汉历史上很神秘很短暂的一个沧海郡郡城的所在地。如果仔细分析史书的有关记载,沧海郡在普兰店的张店汉城

张店汉城姜屯汉墓出土的玉覆面

是有道理的。

总之,在普兰店的海岸边,因为发现过汉代也稀有的马蹄金和"千秋万岁"瓦当、鎏金铜贝鹿镇、"临秽丞印"封泥、仕女陶俑、玉印、玉覆面等等诸多文物,这些猜想,就绝不是空穴来风。

4

由此还联想到,在辽南的热土上,因为有古城遗址,一定还埋藏着很多秘密包括很多财富,马蹄金也许仅仅是冰山一角而已。

马蹄金这一2000余年前的珍贵文物的发现,证明了张店汉城在当时就与中原王朝有着非同一般的往来,说明在古时,张店汉城就曾是达官显贵的居住地,朝廷要员光顾的要地。

至于这两块马蹄金的主人是谁?为什么会遗弃在汉城遗址的附近?也许将是一个永远也解不开的谜了。

千年光阴如水而逝，古城南面的一地湖泊泥淖如今已变成一片荒原，于是当地百姓叫它南海甸子。而这两块马蹄金也许是战乱时被官员慌忙中遗弃的，也许是盗匪在县城达官贵人家中偷窃而遇到追杀慌乱中丢掉的……

总之，这两块马蹄金给文学家们留下了一个巨大的想象空间。

所以，在董家沟城、牧羊城、大岭屯城发掘之后，一个重量级的汉城遗址终于登场了，这就是普兰店区的张店汉城。大连考古界里关于大汉辽东郡沓氏县城遗址所在地之争，风头最劲的就是张店汉城，可惜的是，张店汉城遗址曾被破坏过。

很早以前张店汉城就已经被发现，但是，那个年代文物保护意识普遍不强。1958年时曾对汉城遗址的土地进行过一次深翻，大概向下深翻了二尺。到"文化大革命"搞"备战备荒"时又在汉城的土地下修过一段防空洞。

接下来的几年里，由于古城墙多是用糯米汤搅拌泥土来夯筑，地力较肥，所以人们常常半夜偷着来这里取土，回家垫猪圈沤粪，然后再将土覆盖到其他地块去种庄稼，这叫"土地盖被"。

于是，曾经比房子还高、有20米宽的土城墙现在全然不见了踪影。这不仅毁掉了部分文物遗迹，也有可能再也找不到沓氏县的证据遗迹了。

从沓氏到东沓和新沓

一说是，原张店汉城的沓氏县因北方民族侵袭而逐渐荒废，于是新辟大岭屯汉城为东沓。另一说是，238年曹魏派司马懿征讨辽东时，进行了残酷的大屠杀，造成辽东人口锐减，土地荒芜，沓氏县官吏和百姓纷纷渡海逃命，县城由此被废。后辽东郡又在原沓氏县东部黄海青云河口东岸建新城（今大李家大岭屯汉城），史称"东沓"。

翻阅史书，会发现关于沓氏还有一个变化，就是在西汉时称为"沓氏县""沓县"，东汉时为"沓县"，东汉末三国时期则称之为"东沓"。这是怎么回事呢？

一种说法认为，普兰店张店汉城和金州大李家大岭屯汉城，不用再争谁是正宗沓氏的名分了，因为它们都曾是沓氏县城城址，不过时间有先后而已。

历史大背景是这样的：

东汉安帝永初三年（109年），山东沿海3000多农民在头领张伯路率领下爆发起义，他们戴红色头巾穿红色衣服，所以号称"赤帻军"。

赤帻军焚官府，杀污吏，连克山东沿海数处郡县。后来因被官军围困而失利，于是退避到海上的庙岛群岛和今大连地区的长山列岛，而辽南的沓、汶两县饥民也多有参加。永初五年（111年）张伯路率军再次进攻山东登莱，被青州刺史法雄击败，义军复退回辽南，并多次与沓氏县城守军发生战争，最后被这里的李久地主武装镇压而失败。

张伯路兵乱之后，就是北方游牧民族的袭扰。

在半个世纪中，北方的乌桓、濊貊、高句丽等不断袭扰辽东，朝发穹庐，暮至城郭，骚扰北方各边郡。沓氏县城所在的张店汉城多次遭到兵乱破坏，为躲避北方这些少数民族的铁骑，沓氏县人口不断向东部、南部移徙。

同时，由于普兰店湾顶部陆地入海距离过长（20余公里），水道逐渐淤塞，南方来的较大船只已不能航行，内海码头失去功能，县城又处在海积平原上无险可守，沓氏县城作为辽南地区政治、经济和军事中心的地位渐而丧失。

而此间辽南地区与朝鲜半岛的经济和军事活动却更为频繁，黄海海岸线开始繁忙，为适应形势需要，辽东郡又在原沓县东部黄海的青云河口东岸辟地建城，作为县城（今大李家大岭屯汉城），史称"东沓"。

东沓，即原来的沓氏之东也。

这个时期，牧羊城、东沓城至郡治襄平的驰道基本形成。公孙氏统治区的商人通过辽遂、新昌、安市、平郭（今盖州城郊汉城）、东沓城及牧羊城常渡海与山东半岛互市。而将军山经东沓城通鸭绿江达朝鲜半岛的"经"（山间羊肠小道）和"畛"（田间便道）也基本形成。东沓成为山东中原地区与朝鲜半岛交往的中转地和必泊港。

这是一种说法，即原张店汉城的沓氏县因为兵乱和北方民族侵袭而逐渐荒废，于是又新辟大岭屯汉城为东沓，时间约在东汉末期。

还有另一种说法。

是在公孙氏统治辽东的后期。

公孙度称霸东北，北方辽东本是魏国曹操的大后方，正因为如此，南方吴国孙权为了在魏国背后安上一颗钉子，就极力拉拢辽东王侯公孙度。而魏国为了摆脱后顾之忧，也不断地给公孙度加官晋爵笼络人心。

到了公孙度孙子公孙渊即位之后，公孙氏玩平衡，游离于两个大国之间，很受用。他不肯安于现状，改其父祖搞平衡的基本国策，图谋称王，积极参与魏、吴的争斗。

232年，公孙渊阳受魏命，阴通孙权，企图借助孙权的势力，摆脱曹魏的控制；孙权也企图利用公孙渊的力量，从南北两面夹击曹魏。对此，魏明帝决定用武力惩戒。同年，派汝南太守田豫和幽州刺史王雄从海道和陆路进击辽东和今大连地区。就在两路大军进发之际，魏明帝因闻公孙渊与东吴水军已经联合有了准备，又诏令退军。田豫在撤退途中，用伏兵大败东吴的周贺水军。

233年，公孙渊向孙权奉表称臣，于是今大连地区成吴国领地。孙权又派张弥、许晏、贺达等率兵近万人乘船驶往旅顺海口。对此，曹魏以重兵征讨为后盾，向公孙渊发动了强大的政治攻势，公孙渊惶惧不安，感到孙权路远力弱很不可靠，便又重新依附于曹魏。而此时张弥、许晏等率400余人已先至襄平。公孙渊诱斩孙吴特使张弥等人，又派军驰行至今旅顺、金州一带，骗杀吴军近600人，以此请魏国宽恕。于是大连地区又属魏国领地。

237年，魏明帝派军队驻扎辽东南界，用玺书征调公孙渊入朝。公孙渊拒绝前往，发兵反抗。两军对峙于辽隧城（今辽阳市太子河西岸高坨子附近）。当时连降暴雨十余日，辽水大涨，魏将毋丘俭战败，退回右北平。公孙渊小胜后，狂妄地认为魏兵容易对付，就自立为燕王，改元"绍汉"，决意与曹魏对抗。

公孙渊的反复无常和狂妄野心激怒了魏国，也惹来了灾祸。

238年正月，魏明帝曹叡派太尉司马懿带兵4万征讨辽东。公孙渊也耀武扬威派出几万大军，准备在辽隧（今海城一带）迎敌。司马懿表面做出要在辽隧决战的样子，暗地里却派主力直袭襄平。公孙渊见大势已去，又服软叫停，派出使者找司马懿求和，说他愿意负荆请罪和以儿子做人质为条件，请求曹军退兵。

老谋深算的司马懿当然不会再听信他的诺言，几天后襄平就被攻破，公

(孙玉/摄)

(王万涛/摄)

位于山东省淄博市淄川区罗村镇罗村的古新沓县城遗址

孙渊带几百骑兵突破重围，仓皇逃命，在梁水（今太子河）西岸（当年燕太子丹被杀之地）被魏军追上，公孙渊父子双双被曹军砍了首级。

攻陷襄平后，辽南的老百姓跟着公孙渊遭了殃，因为司马懿进行了残酷的大屠杀。据史书记载，那一次在襄平杀公卿将校2000多人，又杀15岁以上男子 7000 多人，强迫辽东 4 万户计 30 余万人迁入中原，曾经富庶的辽东一下子赤地千里，人烟荒芜，社会生产力遭到严重破坏。

襄平战后，司马懿挥师南下，一直打到辽东最南端的沓氏县，县城官吏和百姓纷纷渡海逃命流离失所，沓氏县城由此被废。

在魏国攻打公孙渊之时，公孙渊曾经向遥远的吴国求救，吴国还真没有袖手旁观，不计前嫌派兵渡海来参战。最后，魏国在辽东杀人，吴国在辽南抢人抢东西，不想给魏国留下一丝一缕。经过这次掠夺，整个辽南地区只剩下残垣断壁几无人烟，社会经济发展遭受到一次最沉重的打击。

辽南大部分逃难的人都是从海路乘船南下的，他们就近在胶东半岛的烟台、蓬莱一带登陆。因为逃过去的人口太多，魏明帝曹叡不得不安置这批流离失所的难民，特地在如今的山东淄川划地增设一个县，名字就叫"新沓"，意思是新的沓氏县。

如今的淄博市淄川区罗村镇还保留着新沓县的部分遗址：据《淄川县志》记载，魏国统治者不但为移民们建置一个县，还沿用原沓氏县一部分官员来主掌这个县。

沓氏县城被毁之后，此时大连地区与朝鲜半岛之间的经济和军事活动却日渐频繁，为适应形势需要，魏景初三年（239 年），东汉辽东郡又在原沓氏县东部黄海的青云河口东岸建新城（今大李家大岭屯汉城）作为县城，称作"东沓县"。

魏国统治北方时期的辽东郡共辖九县：襄平、平郭、西安平、东沓、汶县、北丰、辽队、新昌、安市。除沓县南迁改东沓外，其余八县县

如今的罗村平静祥和，已不见往日的沧桑（王万涛/摄）

治均与东汉时期相同。

东沓县到西晋时期并入北丰县。

这两种说法从年代上看，前说是东汉，后说是在曹魏时期，而清人杨同桂、孙宗翰所著的《盛京疆域考》也认为东沓县的设置是在曹魏时期。

营城子的谜底在哪里

> 汉墓群，营城子数量最多。而墓穴周围必有城址，距离太远或太近都不符合常理。依考古学而论，发现墓群的地方是城的外边，所以大凡有汉墓群分布的地方，附近皆应有相应规模城址的存在。营城子却偏偏找不到城址，历史就是喜欢这样开玩笑。

1

说大连古城沓氏，不能不说到营城子。

为什么？因为现在的甘井子区营城子这个地方一直就很神奇。

1999年春天，大连农科院工作人员在科研菜园子里浇菜时，发现水流到一块菜地后，直接就渗下去了，不再往别的地方流。屡次试验，都是如此，他们推断地下可能有东西，于是报告了文物部门。

一挖，就是一座完整的汉代单室砖墓，并且出土了一批文物。

2003年秋，一个外资项目在营城子进行基本建设施工时，又发现了汉墓。

这次大连市文化局组建了大连营城子汉墓考古队，立即开始进行抢救性发掘，前后共发掘出汉墓180余座。

这一次抢救性的发掘，发现了一件国内罕见的珍宝——堪称汉代金器之极品的金十龙带扣。

"在地下沉寂了上千年的这件文物刚一出土，就熠熠发光，让所有人为之惊叹啊！"当时的市文化局文物处处长、考古专家吴青云回想起当年发掘时的情景，仍难掩激动。

这件带扣由纯金打造，细细数来，上面竟雕有十条栩栩如生的金龙。

一条大龙是从上到下贯穿的，造型生动逼真，宛如在云中翩跹的姿态。

大龙上面有两条对称的小龙，另有七条小龙围绕在大龙左右两侧，仔细看，每一条龙的脊背上都是小珠珠的造型，带扣上还有几颗绿松石做点缀。

在此之前，世存金质带扣仅有两件：一为乐浪古墓出土，一为新疆博格达沁古城出土。此次发现的金质带扣，充分体现了汉代焊缀工艺的精湛，堪称汉代金器之极品。

汉代带扣的出现，据说是受到北方匈奴带扣的影响。带扣原先是匈奴人使用的一种马具，形制很小，有固定的舌，约在秦代时传入到中原地区，起初也是作为马具。至汉代，带扣的形制增大，已经变成腰带使用了。作为一件装饰豪华的佩饰，这件金十龙带扣显示了主人在当时拥有相当高的身份地位。

营城子汉墓出土的金十龙带扣

现在，金十龙带扣是新建的大连汉墓博物馆的镇馆之宝。

实际上营城子汉墓发掘的发端是20世纪20年代，日本人在这里修铁路时无意中发现了汉墓并进行了发掘。

所以除了大李家大岭屯汉城说、普兰店张店汉城说之外，关于沓氏县城遗址的猜想，还有一处也是得到很多人赞同的。

这就是营城子。

根据考古推断，汉代时整个大连地区是连成一片的，规模远远超出我们的想象。例如发掘出的汉墓群，营城子是数量最多的，出土的汉代文物达数千件，为此大连市政府已经在那里创建了一座汉墓博物馆。

这个汉墓博物馆位于甘井子区营城子街道沙岗村，就是在农科院菜园子里，是中国第一座汉代墓葬群遗址博物馆，以展示大连地区两汉墓葬为主体，通过汉墓原址及其出土文物展示汉代大连地区的历史概貌。

2010年10月25日，大连汉墓博物馆正式落成开馆，占地面积4600余平方米，馆舍面积2600平方米，展示文物近300件。

2010年落成的大连汉墓博物馆（汤亚辉/摄）

2

那么，营城子汉墓规模到底有多大？

现在已经发掘的就是一条绵延近10公里的庞大汉墓群，而地下埋藏的还有多少，谁也不知道。

因此，我们说"张店汉城是沓氏县治所在地，而营城子仅是汉代乡邑一级的治所"，恐怕说不过去。因为从汉墓群的数量和面积来看，营城子是辽南最大的汉墓群，却怎么可能又不是县治所？

再退一步说，如果营城子真是乡邑治所，那么它到位于普兰店张店屯的沓氏县城，其距离有百余公里远，这在古代的交通条件下是非常遥远的。远离县城治所的乡邑，规模会如此之大吗？

我们祖先有这样一个生活习俗：死者和生者的生活区互不混杂又相隔不远。墓穴周围必有城址，两者距离太远或太近都不符合常理。依考古学一般而论，发现墓群的地方应是城的外边，因为古人死后一般埋在城的外缘附近。所以大凡有汉墓群分布的地方，附近皆应有相应规模城址的存在。

寻找沓氏，可以有很多种方法，其中对墓葬进行研究是一个重要的方法。沓氏县的所在地，必然就是辽南的政治、经济、文化中心，是人烟稠密

大连汉墓博物馆里保留的一处墓室实景(汤亚辉/摄)

的地方，这些在墓葬规模中必然会有所反映。

以大连地区而言，如旅顺老铁山镇南山里的汉墓群，附近便有牧羊城；金州大李家汉墓群，便有大岭屯汉城；金州董家沟墓群，也相应有其汉城；普兰店花儿山乡汉墓群，当有张店汉城；瓦房店太阳升乡陈屯汉墓，亦有陈屯汉城。

然而，所有的猜想都碰到了这个无法回避的谜团：如果营城子是沓氏县治所在，那么它的城在哪里呢？

如果有人能在营城子找到一座城址，那百分之九十九就是沓氏县治所。

营城子汉墓附近一定应有一座城。但是，到目前为止，却一直没有找到这座城。

营城子，一个名字里就带着"城"的地方，偏偏找不到城的一点痕迹。你说怪不怪呢？

考古工作者从20世纪五六十年代乃至八九十年代，曾做过多次调查和勘探，甚至使用探铲钻探过，也没有发现夯土层，所以一直不敢下结论——营城子就是有城。

当年的古城遗址，是被海水侵没，还是被战火毁弃？

两千年间，谁知道这里曾经发生过什么：地震、海啸、水灾、火灾……

总之，大自然的力量会轻易毁了一座城址，让你找不到一点痕迹，然后扮一个鬼脸就跑掉了。

我们先来了解一下古代的城是如何修筑的。

汉代城墙的建筑材料，仍为前代筑城所习用的夯土。修筑的方法一般是向下掘一浅槽，在槽内打好墙的基础，然后由底往上逐层夯实。

夯土的建筑方法大致可分为两种：平夯法与方块夯法。在汉代广泛采用的是平夯法，即两面夹板，一层层往上平夯，又叫"版筑"。被夯实了的土称为夯土。

就是到现代，中国北方有些地区依然用这种方法造屋筑墙，名字就叫"干打垒"。

我们要找到所谓城址，就先要找到过去的夯土层。

如果有，它怎么会消失得如此彻底？

如果没有，又怎么会有如此之多的汉墓？

3

说营城子没有城,好像没人相信。打开营城子镇行政区划图,你会看到不少带"城"的名字:营城子乡、营城子村、前牧城驿村、后牧城驿村、营城子湾、牧城湾……

那座神秘的古城到底在哪里呢?

也有人会说,营城子牧城驿那儿不是有一座城吗?前些年还有城墙和城门的影像。

对不起,那是六百年前的明城。我们要找的是两千年前的汉城。

现代的营城子,依山傍海,风光秀丽,城山、五峰山、鞍子山、黄龙尾等千山余脉延续到这里,给这个被称为"龙脉之乡"的小镇增添了许多神秘感。

从地理上看,营城子是兵家必争之地,也是移民商贾必经之地。

营城子南有优良的港口,从山东半岛"踏渚而来"的移民怀着对新生活的梦想,登上空旷寂寥的辽东半岛之后,在这里筑城圈地,就可生息繁衍;北是辽阔的东北亚,移民开拓和商人们逐利的脚印便可以由此伸向更远。

从地势上看,营城子适合于一个较大城郭的发展。北有山峦挡住寒冷的季风,周围地势平坦开阔,既有茂密的山林,也有易于农耕的沃野,而且还有着取海盐之便利。

来到这里,你不由得就会想起陶渊明的"土地平旷,屋舍俨然,有良田

营城子壁画墓遗址

美池桑竹之属。阡陌交通，鸡犬相闻……"

不仅如此，钟灵毓秀的营城子还有着绵长古老的文化链条：新石器时代的文家屯遗址、四平山积石墓，青铜时代的双砣子遗址、岗上遗址，汉代的壁画墓，唐代的永兴寺，明代的驿站城……如此算来，她竟是一位已有6000多岁，藏满秘密和传奇的老者。

神秘的小镇，给了大连考古界太多的惊喜，众多的汉墓以及重量级文物的出土也给了人们种种考证、推论、猜想的索引，那些有着浓厚城市生活色彩的文物似乎都在强烈地把猜想引向两千年前大汉辽东郡的沓氏县治。

看到金十龙带扣和汉墓壁画，不由得会想起王勃《滕王阁序》中的一句："闾阎扑地，钟鸣鼎食之家；舸舰迷津，青雀黄龙之舳。"

归纳成现代语言的意思就是，这里城镇住宅，多是富贵人家；船满渡口，多是龙舟雀舫。用此句来概括当年的营城子，可谓恰如其分。

地面上的城找不到，地下的却还在。

说营城子是沓氏县治最有力的佐证就是埋藏在地下的汉墓，这里的汉墓遗址已经成为辽南的一道文化风景线。

从20世纪20年代至80年代，营城子一带出土的汉墓遗址近千处，有文字记载的就有300多座。2003年到2005年，抢救性发掘的汉墓又有210座。汉墓的形式也很多，西汉早中期的贝墓群，西汉晚期的贝石和贝砖墓、南木椁砖墓、皮革状棺盖，东汉初期的绳纹砖墓，东汉晚期的壁画墓，东汉末年的石板墓等等，共有11种。

从已发掘的汉代墓葬分布、数量以及出土文物看，渤海沿线的文化堆积层特别厚重，最突出的又是营城子，汉代的遗址遍布全镇73%的区域，说明这一带两千年前曾是人烟稠密、村落密集。

营城子汉墓规模之宏伟，殉葬、随葬物品之丰富多彩，出土文物品级之高，也都证明这里应该是辽东半岛政治和经济的中心。这里出土了大连地区最早的文字、最早的砖以及最早的壁画墓；出土了应该是贵族所有的铜承旋、玉剑璏、龟钮，特别是目前全国只有三条、可说是全国乃至全世界珍品的金十龙带扣，都说明了当年营城子居住者的地位。

从营城子汉墓出土的陶鼎、壶、樽、洗、盆、灶、井、炉、灯、仓、瓮、俑等陶器、漆器、木器等，数量之多、工艺之精美，堪称大连地区汉代考古的重要发现。

4

旅顺历史博物馆的陈钟远曾著文,认定沓氏县驻地应在营城子。文中列举了诸多符合沓氏县城存在的条件。营城子"西南临海诸",南部山峦中诸多山峰林立,其中有一山还名为沓山,为了求得证据,当时的《甘井子区志》的编撰人员会同旅顺历史博物馆、大连市文委会以及营城子镇村干部一起,做过两次挖掘,但终未能找出遗址所在。

大连大学东北史研究中心主任王禹浪也是沓氏县在营城子观点的主要支持者。

王禹浪认为,虽然没有直接的证据认定沓氏县治所在,但也因此给了大家学术上的探讨和争鸣空间。在开始研究这个课题时,王禹浪曾将整个辽宁省发现的汉代墓葬和出土文物的地点标注在地图上,结果出现了营口、辽阳、营城子三个集中的中心点。

在汉代,辽阳是辽东郡的首府襄平,营口是辽东郡的平郭县和安市县,那么营城子呢,怎么会仅仅是一个乡邑的治所?

"我认为沓氏的县治所在就在营城子这里。"对此,王禹浪十分自信。

营城子在2003年那次发掘中还有一件珍品,就是铜质的承旋。

承旋是一套两件的青铜器皿,在汉代专为宴饮之用的高端酒器。下面是三足青铜浅盘,三足的形状为熊面人身,上面则为铜尊。这种铜盘加铜尊的形制在我国某些墓葬中和在汉代石刻及画像中都曾经看到过。这是正式宴会所用器皿,非寻常百姓所能拥有。

"透过这件承旋你能看到什么?是体现着文明程度的城市生活。因为在汉代它是宴饮之用的。"王禹浪兴奋地说。

通过这些出土的珍品,我们能感觉得到,那遥远的历史和曾经的繁华,又向我们走来了。

营城子还有一道风景是其他汉墓发掘中所没有的,那就是汉墓壁画。

在前牧城驿村西北、沙岗子村南的汉代壁画墓,是1931年由日本人发掘出来的。该墓从侧面看呈"山"字形,由前室、主室、套室、东侧室和后室组成,各室相通。它南北长17.5米,东西宽7.18米,采用中国传统的砖拱建筑技法砌成,使用环状、羽状、方棱状、连环状等多种花纹砖,大部分花纹砖上涂有红、黄、白彩。砖的花纹都朝向墓室内,墓室庄重、美观、大方,充分显示了东汉时期的建筑风格。

墓室砌法是采取向上内收，交错叠压成穹隆顶，埋在地下已1900多年，仍能保持不塌不漏，显示了东汉时期匠人们非凡的才智和高超的设计水平。

墓室中间为主室，外罩一高大套室，南面有墓道。彩色壁画绘于主室东、南、北三壁。北面壁画是主人升天图。主人居中，佩剑加冠，前有老人导引，后有侍者相随。对面空中有一羽人，踏云来迎。上绘朱雀、青龙，左右飞舞。下有三人望空作祭，一伏、一跪、一立。各种形象都用墨线勾勒，并加朱粉、赭红彩色，各尽其态，颇为生动。

这幅东汉壁画《升天图》，在中国美术史上也占有一席之地。

墓的主人是谁，任何官职？这是一个千古之谜。

营城子出土的汉代铜承旋

营城子汉墓博物馆里的汉砖

营城子壁画墓主室外面还罩着一座高大的套室

从墓制看，墓的规格非常高。有人说"像一方诸侯"。可让人奇怪的是，这样一个大人物居然没有墓志铭，墓内没有任何文字记载，也没有可以一路追踪的器物……

也许，是当年发掘此墓的日本人偷偷匿下了贵重的文物？

也许，该汉墓在古代时就曾被盗过，其间珍贵的文物抑或散落遗失在某个地方？

营城子汉墓之谜还不止这一个。被称为国宝的金十龙带扣竟出土于一个普通的单室墓，它的主人是谁呢，为什么会有与身份不符的稀世珍宝？

营城子附近有一座永兴寺，古香古色的大殿后，有一棵被称为"东北树王"的雄性银杏树，据说已有1300岁，高28.9米，直径1.95米，至今依然枝叶茂密，身姿魁伟，枝条上系满了人们祈愿的红布条。老树周围又生出许多棵小树，护围着老树，在这片土地的伴随下生生不息。

出土的文物和老银杏树都在告诉我们，这里曾亲历过城市的繁华和往事，我们却找不到城市的地基和踪迹。

汉代的辽南，除了普兰店花儿山古城、大李家大岭屯汉城、旅顺牧羊城、瓦房店陈屯城之外，实际上以这些古城为中心逐渐形成了若干处人烟稠密、规模不等的聚落区即乡邑所在，就是我们今天所说的城乡接合处，或者叫乡镇街道。

例如，在牧羊城、营城子的周围，在董家沟和得胜、大李家这一条线上，在大魏家和三十里堡、花儿山、李官周围，当时都是经济发达、人口集中、城邑相望、村落密集的地方，也都出现了经济繁荣、文化发展的相对稳定时期。

营城子壁画墓中的《主人升天图》

5

普通大连人也许不太在意沓氏县遗址到底在哪里,毕竟柴、米、油、盐、酱、醋、茶显得更实际一些。

但专家学者们尤其是大连本土的专家学者却为沓氏遗址争论了很久。20世纪日本人和外埠专家的观点暂且不说,就是本地专家学者也是各执己见,互不相让。

《大连日报》曾经搞过一次"追溯大连的城史纪元"讨论,许多学者都发表了关于城市纪元开端时间和沓氏遗址的意见,我整理一下转发于此吧。

都兴智:蒙古族,辽宁师范大学历史系教授。主要研究方向为辽金史和东北地方史,承担《金史今注》和《辽宁通史》等国家级研究课题。出版学术专著《辽金史研究》等10余部,发表学术论文70余篇。

都兴智的观点有二。第一,他认为大连地区的城史纪元始于战国末期,一方面有史书记载"燕将秦开破东胡设辽东郡"为证,另一方面大连古城址发掘出的战国遗物是有力的实物佐证。第二,普兰店张店汉城是大连最早建城的地方。一方面古城大小符合县城的规制，另一方面城址内出土了大量的战国遗物，而且张店汉城的地理位置符合史书所载的种种描述。

刘俊勇：辽宁师范大学历史文化旅游学院教授。长期从事大连地区考古和地方史研究，出版有《中国大连考古研究》《大嘴子——青铜时代遗址1987年发掘报告》《中国文物考古汉日小辞典》等。

刘俊勇观点有三。第一，他认为大连古城最早出现于战国末期，以燕昭王十二年（公元前300年）燕将秦开破东胡设辽东郡为依据。第二，根据大连地区古城出土的战国遗物，断定汉代的沓氏县即是秦燕时的沓氏县，且始建于战国。第三，普兰店张店汉城遗址可能为汉城沓氏县，但营城子如果有城，应为汉代的沓氏县。

瀛云萍：1949年考入东北师范大学地理系，曾在旅大师范学校（现大连大学）任教，在辽宁师范大学讲授历史、地理数载，著作颇丰。

瀛云萍的观点有三。第一，汉代的沓氏县是辽东郡最南，也是面积最大的一县，其历史地位很重要。沓氏县辖今普兰店南部、庄河南部以及金州、旅顺口、中山区、西岗区、沙河口区和长海县所有海岛等广大地区。第二，沓氏县城必为旅顺牧羊城、金州大李家大岭屯汉城址、普兰店张店汉城址三处之中的某一个。第三，沓氏县可能在花儿山张店。理由是，一方面张店汉城规模符合县城要求，另一方面张店汉城地理位置符合史书记载，另外张店汉城在主要交通线上，比较符合沓氏县的历史情况。

王嗣洲：中国考古学会会员，大连市文物鉴定委员会专家组成员。主要从事辽东半岛暨东北亚史前考古、大连地方史及博物馆学和文物学等方面的研究。现为副研究员，旅顺博物馆保管部主任。

王嗣洲观点有三。第一，大连的城史纪元是从汉代辽东郡下设沓氏县开始。第二，根据汉墓的分布情况推测，虽然营城子附近没有发现城址，但是营城子汉城应在牧城驿地区，城遗址可能因战争以及元明时期的垦荒而损毁。第三，沓氏县城址究竟在何处仍是众说纷纭，但不排除在早已荡然无存的营城子汉城的可能性。

吴青云：曾任职于大连市文物考古研究所，曾任大连市文化局文物处处长。主要从事辽南地区的田野考古发掘和文史研究工作，先后参与辽西地区、大连地区的文物调查，主持大连湾青铜时代遗址、瓦房店陈屯汉魏晋墓地、金州七顶山土龙积石冢以及营城子汉代墓地第二地点、董家沟汉代墓地等发掘工作。

吴青云的观点有二。第一，大连的城史纪元应该在公元前3世纪，将大连的城史精确到具体的某一年是不准确的。第二，沓氏县原址在普兰店张店汉城。汶县丞印和沓氏丞印封泥的出土是最有说服力的实证。

王万涛：大连地方史专家，《大连市志》责任主编。担任主编、编审、编辑的志书100余部，撰写理论文章200余篇，出版个人专著两部。为中国地方志协会理事、大连市史志学会秘书长等。

王万涛的观点：大连地区最早进入近代城市行列的有旅顺口、金州城、复州城等，但是作为全地区近代中心城市，便是作为地名意义出现的大连——以中山广场为中心的城市区。

"大连"之名是大连古代居民自己的创造。大连之名原为"褡裢湾"，后为"大连湾"，此称谓可以追溯到明代，最后于1981年改为"大连市"。

王禹浪：大连大学中国东北史研究中心主任，辽宁省历史学会副理事长。2002年创建大连大学中国东北史研究中心和东北文物陈列馆。在《中国史研究文摘》《社会科学战线》等刊物上发表学术论文160余篇，出版《高句丽渤海古城址研究汇编》《东北史地论稿》《哈尔滨地名含义揭秘》《东北古族古国古文化研究》《金代黑龙江述略》《东北辽代古城研究汇编》等专著、合著、编著13部，主编《东北史研究资料丛书》20部。

王禹浪的观点：甘井子区营城子镇汉代古墓群发现了约180座两汉时期

营城子汉墓遗址

的墓葬，其中有贝冢墓、贝石墓、贝瓦墓、贝砖墓、砖瓦墓、花纹砖墓、砖石墓、壁画墓等。从墓葬的规模和性质上分析，营城子汉墓中有的墓主人的身份地位较高，有人据此推测其附近可能是自西汉以来的聚居地，并推测在营城子的汉代墓葬群附近应该有汉代古城。如果在营城子附近发现汉代城址的话，可能就是辽东郡所辖的汉代的汶、沓氏两县的治所之一。

从名称上看，西汉时称之为沓氏，东汉称之为沓县，曹魏时期称之为东沓、新沓，名字也一路变化，县治所在岂能无变化？

说到史书记载有东沓，我认为，这为营城子是沓氏县治所之说增添了有力的证据。

为什么这样说呢？

如果按一些专家的推论，原沓氏遗址确实是在普兰店张店汉城，那么大岭屯汉城是东沓遗址则不成立。

看地图可知，大岭屯汉城不是在张店汉城的东部，他们几乎就是在同一条纵向垂直线上。大岭屯准确地说是在张店汉城之南，把新县城迁移到原来县城城址的南方，然后叫"东沓"是不成立的，如是则应该叫"南沓"。

我不是文史专家，但我认为古人方位观念应该比我们更精确。

如果我们再假设，当年原沓氏县城是在如今的营城子地区，那么大岭屯汉城的确是在营城子东侧，相对营城子而言叫"东沓"就合情合理了。

《资治通鉴》说："沓氏县西南临海渚……"不正是说，营城子西南有牧羊城和沓津吗？

因为海渚就是旅顺口。

所以，营城子为当年沓氏县城之说非常有说服力。

关于营城子是沓氏县城，大岭屯汉城是东沓县城的观点，还可以从地理的角度来找到佐证。

沓氏县在三国时期，是江南吴国与辽东公孙渊之间使臣往来与军事行动的水陆转运站。这在很多历史书籍中都有记载。

那么从江南吴国来的船喜欢驶进哪个港湾呢？

是黄海海岸线近，还是渤海海岸线近？

到黄海海岸的港湾，航程风平浪静。如果驶向渤海湾，需要穿过渤海海峡，尤其要绕行老铁山咀，那里常有数米高的大风浪，没十分必要，水手们一般是不会取这条路的。

假设沓氏县城是在普兰店的张店汉城，那么从南方吴国北上到辽南来的航船，就需要绕过老铁山咀，沿渤海海岸线再往北行走。过羊头湾、双岛湾、营城子湾、金州湾，之后才是一条狭长的海湾——普兰店湾，上岸后是沓氏县城。

它绕的一个大圈子，几乎相当于从莱州到旅顺口的航程。

由此可知，公孙氏与吴国来往时一再提起的作为登陆点的"沓渚"或"沓津"，应该就是旅顺，或者是在辽南东南黄海海岸线的另一个港湾。而如果"沓渚"或"沓津"是旅顺或在东南沿海的另一个海湾，那么沓氏县城亦就在附近。照这样的逻辑推断，营城子和大岭屯古城遗址都是最合适的，而不应该是张店汉城，或者，在金州东南方向也许还会有汉城遗址待发现。

还有一种可能是，原来的沓氏县治所在营城子，登陆点是渤海海岸线的金州湾。由于和东吴的贸易往来需要，中心开始逐渐转移到黄海海岸线这一边。而在魏国大军洗劫沓氏老县城之后，再在大岭屯汉城设新的县治就顺理成章了。

沓氏和东沓，因为史书记载过于简略，所以也给我们留下了巨大的想象空间。

写到这里竟有一丝悲凉，一个辉煌存在了几百年、管辖数千平方公里的沓氏县城竟然找不到了。我们现代人只知有沓氏，却不知沓氏遗址在何处。

真是愧对先人。

莫非，沓氏城也像西域的楼兰古城，丝绸之路的尼雅古城，明朝京西边关三城之一的白羊城一样，成了一个永远的谜？

总而言之，沓氏，大汉辽东郡的一个大县，却是辽南文化史上的一个失踪者。

现在，一切都仅仅是推测和猜想而已，沓氏县城遗址就像一场梦，却又让人久久不能释怀。

我们在寻找沓氏的时候，辽南一些地方也悄悄开始争夺沓氏遗址的命名权，例如，金普新区和普兰店都认为，自己才是沓氏故城的所在地。

有些金州老人说，金州古城是近些年才拆除的，有谁敢说它的原址就不是最早沓氏县城的遗址呢？

沓氏，大连人心中永远的一个结。

陈屯汉城和汶县说

> 《汉书·地理志》:"文,莽曰文亭。"在《后汉书·郡国志》中作:"汶县"。关于两汉汶县的治所,也是一个比较繁难的问题。《三国志·魏书·齐王芳纪》载,正始元年(240年),"以辽东汶、北丰县民流徙渡海,规齐郡之西安、临淄、昌国县界为新汶、南丰县,以居流民"。

1

当我走过了牧羊城、董家沟汉城、大岭屯汉城和张店汉城之后,立刻就想到下一个目标应该是瓦房店的陈屯汉城。这是不可不去的一个文化遗址,我必须要去拜访这座大连地区最北的距离中心最远的汉城。

陈屯汉城遗址是1980年在第二次文物普查中,由当时任大连文物处处长的吴青云先生发现的,专家们经过考证认为,发现的陈屯汉城遗址就是《汉书》记载的汶县县城遗址,城址周围还有上百座不同形制、从西汉到魏晋时

古城遗址附近的东风水库

期的墓葬。

这座汉城遗址又是大连地区汉城遗址里面积最大、发现最晚的一个，因为距离大连城市中心最远，所以在一些大连人的心理感觉上，它似乎已经"出界"了。大家关注的目光就没有像其他遗址那么炽热、那么深情。

陈屯城址碑

从大连市内出发到陈屯汉城要走沈大高速，在瓦房店老虎屯下高速，然后走东那线，再到王店村的东风水库。也可以走202国道到复州城，再经马场村到太阳升乡王店村。这条路蜿蜒曲折，对面几乎遇不到来车，路两旁尽是农田和果园，汉城所在的陈屯在王家店村西南，复州河从南部流过。因此今天陈屯最引人注目的不是汉城遗址，而是东风水库，1.4亿立方米的蓄水量使东风水库成为大连的一个大水碗。

因此，东风水库可以作为汉城的一个地标。

我去的那次走近东风水库，看到的只是一个干涸的河道和大坝。大坝上的水库里有多少水还看不到，而大坝下边简直就是几处水泡子而已。一座桥也是空空荡荡的，没有人也没有车。

东西流向的复州河近年来由于干旱，河道中已经没有多少水了。但河上有一座雄伟的吊桥。吊桥北面靠西立着大小两块石碑。小石碑是1993年大连市人民政府所立的"市级文物保护单位 陈屯城址"碑；右边的大石碑高约2米，长6米，厚0.6米，为2011年所立，瓦房店籍的上将谷善庆题字：古汶县汉城遗址。

后来听说有些朋友走到这里还是找不到汉城遗址在哪里，还真是这回事。

从这两块石碑再一直往北走，二三百米处就是汉城遗址。汉城遗址下面是一片高粱地，那一次高粱地里也有几个穿着衣服、戴着帽子的稻草人，从这里上去就是汉城。

所谓汉城遗址，其实远看就是一道土梁子，所以很多人认不出。这个土梁子看着不高，实际也约有一人多高。土梁子上面是刚刚栽种的樱桃树，这

仅存的拐尺形的城墙遗址

些樱桃树所在位置就是当年的城墙。

当年考古专家们在考察中推测,古城应该为边长400米的正方形。

一走上土梁子让我感到惊讶的是,地上到处都有陶片、绳纹瓦的碎片,经过这么多年的风雨,依然可以随手捡起,可见当年这里的遗存是多么丰富。

这一城址只有这东南一角还有一些模样,其他地方已经看不出来了。这座汉城告别了当年的繁华之后,寂寞了数千年,直到今天。

2

既然确定是一座汉城遗址,那么它曾经在辽南地区处于一个什么地位,又经历了哪些辉煌的历史呢?

很多专家认定这里是大汉辽东郡汶县县城的遗址。有人把它和沓氏县放在同样的高度,认为它也是大连地区的母城。

《汉书·地理志》记载:"辽东郡,秦置,属幽州,县十八:襄平、新昌、无虑、望平、房、侯城、辽队、辽阳、险渎、居就、高显、武闪、平郭、西安平、文、番汗、沓氏。"

到《后汉书·郡国志》时,"文县"就写成了"汶县",由此可以推断出县城旁邻水,那水就是复州河。

发源于老冒山的复州河古称汶水,是大连地区第二大河。汶水,这是两千年前秦汉时代的旧称。古代地名多用山水之名，所以这里被称为"汶县"；王莽时"汶县"被改为"文亭"，东汉时又被改为"文县"。

《汉书·地理志》记载："文，莽曰文亭。"在《后汉书·郡国志》中作："汶县"。《三国志·魏书·齐王芳纪》载，正始元年，"以辽东汶、北丰县民流徙渡海，规齐郡之西安、临淄、昌国县界为新汶、南丰县，以居流民"。

这就是说，在魏国第三位皇帝曹芳时代，因为辽东的战争所致，汶县的老百姓也渡海跑到了山东，于是青州的齐国（今山东）又成立了一个新汶县，治所在今淄博市张店区一带，西晋废。这是在山东成立新沓县之后的事情。新汶县和新沓、南丰都是近邻。

就是根据以上史书记载来推定，有些学者认为汶县应在辽东半岛近海处，有的更具体地认定为就是陈屯汉代古城。因陈屯古城坐落在复州河北岸，主此说的学者认为复州河即古之汶水，汶县之名当得之复州河。

但是与这种观点不相符合的是《资治通鉴》记载的一条史料：

333年，鲜卑族大将军慕容仁占辽东割据平郭，前燕慕容皝即慕容仁的哥哥率军东征慕容仁，"以高诩为广武将军，将兵五千与庶弟建武将军幼、稚，广威将军军、宁远将军汗、司马辽东佟寿共讨仁。与仁战于汶城北……"皝军大败。

如果按这段史料来分析，当时慕容仁领兵据平郭，慕容皝是从河北的昌黎进兵，从进军路线推断，汶城似应在平郭之北。故《〈中国历史地图集〉东北地区资料汇编》则推定在今营口市汤池附近的英守沟古城。

东北史方面比较权威的著作《东北历史地理》第一卷本，则推定辽东郡汶县应在今海城市东南的析木城，而且汶县存在的时间要比沓氏的时间更长。

如此说来，辽东郡汶县的位置就有了三个不同的观点，即瓦房店陈屯、营口市汤池附近的英守沟、海城市东南的析木城。

到底哪一处是正确的？大汉辽东郡的汶县到底在哪里？还待有新的考古资料发现才能确定。

我来到这里访古的时候，很随意地就在田野里捡拾到一块绳纹陶片。附近还有一位中年人拿着金属探测仪在那里扫着，也许他渴望发现的是金属币或者值钱的青铜器，而且他还真的找到了一个已经泛绿色的铜镞。

3

回首大连地区的几处汉城遗址，以面积大小而论，排序是瓦房店陈屯汉城、普兰店张店汉城、金州大李家大岭屯汉城、旅顺牧羊城汉城。通过这个排序，我们会发现一个规律，就是由南往北汉城遗址的面积是越来越大的。我们知道，当时大汉辽东郡的所在地是辽阳，而辽东郡在历史上经过燕、秦、汉三朝，存在了几百年。沓氏县的时间也有四百年之久，这四百年的时间它的县治所在怎么可能会在一个城址处而不变化？

现代人喜欢用发现的遗址面积大小来确定古代城子的级别未必正确。

例如大连建市仅仅百年，最早的市政府和今天的市政府也不是同一处地方而是经历了几次迁徙。再如，今天的金普新区前身是大连开发区，大连开发区在三十年前创立之初，它的管委会最早是在五彩城下的简易房，然后是金马路的邮电楼、金马大厦，一直到1994年搬迁到今天的管委会大楼。三十年的历程都会有几次的迁徙，而四百年的历史肯定就是一个逐渐由南往北迁移的过程。因为县治所在地会越来越想靠近辽阳所在的襄平中心，所以，牧羊城、营城子、大岭屯、张店汉城，都曾经是沓氏县的县治所在。

辽南的四大"金刚"

垒石筑城　高夷布防

高句丽时代的辽东

> 辽东"乃东北之雄藩,实国家之重镇",自秦汉以来就是兵家必争之地。从105年高句丽的太祖王复入辽东,寇略六县,到404年广开土王侵袭后燕,高句丽对辽东进行了长达三百年的反复争夺后,才终于完全占据了辽东。

山城!山城!

几乎每一处险要关口的山峰都会有一座山城,这就是高句丽时期的辽东。

但是要说起高句丽在辽东的山城,必须先说说高句丽这个北方民族;说高句丽民族,又必须先介绍一下高句丽的始祖朱蒙。2006年韩国拍摄过大型古装电视剧《朱蒙》,据说长达百集之多。

朱蒙,生于汉宣帝神爵三年(前59年),本是北扶余的一位王子,而北扶余则是肃慎族的南支。关于朱蒙降世,一如传说中的英雄人物,被罩上了神明圣武的光环,涂上了一层神秘的色彩,许多史料都有他神话般的记述。

传说,朱蒙母亲柳花夫人"为扶余王闭于室中,为日所照,引身避之,日影又逐,既而有孕",后生一卵,"大如五升",扶余王厌恶大卵,把它丢给狗和猪,"狗猪不食";把它扔在路上,"牛马避之";抛在荒野,群鸟以羽毛呵护。扶余王又用刀割,"不能破"。无奈,只好还给了柳花夫人。柳花夫人把它放在暖处,"有一男破壳而出",便是朱蒙。

这个故事在很多民族起源的传说中都似曾相识,所以不必较真也不必考证。姑且说之,姑且信之。

朱蒙长大后精于骑射,百发百中,引起诸王子和大臣的嫉恨,欲谋害他。朱蒙遂与乌伊、摩离、陕父三名随从逃出北扶余,渡过浑江之后,来到今辽宁桓仁下古城子,见此地"土壤肥美,山河险固",于是在此立都,国号高句丽。

桓仁由此成为高句丽七百年基业的肇兴之地,如今这里的五女山高句丽王城已经成为世界文化遗产。

建国之后,高句丽人平时居于原野之上的卒本城,战时则居于高山之巅的纥升骨城。通过一系列东征西讨，朱蒙疆域得到了拓展，为高句丽日后势力的扩大奠定了基础。

先秦古籍《逸周书·王会解》载："北方台正东高夷嗛羊。"后世人孔颖达疏云："高夷，东北夷高句丽。"这是早期中国对高句丽族的认识。

孔子也曾说过："道不行，乘桴浮于海。从我者，其由欤？子路闻之喜。"又说："予欲居九夷，或曰：陋！如之何？子曰：君子居之，何陋之有？"

九夷是古代对东方沿海一带夷人的总称，又称东夷。九夷有玄菟、乐浪、高丽、满饰、凫臾、索家、东屠、倭人、天鄙。其中的高丽即高句丽。

《三国志》记载，高句丽族在经历了较长的发展阶段后，分裂成五部——涓奴部、绝奴部、顺奴部、灌奴部、桂娄部。

公元3年，高句丽国把首都迁到丸都山城（今吉林集安丸都山城遗址）。从公元前37年立国，到公元668年被唐朝所灭，其政权共存世705年。

战国时代，燕昭王胡服骑射，大破东胡，其势力远达朝鲜半岛北部。由于燕国开疆拓土的影响，居住在这里的高句丽人也学会了使用铁器，并开始接受中原文化。

公元前2世纪末，大汉朝征服古朝鲜，把高句丽五部的部分地区划为高句丽县，归属于玄菟郡。这在《后汉书》和《北史》中皆有记载。如果说之前中原王朝没有在此地明确设立政权的话，那么至此，高句丽正式成为中原王朝的附属政权。

西汉末年，中原地区的政权如走马灯一般地交替，北方则出现了五胡十六国的混乱局面。总体形势表现为中原王朝局势动荡，地方政权割据严重，民族之间战乱纷繁。

在天下大乱的局面之下，中原王朝无暇顾及东北辽东一隅。这就给刚崛起的高句丽提供了一个非常有利的扩张势力的契机。

高句丽东伐沃沮，南侵乐浪，征服百济，长寿王十三年（427年）移都平壤，称雄朝鲜半岛。但这些还都不是高句丽扩张的主要目标，真正让高句丽觊觎已久的是辽东地区。

辽东"乃东北之雄藩，实国家之重镇"，自秦汉以来就是兵家必争之地。明代曾把辽东视为"肘腋重地""京师左臂""畿辅之要防，山海之雄服也"。朝鲜学者金景善在《辽东大野记》中更是肯定了辽东的重要性：天下安危常系辽野，辽野安，则海内风尘不动；辽野一扰，则天下金鼓互鸣。

辽东沃野千里，经济发达，人烟稠密，便于吸取中原先进的技术与文化。高句丽占领北沃沮（今吉林一带）后，获得了肥美的土地，背山向海，宜五谷，善田种，自然环境得到了一定的改善，农业也得到了相应的发展，进而使高句丽对辽东的富饶更是垂涎三尺。另外，辽东地区盐、铁资源丰富，盐是生命之需，铁是生产、战争之需，两者对于一个国家的发展来说都至关重要。因此，高句丽势必要据有辽东地区，这是它存在和发展的必争之地。

从105年高句丽的太祖王复入辽东，寇略六县，到404年广开土王侵袭后燕，高句丽对辽东进行了长达三百年的反复争夺后，才终于完全占据了辽东。

辽东半岛地理位置前突，南窄北宽，其半岛山地属于长白山余脉，由北向南地势逐渐降低，山体犹如一柄利剑，剑锋所指，即位于中原最东部的山东半岛。

辽东和山东两个半岛之间最近距离大约100公里，且中间海域中还分布着庙岛群岛，形成了天然的水陆桥梁，这是自古以来中原通往东北腹地最便捷的一条通道。自秦汉以来，中原王朝就通过这一水道，对中国的东北乃至朝鲜半岛实行军事管理与控制。

辽东半岛山地属长白山余脉（郭朝晖/摄）

由于辽东半岛这种特殊的前突地理，中原王朝与东北各民族的交往以及与朝鲜半岛的交往，都是依托辽东半岛而展开的。高句丽占据辽东之后，剑指中原。来自高句丽的直接威胁，使得历史上隋、唐王朝主动发起多次统一辽东的战争，迫使高句丽不得不从扩张转为防御。

隋、唐大军东征高句丽首都平壤，有三条路线：

第一条是陆路，经河北由辽西进入辽东，走一弧线再由辽东进至朝鲜半岛。

第二条是水陆结合，从山东渡渤海海峡至辽东，再由辽东进至朝鲜半岛。

第三条是水路，从山东渡黄海到鸭绿江口，直抵朝鲜半岛。

前两条进攻路线都是以辽东半岛作为跳板的。

第三条水路虽然是捷径，但运输难度和危险系数大，运输兵力和补给的能力也极为有限，所以前两条进攻路线尤其是第二条对于高句丽来说，要比第三条来自海上的进攻更具威胁。

中原大军如果从山东半岛登船出发，仅需一天之程便可进发辽东，进而对辽东和朝鲜半岛的纵深构成威胁。而如果从陆路进入辽东，则必须环绕经辽宁渤海沿岸的大片沼泽，走一个大大的弧线，由北路的沈阳进入辽阳，途中所费时日和人力、物力过多过长。

辽阳城因有辽泽和辽河诸水系阻断，成为一个天然屏障，所以高句丽的防御除陆路外，主要的防御对象是登州至旅顺的海路。

因此，在辽东半岛上，辽南又成为高句丽防御的前沿和重点，设置的高山城堡十分密集，驻守的军民人数也较多，这主要是由辽东半岛的地理特点决定的。

如果守住了辽东半岛，则高句丽的政治统治中心——朝鲜半岛北部就有了一道屏障。因此，高句丽花费了近二百六十年的时间，极力打造这条战略防线，并且下了宁死据守辽东半岛的决心。

就是在这一时期，为了加强在辽东半岛的统治，抗拒中原王朝，高句丽人发挥其善于在山上修城建寨的特长，在辽东各地陆续修建了一些山城。

有学者认为，高句丽名称的来源即与山城有关，"高句丽"即意为筑在高山上的城堡。也有学者认为，高句丽即是"山高水丽""高古建屋""高大黑马"之意。

事实上，高句丽在辽东半岛上修筑的这条以山城为重点的防御体系，为延缓高句丽的灭亡的确起到了非常重要的作用。

黑山逶迤卑沙城

> 落日恋碧草,古刹留残阳。高树迎晚鸦,低谷驱归羊。城堞入画里,暮烟进崖帐,霞光渐入海,游人尚徜徉。
>
> ——《题卑沙古城》

1

隋唐时代的大连古城,以战略地位和历史影响论,首屈一指的是卑沙城。卑沙城在哪里?

你若坐飞机从外地返回大连,在临近降落时,透过右侧的舷窗,你就能鸟瞰到逶迤南来的千山余脉,也就是大连市区的最高峰——大黑山。

细看大黑山,会发现南部山峰上有一道断断续续的白色细线,隐约穿行在大黑山主峰和南峰之间。如果天气晴好,在飞机上会看得十分清晰。

那道白色细线,就是一千五百年前高句丽人所构筑的军事城堡——卑沙城。

大黑山卑沙城城垣转山梁,绕山谷,围成一个大大的圆弧形,在大黑山山脊之上蜿蜒约有5公里之长。

修复后的卑沙城城门

你想去拜访这座卑沙古城遗址吗？

那么，我推荐你从松岚村的小路上山。

松岚村是大黑山东南麓的小村庄，以盛产大樱桃而著称。穿过松岚村会有一条小路可上大黑山南峰。

这条路树木密集，陡峭难行，当你沿着几近六十度的山梁，气喘吁吁地就要爬到山顶时，猛然抬头，就会看见一道巨大的石墙横亘前方。绕过这道石墙，会找到一处坍塌的豁口，从这里爬上残破的墙体，你就站在卑沙城城墙之上了。

这是大黑山南峰的最高点，脚下的石墙成九十度弯。向西看，石墙顺着南峰山脊迤逦而下，走到一个低谷，然后又向上曲曲折折延伸，出现在那条连接着南峰和主峰的山梁上，最后逐渐隐入大黑山主峰下面的绝壁中。

此时此刻，一座雄浑险峻的古城轮廓就出现在你的视野之中。

伴随着这条卑沙城城墙线有一条茅草小路，是喜欢爬山的驴友们多年踩踏出来的，沿这条小路可一直走到大黑山电视发射塔所在的主峰。一路上城墙外侧都是嶙峋的山岩，还有弯曲遒劲的黑松和稠密的茅草。

总之，够险要也够刺激。

古代，辽南属于"三面临夷，一面滨海"的地势，所以一直是中原王朝与北方少数民族部落之间龙争虎斗的古战场。在这里诞生诸如卑沙城这样的防御工程并不奇怪，卑沙城凝聚着我国古代少数民族的智慧和力量，也彰显着辽南地区悠久的历史底蕴。

20 世纪 50 年代至 80 年代，卑沙城曾遭到了严重破坏，1988 年和 1990 年国家文物局两次拨款近 20 万元，对卑沙城损坏地段进行维修。

1963 年 9 月 30 日，卑沙城被定为省级重点文物保护单位，2013 年又升级为全国重点文物保护单位。

据考，此城也是有关高句丽诸山城中见之于史书记载最多的山城之一。

"卑沙"和"沓氏"有相同的特点，都是一个很古怪的名字，据说是高句丽语的音译，卑沙城又称"沙卑城""毕奢城""卑奢城"。1982 年大连市地名普查时统一改为了"大黑山城"，但我以为，既然史书上的名字是"卑沙"，还是应该尊重先人和历史。

沿着卑沙城城墙一路走来会发现，城墙是就地取材，用大黑山的石块，经过简单打磨后，沿着山脊南侧垒筑而成。

我曾多次沿着这条路线走到大黑山主峰，一路上看见的都是这种青灰色的石英变质岩石块堆积的城墙，有的大石块甚至重达数吨，城墙总体宽度约为3.3米，高度在3至5米之间。

古代生产力水平很低的情况下，完成这样伟大的建筑工程，需动用多少劳动力，耗费多少时日，牺牲多少生命才能建成？因此，它的成就至今仍令人赞叹不已。

民国著名历史学家金毓黻先生曾考证，其城墙巨石上发现有按铲杆之穴痕，这说明，高句丽人是用铲杆把一些巨石滑上去筑城的。

在南峰那一段现存的城墙墙体上，有一段大约每隔1米就有一个方形穴坑，这是过去战争时竖立木栅所留的痕迹。也就是说，这段城墙没来得及用石块完全砌到顶，于是又增加了一道高高的木栅，以抵御外来强敌进攻。换句话说，把这段卑沙城叫作"卑沙寨"，也许更准确。

方形穴坑是战争时竖立木栅所留的痕迹

站在大黑山南峰的最高点，可看到卑沙城的大致走向

考究现在大黑山附近的地名，除了南部有"关门寨"，大黑山北麓还有一地名为"背阴寨"，东部还有"王官寨"和"寨子沟"，附近还有"高城山"……

这许多"寨"遗留到现在，是否就是当年高句丽人的"山下城"呢？

卑沙城西距金州湾仅10千米，南距大连湾仅8千米，为古今交通咽喉要道，是进出沓津（旅顺口）的必经之路，更是控扼黄、渤二海的瓶颈之地。

卑沙城作为高句丽在辽东千里防线的第一座大型城堡和关隘，其军事地理位置不言自明。

因此，大黑山卑沙城成为其南端最前线，也是最著名的一座山城。

2

卑沙城利用地势，把主峰围绕起来，成为一座典型的山中之城，而这座山城每到战时，据说只留下唯一的一个进口，也是最险要处——关门寨。

关门寨，扼守在大黑山凤凰谷深处。

大黑山西南坡有段 1000 余米长的峡谷。所谓峡谷，即深度大于宽度，谷坡陡峻之处。

这条峡谷因谷口之西是大黑山系的一座小山，名曰"凤凰山"，因此峡谷亦名为"凤凰谷"。谷口就是游人从唐王宫道院入口的登山处，由此即开始进入山谷。

1996 年春，我曾经领着一些年轻同事爬大黑山，误打误撞走的就是这条凤凰谷到山顶石鼓寺的小路。

那是第一次爬大黑山，完全凭感觉，看到别人踩出的羊肠小路就跟进。有的地段是绿叶茂密的柞树、榆树，有的地段又是一人高的野草、小灌木和芦苇，时不时树林子、草丛里还会飞出一只大鸟或窜出一只野兔，让人惊骇。

走到后来皆为险峻岩石，必须四肢并用才能爬上去。我有些紧张，已到中途又不能后退，手拉手一个拽一个才攀上去。记得在险要处，有的女同事曾吓得大声尖叫。上去之后发现，山顶竟然有一古寺，庙门紧闭，略显破败。附近还有一部队营房，年轻的战士们出出进进。

后来知道这就是关门寨到石鼓寺的路线，自从修了石板台阶路之后，就成了大黑山最热最经典的一条爬山路线。只不过拾级而上，再加上沿途的亭台点缀，已经少了当初的惊险刺激和野趣意味。而石鼓寺如今也修葺一新，新鲜得让人感觉像是一个道具和舞台，却不像一座古寺了。

现在沿凤凰谷慢慢走进来，两侧危崖高耸，榆柞混杂，泉水淙淙，凡来此地的游客，无不为峡谷的奇崛壮美而赞叹。

约行一公里即走至峡谷深处，在一转弯地段，突然见一石砌城门拦住谷口。向上看，城门洞上是启功先生题写的"关门寨"三个大字。现存的石砌城门虽为今人复建，但仍不失当年锁钥之险。

因为山谷在这里骤然收口，两面都是几十米高的断崖绝壁，再加上密密麻麻的橡子树、槐树和老榆树，像一道道绿色的屏风，将关门寨寨口又遮挡了起来。

关门寨前的淙淙山泉

关门寨，堪称一夫当关，万夫莫开，因为两侧峭壁陡立，如斧劈刀削，仅有谷底一线山路蜿蜒可通主峰。

进寨口再往东行，就是"鹎子口"。

所谓"鹎"，系一种大雕，早年在大黑山中很多，常成群地盘旋在山谷之上。据记载，清代朝廷曾在金州设过雕厂，命令猎户每年须向朝廷上缴各种雕翎共四百三十副，以为官员的顶戴和宫廷装饰之用。

现在我们到大黑山只能看得到野雉和山雀了，遇有行人它们会惊叫着在山谷上空掠过。

过了鹎子口，凤凰谷才算走到尽头。这里曾有隋唐时代的一些建筑遗迹，如果有幸，也许你还可以拾到一些瓦当和陶片。

在走到关门寨寨口前，就会看见一股山泉流出，经年不息。踏着涓涓泉流之中的大小石块，继续向东步行，则来到"滴水壶"和"饮马湾"。这里流出两股细细如注山泉，两泉相距不足20米，水色一深一浅，味道也迥然各异。

我曾不止一次听大黑山上的部队朋友介绍，在这里驻守过的战士，因为常年饮用滴水壶的水，结婚成家后，生的都是男孩。这里或许有夸张的成分，不过大黑山上的泉水，包括响水寺山泉、观音阁圣水井水，都有一些传说和故事。所以用大黑山的泉水生产的几种品牌矿泉水，在大连市场上都很抢手。现在附近的居民自己上山来取水的越来越多，每天杏花里小区的盘山路上，取水之人络绎不绝。

从滴水壶和饮马湾再北上，峭壁上已开辟出一段山路，名为"十八盘"。这段路经过修葺，共铺筑了1361级石阶。每上一段石阶，都有一个供游人驻足观赏风景的平台。

边上石阶边看两侧风景，赏心悦目，妙不可言。因为这条峡谷的岩石为石英岩，形成于8亿年前的海滩环境，又受2亿年前印支——燕山运动影响，造成岩石结构的裂隙。再经过亿万年的风化崩塌，水流切割，结果是将岩石切割成均匀的岩体，在岩壁上构成棋盘格的形状，学名就叫"棋盘格式节理"。

正兴致盎然地走着，突然，你会发现山中还有"伏兵"。原来这是一处天然形成的奇特地貌——砂岩石芽。由于大黑山的石英砂岩发育了两组相互垂直的节理裂隙，经风吹日晒，冰冻雨淋，会沿着薄弱部位逐渐风化崩塌，

辽南的四大「金刚」

被称为"天兵天将"的砂岩石芽

就形成了一根根大小不一、错落有致的小石柱,远远望去就像是一排排古代武士组成的巨型方阵……所以被称为"天兵天将"。

有趣的是,"天兵天将"对面的崖壁上也有一片象形石,整个崖壁就像是一块块切好的豆腐,摆放在一起,切面非常光滑整齐,当地人形象地把它称为"麻将牌"。

天兵天将和麻将牌是北方的一个小石林,在这里可以感受到大自然鬼斧神工塑造之美。而当年唐军在此攻打卑沙城,无疑也会受到地理环境的影响和启示。这天兵天将的景象在秋冬季节观赏最好,因为草木凋谢,可以把象形石完全展露出来,才会有最佳效果。

走过十八盘,即直达唐王殿(石鼓寺),由此也进入到大黑山卑沙城的腹地。

曾有人这样形容十八盘的情景:

猿猴畏登十八盘,
悬崖过后绝壁拦。
深谷万丈临足下,
一盘过后一层天。

沧桑吴姑巍霸山城

> 巍霸山城的清泉寺是大连地区唯一在"文革"中没有遭到破坏的古寺。原来在20世纪20年代时,中共地下党曾参与重修古寺,并在大佛殿后墙上塑了一个红五星作为联络标志,于是它成为革命文物,也因此而平安度过了历次政治运动,没有人敢动它一砖一瓦。

1

唐朝大军渡海而来,在沓津(旅顺口)登陆后,大黑山卑沙城是第一关,然后就是巍霸山城的第二关,和大黑山相距约80千米,两处皆为兵家必争之地。

巍霸山城,位于普兰店区星台镇东郭屯北部山顶,从瓦房店出发沿城八线公路东行,下公路之后不远,即可见其山城大门。山城盘踞在海拔420米的巍霸山上,故得其名。而巍霸山,当地百姓原称其为"尾巴山",远看,巍霸山城城墙像一条巨龙腾跃于谷壑峰巅,绵延十几华里,甚是威武雄浑。

巍霸山城可以说是辽南保存最完整的一座山城。

我拜访巍霸山城的那一次,是和摄影家汤亚辉、编辑小郭同行。我们都是第一次见到巍霸山城,十分惊愕,因为在城的规模上感觉要比大黑山卑沙城显得更雄伟,建造年代也会

巍霸山城城门(汤亚辉/摄)

更早一些。一些地段的城墙是真正的具有沧桑古城意义的城墙,高大险峻、苔藓斑驳。相比之下,卑沙城现在剩下的仅仅是一座山城的"地基"和残墙了。

山城取其自然险势,就山取石,以势造城,可谓得天然之利。况且山谷深阔,尽可安营扎寨,流泉不竭,足够军马饮用。此处进可攻、退可守,实为辽南军事之又一要冲。

我们爬上山城东西走向的山梁,在丛林茂草之中,还依稀看得到当年一些小型堡垒的遗迹。据说这些堡垒曾经是巍霸山城守军驻防和瞭望的地方,相当于今天军事要地的哨岗和瞭望台。驻足于此,向东南可眺望黄海之滨,向东北则可遥望到庄河一带。因此,当战争爆发时,高句丽人可以通过这些制高点,把周边的水陆交通要冲尽收眼底,及时掌握敌军动向,为部署防御赢得宝贵的时间。

巍霸山城内曾经挖掘出一些东汉时期的文物如墓砖等,因此有人推断山城可能最早始建于东汉时期,当是东汉守卫北国边疆军马屯驻之地。后又经高句丽沿用,拓建并修筑了坚固的石垒城墙。

巍霸山城古城墙(汤亚辉/摄)

山城西、南、北三面皆环山，最珍贵的是有一处老城墙保留完好而且高达9米，这是其他山城比不了的。城垣辟有东、西、南三座城门，北部有瓮门。东城门是出入山城的主要通道，宽约6米，但看得出是后来重新修建的。其余的城门现在除北瓮门以外均已倾塌。

山城西、北两面山势高峻，其城墙相对于西南和正南两面的城墙保存较好。城墙之内，地势西高东低，坡度较缓；城墙之外，坡度陡增，使山城内外的界限如天然所成。南北两翼城墙随着山脊的走势而延伸至城外，形成了守护山城东大门的"城外台"。

两座城外台好似收缩的瓶颈，敌军来犯时，城门和两个城外台便可三面居高临下夹击，犹如瓮中捉鳖。因此，山城的平面布局看起来更加像一个"凹"字，当地农民形容它整体就像一个大簸箕。

在巍霸山城的城内，北有紫金城，南有梳妆楼，东南有点将台、烽火台，西门有饮马池、养鱼池等，其中紫金城、点将台和梳妆楼，均系高句丽时期城内的建筑遗址。

清澈的碧流河从古城右岸流过去。而城内留有一处水门，由于山城依山势而建，城内西高东低，有着自然向下倾斜的坡度，做到了对山泉和雨水的及时排泄，能够防止水涝发生。至今水门仍有清澈的山泉从中流出，这些长流不息的山泉，是当时据守山城内的高句丽军民的重要水源。

2

巍霸山城又名"吴姑城"，当地百姓一般都是叫吴姑城。

为什么叫吴姑城呢？

一个传说是，从前山城外住有吴姓兄妹俩。哥哥叫吴魁德，妹妹叫吴丽。兄妹俩从小练就一身好武艺，被朝廷封了官，人称龙虎双将。后来妹妹吴丽在一次战斗中英勇战死，为了纪念这位年轻女将，人们在山上修起一座庙宇，取名吴姑城。

这个传说与史实无涉，但为山城增添了一些传奇色彩。

还有一个传说是，明万历年间，一林姓女子嫁给了吴均，从夫访古来到山城，即在这里安居。夫死之后该女子入庙为尼，见当时清泉寺破败得不成样子，她就四处募捐，重修庙宇，倾尽了毕生心血，所以人又称其"吴姑"。至今山城内还有吴姑墓，其碑志有"唐王建刹""吴姑重修"之句。

清泉寺的山门

清泉寺是大连地区唯一在"文革"中没有遭到破坏的古寺（汤亚辉/摄）

看来这个传说比较靠谱，有史实根据。

和其他山城一样，当年的石城只是一个"框"，里边必定要有一座庙宇作为主体，现在巍霸山城城中的主体建筑就是清泉寺即吴姑庙。

清泉寺据说始建于唐代，这个说法和辽南诸多的庙宇雷同。又是相传唐太宗李世民御驾东征之时，曾屯兵于此，唐王留恋这青山秀水，故修下佛寺，借甘泉之美，赐名为"清泉寺"。

还有一说是贞观二十一年（647年）三月，唐太宗李世民命左武卫大将军牛进达为青丘道行军大总管，率师自莱州（山东掖县）渡海，直取辽南。牛进达率师渡海于狮子口（旅顺口）登岸，大战黑风关（南关岭），拼杀榆林（金州）要隘，经孛兰铺（普兰店）北上，过大营子（庄河境内），直扑龙原（凤城县），七月，兵抵石城（凤城县东北），斩敌数千，乃班师还。

牛进达为何班师回朝呢？一个重要原因就是辽南持续"不雨"，不宜恋战。而且，牛进达"师出榆林"（当时普兰店、皮口等地均为榆林管辖），已是"水缺人软马款"。他不得不派"游骑"沿途先行"寻水"。一游骑回报说，在"环山皆圬"（四面被山墙包围的山）的古营垒里发现清泉。牛进达飞马前来察看，果然"翳于奥草，有泉焉"（泉水隐藏在深草里），而且"泌之洋洋，可以乐饥"（泉水自然流淌出来，又甜又解渴），牛进达下马跪拜，"谢况于天"。牛进达在这里安营扎寨，并在清泉旁"埋堞以祭"（垒起土石台子烧香祭天）。再根据牛进达的行军路线和当时的时间推算，这个"环山皆埒"的山城就是现在的巍霸山城。

清泉寺坐落于山谷口平坦处，平面呈长方形，顺山势逐层高起，气势恢宏。东西长279米，南北长129米。现在除了明清时代的庙宇群，又增添了更宏大的新庙宇，成为大连市规模较大、保存较完整的一个庙宇群。

明清时代的古寺是三升三降式的六座大殿，前后落差70米，处于高大的古银杏绿荫包围之中。我们首先看到的山门门楣，阴刻"一洞天"三个大字，而朱门上镌刻"明齐日月、星合乾坤"楹联，然后是一块汉白玉诗屏形成了巨大影壁。

进入寺内，正中有个一人多高的青铜古鼎，香火缭绕，两旁分别建有对称式的钟楼、鼓楼，院内边侧立有清道光二十一年（1841年）的石碑。两座大殿中间高、两侧低，分别供奉龙王、药王。分立左右的两殿为楼阁飞檐式对称，供奉玉皇大帝和太上老君。由两阁间的数十米的石阶上去便是寺院内最高、最大的庙宇圣母殿。

清泉寺是不是始建于唐朝可存疑，但它的确是大连地区唯一在"文革"中没有遭到破坏的古寺。

为什么呢？

原来在20世纪20年代时，辽南的中共地下党曾参与重修古寺，并在大佛殿的后墙上塑了一个红五星，作为地下活动的联络标志，于是它成为革命文物。也因此而平安度过了历次政治运动，没有人敢动它一砖一瓦。

清泉寺虽为佛教寺院，也和辽南众多寺院一样都是集佛、道、儒三教为一体，尽管历经千年的风风雨雨，但古文明的历史却渊源不断。每年农历四月初八"逢香日"，人们便从四面八方来到这里祭奠吴姑，庙会人山人海，景象壮观，素有"辽南第一寺"之誉。

清末复州诗人张倬曾作《吴姑城》一首：

　　百尺高城万仞山，盘空一线路回环。

　　吴姑据险终何济，空说一夫可当关。

总之，巍霸山城从此便是晨钟暮鼓，佛曲绕梁。山城逐渐成为集佛教、道教、儒教为一体的宗教圣地。

龙潭虎穴得利寺山城

《盛京通志》记载："所谓得利瀛城是也。山极高峻,城内有古潭,面积仅有亩许;潭水色青黄,深不可测,或投以秽物,波若翻沸,秋风起时叶落水面,经宿则堆于岸上。冱寒结冰,其裂纹皆成草木花卉形状,潭上有龙王庙,祈雨辄应云。"

1

乘沈大线火车,在通过苹果之乡瓦房店得利寺镇时,凭窗西望,有一座巍峨耸立的山峰,这就是龙潭山。龙潭山蜿蜒起伏,环绕包围着一座巨石砌筑的古城,即龙潭山城,又名得利赢城、得利寺山城。

那一次我和朋友驱车去龙潭山城访古,从复州城沿盖亮公路南行,当时还没有手机导航,于是我们在路边向一位农家妇女问路,她爽快地回答:"乙鸡走,球油路,有湃!"这句原汁原味的辽南乡音,翻译过来就是:一直走,臭油路(柏油路),有牌(有指示牌)。

于是左拐右转,终于在穿过一座小村庄的一条崎岖的山路上,找到了龙潭山。

龙潭山城城墙全长4公里,是沿着山势走向而修建的,蛇走龙盘,非常壮观。城墙外山势峥嵘,一些地段的山坡不长树木,无遮无障,易守难攻。站立城门头上居高临下,真有一夫当关万夫莫开之慨。

如今沿着山脊行走的城墙,

龙潭山城的残墙

虽有破碎，但其墙基依然坚固，充分展示了历尽沧桑的古城风貌。

在东北高句丽众多的山城中，龙潭山城重名的也极多，也许是和水源有关吧。瓦房店龙潭山有南北两峰，南峰海拔318米，北峰海拔418米。两峰巍然挺立，紧相对峙，山城坐落其中，两山成为天然屏障。北峰西侧还有一峰，虽略低，却威武壮观，如同山城后盾。其东有两大岩石拔地而起，似一对剑齿直刺天穹，故有"大牙""二牙"之称。

从地质学上讲，龙潭山是因远古火山喷发而形成了奇特的环形山势，环形山中树木繁茂，景致宜人。半山腰有个一眼望不到底的清潭，传说此潭久旱不涸，而且深不可测，所以称"龙潭"。这座山也由此得名龙潭山。

龙潭实际是谷底涌泉积水，老百姓俗称为"海眼"，所以山上的古井、碧潭从未干枯过。由此成为古复州八景之一的"龙潭灵异"。

来此采风的文人墨客，大都留有诗句。民国文士张时和曾为龙潭赋诗一首：

峰峦回合气萧森，上有龙潭岁月深。

扼险千秋留重镇，乘时四野需甘霖。

荒城耸立山城寂，碧浪寒翻石壁沉。

我欲临渊探异迹，迎风如听老龙吟。

龙潭山城的得利寺

辽南的四大「金刚」

2

《复县志略》记载："龙潭山即得利寺山，在县城东北七十里处，一区界内，元时土人避兵筑城其上。"而当地传说是隋唐时有乡民姜兴霸、姜兴本弟兄俩占山为王而修筑的。唐朝大将薛仁贵率兵征讨姜氏兄弟，将其赶出山外。但据考古学家考查证实，山城不是隋唐时期更不是元末农民修筑的，是高句丽侵占辽东时修筑的。

龙潭山城是高句丽王势力最强盛时期建造的典型的军事城寨，如遇敌袭，军民可以一同退入城内扼守。城内地窖积下的粮食，蓄水池所蓄的上万立方米水，可供千军万马之用，即使对方有精兵良将，也难攻下这座城堡。

明朝开国初，辽东还有元朝的一些残余势力，其中刘益部就驻守在这座城池里。1370年朱元璋派谋士黄俦来到辽东，深入到龙潭城内对元朝将领进行招降活动。1371年元平章（元代地方高级长官称"平章"）刘益决定归附大明，明廷再派黄俦招谕刘益，刘益"以辽东州郡地图，并籍其兵马钱粮之数，遣右丞董遵、佥院杨贤奉表来降"。

同年，明朝"遣断事官吴立往宣诏，置辽东卫于得利嬴城，以益为指挥同知"。这是明朝在东北正式接收和承袭元朝辽阳行省统治权的开始。

辽东卫，也是明政府在东北地区建立的第一个卫所。也就是说，龙潭山城曾经是大明朝省一级军事政权的所在地，虽然时间很短暂。

短暂是因为刘益归附不久，辽东地区的元将领之间发生了内部争斗，元平章洪保保联合马彦翚、八丹等叛变，杀死了刘益。

刘益死后，得利嬴城中大乱。刘益部下房暠、张良佐挺身而出，率兵诛讨洪保保。洪保保仓皇逃往开原，投奔了纳哈出；马彦翚被擒处死，军心始定。

房、张二人在得利嬴城迎接从金州赶来的明将吴立来主持辽东卫事，并上书中书省，汇报辽东军情。朱元璋遂任命房、张为辽东卫指挥佥事。

这也是明初发生在龙潭山城的一段历史。

3

1904年的日俄战争时期，在龙潭山城日俄两军还曾展开一场攻防大战。

同年6月6日，俄军前卫部队击退日军先头部队进占瓦房店火车站。瓦房店北得利寺车站附近的龙潭山城，是自古以来兵家必争之地，这里用石头砌筑的环山城墙非常坚固，易守难攻，是复州境内最险要处。俄军决定在得利寺一带阻击日军，于是分兵布阵，主力布置在瓦房沟南5公里处，右翼沿山脊延伸，从东、西龙口起经山嘴村等几个村庄至杨家沟。阵地正面宽达12公里，前面就是杨家屯平原。俄军布阵使日军从正面进攻非常困难，但俄军的防御工事却很不完备，炮兵甚至部署在暴露的阵地上。施达尔克中将视察前线时发现炮兵没有隐蔽阵地，大发雷霆，并亲自为炮兵指定了阵地，但这个阵地更容易被日军发现。此外，俄军指挥官也没有对各部队在战斗中如何用炮火互相支援做出明确规定，各炮连都没有建立观测所。

6月14日中午，北上的日军在击溃少量阻拦的俄军后，攻占了瓦房店。日军追击俄兵到赵家屯太平沟一带，遭到俄军炮击，日军步兵攻势受阻。待炮兵赶来支援后，日军发起冲锋，俄军退走。当天13时30分，日军第三师团攻到得利寺城南。14时30分许，日俄军相互展开炮战，死伤约百人。不过日军每场激战都取得了胜利，不断向北推进。日本第二军司令官奥保巩想通过当天的战斗，找出俄军的薄弱环节，为决战做好准备。

俄军东西伯利亚第一师师长格勒恩格罗斯一面向集团军司令部报告情况，一面组织反击。而俄军方面的总司令库罗巴特金以及旅顺的施达尔克等人却各吹各的号，直到15日早晨，前线的俄军谁也不知道何部、何时、向何地进攻，大家都在等待命令。

6月15日拂晓，日军以猛烈的炮火拉开战斗序幕。俄军没有隐蔽部，直接暴露在日军的炮火之下，伤亡惨重。在这种情况下，本应丝毫不迟疑地向敌人发起进攻，但是格勒恩格罗斯在等待旅顺施达尔克派来的格拉斯科旅的到来，而该旅却始终没有出现。俄军等待无望的情况下，格勒恩格罗斯独自率领两个团转入进攻。8时30分，格勒恩格罗斯派人给格拉斯科送去最后一封信："是转入进攻的时候了！哪怕开炮射击也行，否则我的团队就会全军覆没，他们已被日本人三面包围。"他向军长求援，而西伯利亚第一军的预备队仍在后方按兵不动。

东西伯利亚第一师与日军进行拉锯战，击退了日军的先头部队。日军第二军的右翼部队被俄第一师冲击得大有崩溃的危险，格拉斯科旅如果在这个时候能加入战斗，战局就会发生巨大变化。但格拉斯科旅拒不出战，俄军被迫向瓦房沟车站退去。11时30分，俄军第九师被日军从右翼包围，只好撤退。俄军没有注意到日军的左翼部队已迂回到自己右翼的后方并展开攻击，占领了俄军预备队的驻地和火力阵地。俄军败局已定，施达尔克只好下达了全线撤退的命令。

得利寺山城之战，俄军惨败。日军死伤1163人，俄军死伤3413人，被俘366人。日军缴获速射炮16尊，弹药车46辆，步枪958支，子弹3.7万余发，炮弹1120余发。

此战死亡官兵的尸体被葬在山城的东南侧，当地百姓称其为"毛子坟"。

4

在龙潭山的西侧，有一座寺庙，这就是得利寺，也叫"西庙"，得利寺地名也由此而来。

得利寺是一座佛教女众寺院，始建于盛唐。清乾隆年间修复一次，民国八年（1919年）修复一次。"文革"期间被毁，1990年再次得以复建。深山藏古寺，禅房花木深。得利寺虽然小而简陋，却融释、儒、道三教于一体，又给人返璞归真的感觉。

龙潭山城的龙华宫

龙潭山的山坳处，还有一座依山势而建的道观，原来是一座龙王庙，始建于清代乾隆年间，现在更名为"龙华宫"。复州八景之一的"龙潭灵异"就在这里。

龙华宫过去的住持张礼矩，是辽南德高望重的一位道长，也是一位传奇人物。他曾在金州响水观、千山木鱼庵任住持，然后又重返金州拓建大黑山观音阁。龙华宫因为在"文革"中被损毁，有关部门重修龙华宫，想到了张礼矩，于是他在78岁高龄时，应瓦房店市得利寺镇政府邀请，来主持重修龙华宫工程。历时五载，在废墟之上重建了 7000 多平方米的殿堂 8 座，钟鼓楼及单房 50 余间，使龙华宫成为辽南有名的一个道教场所。2011 年张礼矩仙逝，享年 96 岁。

清末诗人张时和曾为龙潭山城赋诗一首：

半壁辽东得利赢，吴公遗烈剩荒城。
阴风怒吼群山动，如听当年叱咤声。

两姊妹城山山城

> 《资治通鉴·唐纪·太宗下》记载：贞观二十一年，"乘楼船自莱州泛海而入。……七月，牛进达、李海岸入高丽境，凡百余战，无不捷。攻石城，拔之。进至积利城下，高丽兵万余人出战，海岸击破之，斩首二千级"。

1

庄河是大连市辖区里最远的一个县级市。说到庄河，大连人更熟悉的可能是小桂林冰峪沟、步云山温泉和海王九岛。其实庄河的古山城就有五座，而坐落在庄河城山镇沙河村西北的城山山城，是一座很典型的高句丽山城，又是包括前城和后城两座大型山城的姊妹城，非常值得一游。

说起来高句丽在东北的石城里，叫城山山城的也特别多，不胜枚举。庄河城山山城的前城又名积利城，这个积利城说起来在历史上也很有名，因为它和辽东的积利州是联系在一起的。《三国史记》卷三十七载："鸭绿江以北逃城七：……积利城，本赤里忽。"积利州原是高句丽五部之一的地域，是其 176 城之一，归唐后变成唐安东都护府属下的积利州。

拜访这座山城，我是由文物保护志愿者范志民领路去的。他是外企的一名集装箱检验工程师，"70 后"，却酷爱乡土历史。在辽南举凡山城、石棚、古墓、老建筑……他都了然于胸，有的甚至去过多次。他还发表了很多关于他考察辽南古迹的行踪和心得。

我们从金州出发沿黄海大道北行一个半小时，下高速再走乡间公路，曲折迂回，终于来到城山镇沙河村西部山区。

故园寻迹 大连古城

城山山城修建在海拔 200 米以上的山脊上（韩悦行/摄）

这座城始建于晋代义熙年间，距今已有一千五百多年历史，位于城山（又称前城山）。其规模较大，构造复杂，又分为外城和内城两个部分。

所谓内城，规模很小，实际就是守城将军的驻所和指挥中心，又称"紫禁城"。所以有居高临下的点将台，有青瓦轩窗的将军阁，有女将军的梳妆台和帅旗台（即大纛旗）等等。

说到梳妆台，巧的是在巍霸山城也有。这里的梳妆台传说是高句丽宰相盖苏文的妹妹盖秀英所建，这位女将能文能武，平时就在此处理军机要务。

当然，这仅仅是传说而已，实际上梳妆台就是瞭望台。

一走进山城，就会看见城内高处矗立一块巨大的石条，上刻有这样一首诗：

断城残墙遗古韵，金戈铁马似有声。

鏖战曾经尸横野，战旗几多血染红。

观古鉴今抒旷情，险关何处觅英雄。

诗写得颇有气势，却不知因何故缺少最后第四联的结句。

山城修建在海拔 200 米以上的山脊上，北高南低，西高东低，北部狭长，南部开阔，呈南北向分布。前城周长 3112.5 米，共设 6 道门，其中东面就有东门、东南门和东北门三道门。北部较高地带设点将台和内城，西段设两个瞭望台，东段置一个马面[1]。城内中部和南部较平缓，有蓄水池（又称水牢）、泄水坝和其他建筑遗迹等，在城内还发现了高句丽时期的铁器、陶器残片、

---

[1] 在中国冷兵器时代，为加强城墙的防御能力，每隔一定的距离就修筑一突出的矩形墩台，以利防守者从侧面攻击来袭敌人，这种城防设施因外观狭长而被俗称为马面。

瓦片以及辽金时期的铁器、清代的铜钱等。

古城内原有法华寺、五老宫两座庙宇。法华寺建于明万历四十二年（1614年），系佛教寺院，又分上院和下院两部分，开山祖师为通和法师。寺院后面的三棵粗大的银杏树那里，尚存有一通明代古碑，但碑文已经模糊。寺院中的一副楹联易懂又很有意思：

  道径无尘风自扫，山门不掩月常临。

五老宫建于民国初期，系道教庙宇，庙宇建筑雄伟，雕梁画栋。宫前巨大的花岗岩楼牌上书"紫气东来"。但两座庙宇在"文革"时期均遭到毁坏，1994年得以修复。两座庙宇正在山城的中心，我们去的时候这两座庙宇也正在重新修建中。很多地方都是木料石块堆积，香客也很多。

2

城山山城的后城年代稍晚，始建于唐朝，距今也有一千多年历史，两城之间有夹河相隔，直线距离约1.5公里。

后城位于前城山西北的夹河山与红碜子山山脊，呈不规则平行四边形，南、北城墙宽，东、西城墙窄，山城总体方向为西南向。东面的红碜子山，海拔334米，西面的夹河山海拔481.9米，两山险峻，植被稀少。城墙几乎是按山脊走向修建，个别地段因异常险要而无法砌墙，则以天然巨石为墙，凡低凹处均以石块封堵。

前、后城如此近距离分布，以"姊妹城"形式出现在辽东前沿，在高句

山城垒砌时使用的楔形石

山城的蓄水池

丽诸多山城中极为鲜见。

从前城的规模、构造、砌法及出土的遗物等方面分析，年代当为高句丽晚期，即公元404年广开土王占据辽东之后和唐征伐高句丽之前；后城修建应略晚于前城。前城的马面与辽阳的岩州城山城的马面相似，前城的"城中城"即内城、两个独立的瞭望台、修建规整完备的城门、大型蓄水池以及城墙的修筑技法等，无不说明前城当为成熟时期的高句丽山城。

有资料提到，东晋义熙年间，高句丽人就在前城山堆放石块，作为临时工事。"开皇初，频有使入朝。及平陈之后，汤大惧，治兵积谷，为守拒之策。"高句丽山城由此又进入大规模建设时期。婴阳王公元590年即位，开始修建前城，开皇十一年（591年）建成。

唐太宗第二次派人征伐高句丽，从海路过来的大军就曾攻克了石城和积利城。

《资治通鉴·唐纪·太宗下》记载：贞观二十一年，唐军第二次征伐高丽（即高句丽），由大将牛进达率领，"乘楼船自莱州泛海而入。……七月，牛进达、李海岸入高丽境，凡百余战，无不捷。攻石城，拔之。进至积利城下，高丽兵万余人出战，海岸击破之，斩首二千级"。

1934年编纂的《庄河县志》曾收录了一篇署名缪道士所写的《城儿山记》，记述的就是城山山城，现附录于此：

庄邑西偏复来社有城儿山者，东自桂花山蜿蜒而来，势若龙蟠；西滨碧流，东连沙河，南通大海，北接后城，方圆六七里，古石层削，峻壁嵯峨，上有堡垒，唐盖苏文之所建也，故山以此得名。

山之腰有二庙，其上庙画角雕甍，焕然一新，稽其原因，乃肇立于民国八年，兴工之时，山上无黄土，与事者以为忧，及将用之，有会首华镜堂者，夜梦老人鹤发雪髭，觌面谓曰：尔而忧，黄泥即在庙前，细寻自得。待之天晓，使人刨之果得，槁壤一槽，四面石砌，若古人之早为备豫者。噫，谓其有神，神何在焉？谓其无神，神有时显。不然梦兆，胡为乎验哉。

若下庙，则两庑拆毁，祇余正殿三间，垩漫暗淡，工程俭约。考之碑碣，盖系明世古刹，万历四十二年建修也。

城山古城的坐纛台是典型的高句丽建筑，当时的作用是瞭望和插旗（韩悦行/摄）

自此而东有石坝两条，中留一沟，长十丈，宽丈余，深六七尺，名曰水牢。问其何用，乃当年盖苏文溺毙罪人之所。又东以望，高塔耸然，棱角峭厉，近视其志，则本山寺僧通合之墓也。通合生时，四方云游，路遇二虎，引道前行，送之山中，虎遂去焉。及其圆寂，有巩五先生者，驾赴燕京，完纳国课，回至奉天，路遇通合，怀抱琉璃瓦五片，祈其车稍安，于佛殿，嘱托数语，旋即西去。及巩生至家，通合奄逝已月余矣，乃悟老僧羽化，敛气成形，特借巩生以鸣其奇也。

城有二门，南门外无所有。其东门有古墓一冢，山下父老皆曰将军坟。碑珉残缺，惟余明故二字，其余不可考察，意者其古隐君子乎？寄居山旁，因此得名也。

古人云，水不在深，有龙则灵，山不在高，有仙则名。若城儿山者，高不过千仞，大不满十里，而绿瓦魂化，黄壤梦获。奇人异事，相继而出，此地气之灵秀使然，亦庄邑之风土醇厚、人情敦庬之有以培之也。是为之记。

辽南的四大「金刚」

隋唐军的山城之战

楼船如云　传说如风

猛将来护儿含恨而归

> 辽东海北翦长鲸,风云万里清。方当销锋散牛马,旋即宴镐京。前歌后舞振军威,饮至解戎衣。判不徒行万里去,空道五原归。
>
> ——隋炀帝杨广《纪辽东》

1

可能是慑于中原王朝强大而采取的策略,也可能是出于对汉文化仰慕而追随,总之,高句丽对中原的各个王朝,哪怕是地方割据的小政权,都采取臣服政策,臣服的同时又一直摩擦不断,甚至征战不息。

隋唐两代中原王朝曾经前后十次来辽东征伐高句丽,其中隋文帝、隋炀帝四次征伐都以失败告终;唐太宗、唐高宗六次出兵,最终把高句丽统一到中原各民族之中。

隋朝征东时,首屈一指的大将军是来护儿。

用兵之要,先择于将臣。

在隋朝短暂的历史中,来护儿是最英勇善战、最忠心耿耿的大将之一。

隋文帝征东实际上没有真打,而隋炀帝三次征讨高句丽,来护儿始终是统帅水路走山东半岛到辽东半岛的大将军。

大业八年(612年)正月,隋炀帝第一次东征高句丽,即任命黄县公来护儿为平壤道行军总管,兼检校东莱郡太守,率大军由山东东莱海口出渤海海峡,再横渡黄海,从浿水(今朝鲜大同江)进入高句丽境内。

大将军来护儿率军横渡黄海一事史书有记载:舳舻数百里,浮海先进,入至坝水(鸭绿江)。

这一次来护儿一直打到了距平壤30公里的地方,与高句丽国王高元的大部队相遇了。高句丽军列阵数十里,而隋军兵少,诸将皆惧,来护儿却笑着对部将说:"吾本谓其坚城清野以待王师,今来送死,当殄之而朝食。"

就是说,打完胜仗再吃早饭吧。气概十分豪迈。

这时,高句丽国王高元的弟弟高建仗恃骁勇,率敢死队数百人来攻。来护儿命武贲郎将费青奴出阵将其斩首,于是高句丽军大败。

来护儿却被暂时的胜利冲昏了头脑，不顾老将军周法尚的劝告，挑选精锐甲士4万人，直趋平壤城下。高句丽军在外城的空寺中设伏兵，先出城交战，佯败，退入城中，来护儿纵兵入城后即大肆抢掠，队伍乱不成军。高句丽伏兵趁机杀出，于是隋军大败，伤亡惨重，来护儿仅率残兵数千人逃出城外。

来护儿只好屯兵于海边，以待与北路隋军会合。但传来的消息却是北路隋军皆败，来护儿只好率军从海路退回。

好大喜功的隋炀帝终究不能成大器，在第一次东征刚获小胜的情况下，就得意洋洋写下东征凯旋诗：

辽东海北翦长鲸，风云万里清。
方当销锋散牛马，旋即宴镐京。
前歌后舞振军威，饮至解戎衣。
判不徒行万里去，空道五原归。

——《纪辽东》

隋炀帝虽然政治作为不行，却是一个颇有才华的诗人，其中边塞军旅诗刚健豪迈，气势雄浑，由此还开创了一个新词牌《纪辽东》。如今仍有人以《纪辽东》为词牌而填词唱和，这是后话。

大业九年（613年），隋炀帝再次发兵攻打高句丽。来护儿仍然负责由海路组织进攻。就在他率大军行至东莱时，忽闻礼部尚书杨玄感诈称来护儿谋反，并且以讨伐来护儿为名起兵反隋。来护儿闻讯后，打算立即停止东进高句丽，还师西进讨伐叛军。老将军周法尚等人认为，没有皇帝诏书，不应擅自回军。来护儿厉声说："洛阳被围，心腹之疾。高丽逆命，犹疥癣耳。公家之事，知无不为，专擅在吾，当不关诸人也。有沮议者，军法从事。"（《北史·来护儿列传》）

"洛阳被围，心腹之疾。高丽逆命，犹疥癣耳。"这句话后来成了经典。

由于来护儿回军及时，得以迅速地与左翊卫大将军宇文述、右侯卫将军屈突通等联手，对包围洛阳的杨玄感形成反包围，并于阌乡（今河南灵宝西北文乡）追上杨玄感，一日内三败杨玄感，终于在八月初一平定了叛乱。

2

大业十年（614年）夏，隋炀帝率军第三次东征高句丽，来护儿依然是海上这一路大军的统帅。

隋军改变了前三次从登莱上船，然后直奔朝鲜半岛的路线，这条路线航道险阻风浪难测，而且难与陆路的大军协调配合。所以，这次来护儿指挥隋军从山东登莱上船，"楼船"乘风破浪，渡过渤海海峡，在狮子口（旅顺）即登陆。

　　登陆后先取下牧羊城，然后大军便浩浩荡荡杀向卑沙城。

　　卑沙城那场赫赫扬扬的战争情景早已过去，关于这一战，史书没有详细记载，只知道高句丽婴阳王急急忙忙发兵来救，被英勇善战的来护儿打败。卑沙城一战应该是一场真正意义上的肉搏战，在大黑山下，密林丛中，金属在碰撞中呻吟，热血在刀剑下喷射，每一声喘息和呐喊都凸现出钢铁意志的质感。所谓"两军相逢勇者胜""置之死地而后生"之类的战场定律，都赤裸裸地还原为一种生命定律。

　　此一战隋军斩获高句丽军千余名首级，卑沙城被攻破。

　　于是，高句丽王不得不派使者前来议和。

　　但是，在卑沙城之役获胜的来护儿一心想要"宜将剩勇追穷寇"，他要直捣高句丽首府平壤，以报上次之仇，绝辽东后患。

　　隋炀帝却不这样想，他见高句丽派使者来上表降服，已挽回两败之辱，更主要的原因，是国内烽烟四起，瓦岗寨等义军已成气候，统治根基不牢，心中忧虑，于是传令召来护儿从辽东速速撤军。

　　史书记载，来护儿在军中大帐中召开了一次军事会议，召集手下诸将商议到底还打不打。

　　来护儿慷慨激昂地说："三度出兵，未能平贼。此还也，不可重来。今高丽困弊，野无青草，以我众战，不日克之。吾欲进兵，径围平壤，取其伪主，献捷而归也。"

　　就是说，将在外君命有所不受，要直捣黄龙。遂准备向隋炀帝上表请战，不肯奉诏退兵。

　　但这时随军长史崔君肃却强烈反对，要求立即撤兵：这是圣旨啊！

　　来护儿三个儿子并立其父左右，以锐利的目光逼迫崔君肃。特别是最小的儿子来六郎来整，手握剑柄，双眼火光迸射。他步步逼近，几乎要上前抓住崔君肃的衣领：平壤城就在眼前，再予以一击，高句丽的国都就落入我手，怎能就此撤军呢？一旦撤兵，就不可能再度出征，会遗恨千古。

　　"违反圣旨，陛下会治罪的！"崔君肃反复强调圣旨。来护儿麾下的将军们互相交换了动摇的神色。天子发怒多么苛烈,他们都早已领教过的。

最后,来护儿长叹一声,他也深知圣旨不能违抗。

于是,三百只大船从沓津离开了黄海海岸,满载失意的六万余名士兵驶回山东半岛。

此时的隋朝和高句丽其实都已经是强弩之末,如同两个体力耗尽的拳击手,任何一个人只要举起拳头就可以把对方击倒,只可惜双方都再也没有举起拳头的力气。

隋军撤退之后,高句丽王并没入朝来跪拜隋炀帝,而且卑沙城旋即又被高句丽人占领,并重新构筑已毁坏的城垣使之愈加坚固,隋朝开疆扩土的大业功败垂成。这一段历史在《隋书·来护儿传》中有记载:十年又率师渡海,至卑奢城,高丽举国来战,护儿大破之,斩首千万级,将取平壤,高元震惧,遣使诣辽东城下,上表请降,帝许之,遣人持节诏护儿旋师。来护儿"不肯奉诏","诸将惧,尽劝还,方始奉诏"。

618年,隋朝大臣宇文化及率军叛乱,忠于隋炀帝的老将来护儿在上朝

卑沙城遗址(郭朝晖/摄)

路上猝不及防，遭到叛军杀害。一代将星就此陨落。

国仇未报壮士殁，匣中宝剑夜有声。

近代，长海县广鹿岛曾出土过隋印的五铢钱，即一种外圆中方的铜钱。据考，很可能就是来护儿率师征东时所遗。

程名振夜袭卑沙城

> 张亮帅舟师自东莱渡海，袭卑沙城，其城四面悬绝，惟西门可上。程名振引兵夜至，副总管王文度先登，五月，己巳，拔之，获男女八千口。
>
> ——《资治通鉴·唐纪·十三》

1

隋唐之际，朝鲜半岛除了高句丽，还有新罗、百济两个小国，与高句丽形成鼎足之势。高句丽总想统一并称霸朝鲜半岛，于是与新罗、百济之间经常发生战争。

不管是隋炀帝杨广还是唐太宗李世民，当然都不会坐视在自己身边再崛起一个强大的国家，这样可不利于王朝的安全和稳定。

6世纪末，朝鲜半岛南端的新罗逐渐强大起来。7世纪初，新罗占领了高句丽纵深250公里的土地。

四十年后，高句丽国内发生政变，宰相盖苏文弑其国主高建武，另立高建武的侄儿高藏当国王，实际由盖苏文一手遮天，独裁专政。盖苏文执政后希望能够通过对外战争来提高自己的威望。于是，644年，高句丽向新罗进攻，宣称要索回失去的国土。高句丽军一路连陷40余城而仍不停止，新罗国危在旦夕。

新罗国亦是大唐帝国的附属国。

唐初之时，大唐没有任何想出兵高句丽的意图。

高句丽对大唐也还是比较尊重的，逢年过节派使者送的礼物都不少，因此李世民也没有想为难当时的高句丽国王。

贞观十七年（643年）九月，新罗派人向李世民报告，说百济和高句丽突然出兵攻打自己，已经攻下40多座城池，还阻断了新罗跟大唐联系的道路，希望大唐能尽快出兵援助。

在这种情况下，李世民开始考虑出兵，但按照老规矩，先派人向盖苏文打个招呼——毕竟官面上的文章还是要做的——劝说高句丽退兵。

果不出李世民所料，泉盖苏文很坚决地拒绝了退兵要求。

这样很好。出兵的借口有了。

2

贞观十九年（645年）四月，李世民任命刑部尚书张亮为平壤道行军大总管，从莱州海路出发，直逼辽东；任命兵部尚书李勣为辽东道行军大总管，从陆路出发，直取辽东。

大唐计划从水、陆两面来夹击高句丽。

陆路战争一开始就比较顺利。

李世民本人率兵走陆路。由李勣及一部分西北少数民族骑兵护卫，经幽州、北平、怀远，过辽水，到玄菟城。攻克了辽东城（今辽阳），接着连克白崖城（今海城）、盖牟城（今盖州），使得高句丽不得不退兵。

海路张亮率江南、淮河、岭南、三峡等地水军4万人，自山东东莱启航，五百艘大船载着大唐将士，渡过波涛汹涌的渤海海峡，在都里镇（今旅顺口）登陆上岸之后，张亮又命副总管程名振与王文度两人为前路前锋，开始进发大黑山卑沙城。

古人征战，大军先锋多为勇武善战之将，因为先锋好比刀尖，能狠狠地扎向敌人，而程、王二人皆是唐初名将，勇武非常，锐气十足。

两人到大黑山一看地势，这卑沙城着实是易守难攻，规模已非隋朝时的简陋模样，不说那三面绝壁，就是这唯一可行的凤凰谷上山之路，亦是如此险峻陡峭，道路狭窄，唐军迂回曲折好不容易才深入到谷中，却见前方关门寨高高在上。军士刚一接近即有滚石檑木来袭。

程名振与王文度随即与诸将商定，决定三面佯攻，一面主攻，以凤凰谷这条路线作为主攻方向。

一声令下，唐军将士随即以迅猛之势直扑关门寨，同时卑沙城其他三面的佯攻也开始打响。

虽然唐军将士悍勇无比，然而高句丽人早就做好了守城准备，城高池深，兵精粮足，进行顽强抵抗。唐军用投石机、床弩奋力攻城，高句丽则用弓箭、滚木檑石劈头砸下，一时间大黑山杀声震天。

地形、地势对唐军不利，屡攻不下，程名振不得不鸣金收兵，择日再战。

程名振心中隐忧，他在军帐中来回踱步，思量着克敌之计，必须尽快拿下这小小的关门寨。既然强攻不奏效，那么便只能智取了。

如何智取？

他眼睛一亮，想起一计。

据说高句丽国有一位蛙祖，就是始祖扶余王子朱蒙的父亲。传说，他的父亲是北扶余第三任君主高奚斯儿子解夫娄，解夫娄建东扶余，却无继承之人。一日，他在湖边大石下捡到一个看上去像青蛙似的金色孩子，便给这孩子取名金蛙，立为王子。在公元前48年让位给金蛙王。而金蛙王遇柳花夫人，卵生朱蒙。这位金蛙王既是朱蒙父亲，自身又具有传奇色彩，高句丽人对其异常信仰敬重。

史书记载，程名振利用蛙主显灵之计骗开了关门寨，但细节不详。

卑沙城遗迹

历史影像不可复制，如今推测，想必程名振派人抓了不少青蛙，然后夜晚投放到关门寨前，月黑风高，蛙声齐鸣，引起守城高句丽兵士恐慌，以为蛙主显灵，摸不着头脑的情况下不得不打开城门察看。

于是，隐藏在暗处的副将王文度一声怒吼，率唐朝将士一拥而上，拿下了久攻不下的关门寨。

这一战，程名振打得十分漂亮。

继来护儿大破关门寨后，关门寨的历史又为另一位英雄留下浓墨重彩的一笔，这就是唐朝名将程名振。程名振跟随李世民征战沙场，声名最盛即是东征高句丽。

唐军旗开得胜，一鼓作气从四面杀向卑沙城主峰，彻底瓦解了高句丽守军，其首领仓皇出逃。唐军此次攻城胜利的意义，不仅在于俘虏了卑沙城高句丽八千军民，更重要的是取得了再次拥有辽东的控制权。

一次次出奇制胜，程名振之名就这样成为百姓心目中的传奇人物。

现在辽东地区的老百姓还流传着许多关于唐朝征东的故事，讲起来往往都是唐太宗、徐懋功、尉迟敬德、白袍小将薛仁贵等人，实际上真正建功立业的是张亮和程名振。

古来将相千千万，青史留名有几何？

回溯历史的星河，将星灼灼，他们都是传奇……

3

645年的那次关门寨战役之后，史书上基本再无关于卑沙城战事的记载，后来大唐再派大军从山东海路来攻打高句丽时，统帅与副帅就是当年攻打卑沙城的大将程名振与王文度，他们还是从莱州出发，但大船在海上绕过老铁山咀而直奔平壤，这说明，卑沙城一带已经掌握在唐军手中。

但645年这一次唐军征讨，在陆路受阻于安市城杨万春的顽强抵抗，海上张亮率领攻打平壤的军队也受阻于建安城（今营口）。最后由于高句丽猛将杨万春的坚守，以及寒冬恶劣天气的影响，也有人猜测可能是李世民负伤，总之，唐军被迫返回洛阳。

这一次征辽东失败之后，回到洛阳的唐太宗仍不甘心，还准备再次东征。

有大臣献策说：高句丽靠山建城，易守难攻，不可强取。现在只派小部队去骚扰疆域，让他们在春播秋收的季节疲于奔命，无暇耕作，几年后必然千里萧条，可不战而取。

唐太宗接受了这一建议，放弃了大兵团攻城拔寨的攻坚战，而采取敌疲我扰的战术。

于是两年后，即647年7月，唐太宗任命大将牛进达再次征东，牛进达率一万军士从莱州渡海，登陆后也走的是上次的路线，只不过卑沙城已在唐军控制之下，所以牛进达经百余战，一直打到今庄河的积利城下。这一次主要是骚扰高句丽，不让其安生，完成任务后撤军返回。

648年，唐太宗又命薛万彻为青丘道行军总管，率师三万征讨高句丽，大军乘楼船出海，渡过鸭绿江，在大行城与高句丽步骑激战，唐军斩高句丽悍将所夫孙，很快就抵达了泊汋城（今丹东东北），在泊汋城下把高句丽守军打得落花流水。高句丽全国震动，三万援军赶来与唐军对决，却又被唐军打得溃不成军。在唐军的不断骚扰下，高句丽国粮食歉收，民生凋敝，陷入了大厦将倾的惶恐之中。

经此战役，高句丽举国惶惶不安，高句丽王只好派人入唐谢罪。

唐王传说与遗迹

> 然犹所向风靡，前无横阵，荡氛雾于五岳，翦虎狼于九野，定海内，拯苍生。
>
> ——李世民·亲征高句丽手诏

秦王走马出神京，十万熊罴波海行。
天子何劳鸣战鼓，旁人未必不知兵。
垂鞭空解筹三策，倾库才能赎一城。
太息营州亲祭处，西风回首泪盈盈。

文物遗迹难寻觅，唐王故事代代传。这是清末诗人于华春写唐王东征高句丽故事的一首七言诗。写到这里，还有一个谜一直没有揭开，就是唐王李世民到底来没来过金州？

今天的大黑山上有唐王殿、点将台等和李世民相关的仿古建筑，有和李世民传说相关的养病床、扳倒井等景点，既纪念唐太宗李世民，又用李世民的名人效应来宣传景点。从旅游业角度说，这是一件好事。

对于旅游文化、民间传说、神话故事等当然不必较真，姑妄言之姑妄听之可也，然而涉及具体史实，却不能信口开河、以讹传讹，否则岂不影响景点解说的真实性、严肃性、权威性？

唐太宗东征高句丽，史书早有记载。李世民本人走的是陆路，他渡过辽河，亲攻辽阳，但受阻于安市城杨万春的顽强抵抗，最后由于高句丽猛将杨万春的坚守，以及寒冬恶劣天气的影响，也有人猜测可能是因为李世民负伤，唐军被迫返回洛阳。

而金州地区是属于海路这边的，唐太宗有没有时间来到这几百里之外？基本不可能。

1

在大黑山，和唐太宗征东以及卑沙城之战有联系的，还有一个唐王殿。

唐王殿位于卑沙城北，传说是由唐朝大将尉迟敬德为太宗李世民所建，故名唐王殿。实际上尉迟敬德根本就没到过大黑山，而这种传说在辽东很多地方都有，版本十分相似。

过去，唐王殿前还曾有圆石两块，敲击其声如鼓，故又名石鼓寺。

唐王殿背负大黑山主峰，南临关门寨山谷，西与点将台相邻，居卑沙城之中。唐王殿始建以来，在清朝的乾隆、嘉庆、道光年间及民国初年几经修葺。"文革"中，该寺曾遭破坏。改革开放后，又修缮一新。

唐王殿过去分南、北两院，北院又分为东、西两部分，主要建筑均在东部。这里有三座殿堂，一字排开，坐北朝南。由东向西依次为观音宝殿、唐王殿和达摩宝殿，西为禅房。因为是为纪念太宗皇帝而建，所以该庙宇参考了皇宫的建筑形式，为歇山式结构，黑瓦红墙，四角飞檐，外表给人以富丽堂皇之感，从而增添了它的至尊之气势。

大殿内部结构颇似金銮殿，"贞观宏图"的巨匾高悬在大殿北面墙壁之上，唐太宗李世民威严地高坐龙椅，他左有魏徵，右有徐懋功（李勣）相侍。左厢上首站立着开国元勋尉迟敬德，下首为另一开国功臣李靖，右厢上首是白衣骁将薛仁贵，下首为东征行军大总管张亮。

大黑山有唐王殿，更有唐王的故事。

相传唐太宗征东时住在大黑山上，某日一泥鳅精来到山上，要求唐太宗封它成龙。太宗心里不愿意，又怕泥鳅精兴妖作怪，于是心生一计说："倘你一夜之间为朕在山上修一座城池，就封你成龙。若不能为，以后休提此事！"泥鳅精信以为真，搬动金州湾西海里的虾兵蟹将，仅用大半夜工夫，一座规模巨大的山城就快建成了。唐太宗一看慌了神，急中生智，派徐懋公带兵下山，在百姓家掏鸡窝学鸡叫。泥鳅精误以为天已亮，城却未修完，于是急忙钻入泥潭，再也不敢讨封成龙了。

大黑山响水观院内，有一口仅半米深的石井。别看石井不起眼却也有一个和唐王相关的传说。话说李世民率兵东征，在登沙河一带大败敌军。大将程咬金领精兵万人，赶往大黑山支援，没想到水源原本奇缺，加之逃窜残敌有意破坏，一时间大军饮水成了亟待解决的大难题。

程咬金亲自带领几十位随从各处寻找水源，都没有什么收获。当他们来到大黑山北麓沟岔涧这个地方时，程大将军突然马失前蹄，从马上摔了下来。程咬金气不打一处来，高举马鞭狠狠抽了下去，但马纹丝不动，仔细一看，才看清马的一条腿深深地陷在石头里，程将军喊来随从，费了九牛二虎之力，将马蹄周围的石板砸破，马蹄才得以拔出，就这样，形成了一个直径约一米、深约半米的石坑。

程咬金还没等骑上马，就见刚才砸出的石坑内，清澈的泉水不断往上涨，不一会儿就平了坑口。众将士见水，如见救星一样，只觉得这泉水甘甜无比，沁人肺腑。这消息就像长了翅膀一样，传遍了军营，将士们纷纷骑马赶来，近万名士兵全都痛痛快快地喝了个够。

消息很快传到唐太宗的耳朵里，他也喝了一大碗泉水，果然非一般山泉可比。从此这口陷马井被尊称为"马蹄井"。

后来很多人认为此地有灵气，就在这里建了一座古庙，这就是响水观。

响水观有井，唐王殿附近也有一口神奇的井——扳倒井。该井地处海拔300米以上，岩石结构，非人工所砌，直径约1米，井深近2米，水深不盈1米。由于水面以上的东半周井壁被扳倒，故称"扳倒井"。

又是传说。李世民率兵东征到此，千军万马一时间喝水成了大问题，尤其战马饮水量太大，于是，尉迟敬德将军运神力将井壁的一部分扳倒，使战马毫不费力就可以直接喝到井水。

2

关于唐王李世民的传说，在大黑山卑沙城还有"三奇"也值得称道，即石奇、风奇、山枣刺儿奇。

石奇。在唐王殿附近，几乎找不到带棱角的石头，这里多为青绿色的卵形石。通常是河床多卵石，但在500多米的高山上竟有如此多的卵石，令人不可思议。

相传李世民率军攻占卑沙城后，高句丽军不甘心惨败，纠集残兵败将反扑，战况万分紧急，当时守城最缺少的就是滚木檑石，于是神仙暗助唐兵一臂之力，从天空中送来大量的卵石，圆滑的卵石易于滚动，其杀伤力极大。

风奇。在唐王殿到点将台之间，一年四季总是清风拂面，似春如秋。可谓风水宝地，同时也令人费解。

相传，李世民东征偶遇风寒，曾在这里养病。为使龙体早日康复，玉皇传旨风神，对这一带要多加关照：既不得刮寒风，亦不得刮热风。御旨一下，

风神照办无误。时至今日,唐太宗已作古千余载,但因玉皇大帝的御旨中没有明确拂面清风的截止日期,所以拂面清风刮如初。

山枣刺儿奇,李世民率军东征,登沙河一战,打得高句丽溃不成军,纷纷逃往大黑山一带。唐兵马不停蹄,挥军南下,迅速扫平了盘踞在大黑山一带的残敌。李世民胜利后带领徐懋功等重臣到大黑山观赏水光山色,被这里的古树奇花、山泉飞瀑所陶醉。

一不小心,李世民龙袍被山枣刺儿划破,他极为扫兴。护卫赶紧手持钢刀去砍山枣树,太宗说:"今天砍了,明年它还会长出来,砍之何用?"徐懋功双手合十,口中念念有词,只见从地下出来一白胡子老头儿。徐懋功正色道:"山枣刺儿划破龙袍罪在不赦。"土地佬儿慌忙跪地求计:"小人有罪,还望大人指点迷津。"徐懋功道:"如果刺儿长得弯曲一点,软一点,不就没事了吗?何必那么张扬外露!"

土地佬儿顿开茅塞,连声说道:"大人明鉴,大人明鉴!小人立即照办就是。"

大黑山唐王殿

大黑山传说中的"养病床"

大黑山传说中的扳倒井

土地佬儿立即唤来山枣树精,见面就劈头盖脸地大骂一通,呵斥道:"你们的刺儿为什么那样咋咋呼呼,结果划破了皇上的龙袍,真是罪该万死!难道就不能生得软一点、弯曲一点?"山枣树精答道:"大人切勿生气,小人马上照办就是。"

只听唰的一声响,所有直的山枣刺儿一下子全部弯了起来。皇上一见哈哈大笑,夸赞徐懋功果然神通广大。从此,将士们在这一带也免受划破战袍之苦。

后来听说,大黑山这"三奇"在复州也有。

在唐王殿南院西侧,还有传说中唐太宗养病的"床"。

所谓床,实则是两块黑褐色长方形巨石,宽1米许,长2米余。因这里气候好,故李世民在此地养病,这块光滑的巨石就成了他养病休息之"床"。养病床过去有两张,其中一张在"文革"中被破坏,现仅存有这一张"床"。

3

除了唐太宗李世民的传说,还有薛仁贵的传说。现在常看到有的商家为自己的楼盘和建筑打广告时特意写上"当年薛礼屯兵处",让人感觉荒唐亦好笑,和薛礼根本挨不上边儿。

还有很多是关于高句丽宰相盖苏文的传说。例如金州的小黑山就有一盖苏文洞,说盖苏文大败之后曾经藏在那个洞里。盖苏文在平壤执政,是否到过辽南,史无记载。

石鼓寺

石鼓寺里的诗碑

唐王的传说虽然是虚构的，由此衍生的文化传说和诗文却很美丽，例如民国张朝墉所题写的《宿石鼓寺》，我认为是吟咏大黑山诗词中最好的一首：

　　一雁破溪烟，群峰近暮天。

　　石床犹可坐，银杏不知年。

　　野寺秋寒重，激空海气鲜。

　　唐王渺何许，望古意茫然。

这首诗还有一个背景，石鼓寺（即唐王殿）山门外东侧有民国甲戌年（1934年）所立的《大赫山韩氏先德修建石鼓寺碑》，碑文记载二百余年前的清嘉庆十七年（1812年），伪满大臣韩云阶的太祖韩希顺四方募化，修建寺院。道光十四年（1834年），韩希顺之弟韩希德也到了石鼓寺，五年后，兄弟二人以募化所得对石鼓寺进行了重修，"涂饰一新规模愈前盛矣"。

韩云阶太祖修葺石鼓寺，同时在石鼓寺植下了一棵银杏和一棵棠梨，棠梨树已经枯萎只剩躯干，而银杏树却郁郁葱葱。

1934年，韩云阶因贪污被伪满洲国免去了黑龙江省省长的职务，郁郁寡欢回到了金州古城。百无聊赖之际他约来诗人——黑龙江省屯垦局长张朝墉，一同登临大黑山石鼓寺祭祖，祈求保佑，张朝墉当晚和韩云阶宿在大黑山寺庙，于是有了这首诗。

故园寻迹 大连古城

银杏树距今有三四百年的历史,并非一些人鼓吹的"千年银杏"。

大黑山唐王殿南约百米处,有一道长 6 米余、宽约 2 米、高数十米不等的山梁,经数万年的风吹雨蚀,山石被风化成数条裂缝,上面杂草丛生,远看仿佛绿毯铺地,这就是著名的仙人桥地质景观。

从仙人桥又可达"仙人台",即一道数百米高的绝崖,此崖南、西两面均为断壁,如刀削斧劈,崖东面较为平缓,北面则与仙人桥相接,经桥南行可直达崖顶。崖顶较为平坦,面积约 40 平方米,上面有凸出的方形石板一块,恰似方桌,"方桌"的周围有很多小石墩,远远望去,就像凳子一样。

硝烟已远,古时的金戈铁马如今只留下供后人寻幽的战争遗迹

唐王殿西侧坡上有一道山脊，南北走向，呈长方形，这里地势平坦，草木葱茏，面积约万平方米，南端有一面积约 100 平方米的高台，相传这就是当年唐太宗李世民的点将台。李世民东征时屯兵于此，曾用此台点将，尉迟敬德、薛仁贵、张亮等人都在此受封。当然这仅仅是传说而已。

台的四周十分敞亮，北面是卑沙城城墙蜿蜒而去，正面有一宽约十米，高约上百米的悬崖绝壁，绝壁之上寸草不生，岩石裸露，遥望酷似瀑布，颇具"飞流直下三千尺"的气势。

听附近老人讲，过去曾经有一只雕在这里筑巢。此雕奇大无比，凶猛异常，却从不伤害周围百姓的家禽，村民们都称它为"神雕"。

在辽南诸多高句丽山城中，几乎都有点将台，都有唐王李世民的传说。后人修筑的这个点将台，也非常戏剧化，或者说更像是摄影棚里搭建起的布景，而且点将台上书写的大字是"玉皇殿"，感觉有点不伦不类。

登临点将台，左右可见黄渤双海。点将台处海拔 500 多米，看黄海日出、渤海日落乃一大胜景，"山城夕照"古时就被列为老"金州八景"之一。此时远望山海苍茫，遥想当年大唐将士，所向披靡，仿佛仍能看到当年刀光剑影、战马嘶鸣的壮观场面。

迤逦照斜阳，关山转莽苍。

会当凌绝顶，极目海天长。

从点将台下来，向大黑山主峰方向走的路口处，后人在此又修复了一座城门，上书"卑沙城"三个大字，以慰怀古之情。

4

沉寂了鼓角争鸣，远去了烽火边城。很难想象出当年的高句丽山城之中是个什么样子，如今还有什么建筑遗迹吗？

史书记载，高句丽人战时"耕夫释耒，并皆入堡"，即战时进山城打仗，无战事时即下山耕种，那么山城之中一定是应有尽有的。

在巍霸山城城内曾经挖掘出一些东汉时期的文物，在大黑山卑沙城中，曾发现高句丽时代的红色绳纹、网格纹红瓦片、灰色瓦片和红色莲花瓣纹瓦当等。还曾发现过石斧，属于新石器时代。

可惜这些出土的文物还是太少，我相信，无论是大黑山，还是巍霸山、龙潭山、城山等，一定还埋藏着许多秘密甚至是财富。可以设想，当年

莲花瓣纹瓦当

在唐朝大军攻陷山城之际，高句丽人仓皇出逃，很可能来不及拿走多年积蓄掠夺的金银财富，一定会掩埋在某个秘密之处，等待卷土重来之时再取出。

一年冬天我爬大黑山，从山脚下杏林小区彩虹桥进山，不远处右手边就是很多人自采山泉水的一条小道，总有人拿着大号可乐瓶子来此处灌水。那次我跟进不远，就隐隐约约看见前进方向左侧有一道残破石块城墙，冬天视野好，穿过密密层层的柞树林一看，果真是一段卑沙城残破城墙，在一个小山谷收口之处，呈弯月形守在谷口。

这一段卑沙城是独立的，并不和卑沙城的主城墙相连接。可见当年高句丽人也是因势而建，从各个角度来守护山城，这些独立的山城城墙我估计大黑山还会有，有的已逐渐湮没很难辨认，有的还有石块堆积的遗迹。

岁月荏苒，时间早已消解了民族战争的残酷与血腥，只留下供后人们访古寻幽的战争遗址。大连地区的十几座山城虽然都已是败壁残垣，空谷千年，留下的却是一份闪光的文化遗产。

一些有识之士早就提出，战争遗址开发好了，是一种具有高品位的特色旅游资源，甚至应该申报相关级别的文化遗产。尤其是大黑山的凤凰谷关门寨，巍霸山城的那一段很高的残墙和城山山城的水牢等，都应该增添人文景观，再现当年战争景象，包括设立纪念雕塑等等。

长烟落日孤城闭

> 为了抵抗中原王朝,高句丽人发挥其善于在山上修城建寨的特长,在辽东各地陆续修建了一些山城。事实上,高句丽在辽东半岛上修筑的这条以山城为重点的防御体系,为延缓高句丽的灭亡起到了非常重要的作用。

1

高句丽在大连地区的山城共有15座。其中最险要、最著名的就是前边提到的大黑山卑沙城、普兰店巍霸山城、瓦房店龙潭山城和庄河城山山城,这是高句丽时期在辽南的"四大金刚",在历史上都留下了浓墨重彩的一笔。除了这4座山城,大连地区还有11座高句丽的山城:

- 普兰店墨盘镇马屯村西山山城
- 庄河荷花山镇马岭村北大城山后石城山城
- 普兰店双塔镇大城子村山城
- 瓦房店得利寺镇崔屯村南马圈子山城
- 瓦房店李店镇岚崮山山城
- 瓦房店太阳升镇那屯村高力城屯高丽城山山城
- 普兰店元台镇二陶村老白山山城
- 瓦房店万家岭镇北瓦房店山城
- 庄河光明山镇旋城村山城
- 庄河光明山镇小河沿村城沟屯高力山山城
- 庄河大营镇迟沟屯老古山城

大连地区的高句丽山城根据所处地形的不同,主要表现为三种不同的形态,即山顶形、包谷形、马鞍形。如果对高句丽山城进行考古类型学的划分,大致分为单一城型、左右城与内外城型两种。

高句丽山城的城墙全部是就地取材的山石,又以花岗岩为主,又多使用楔形石配合梭形石、大石条、块石、板石等石材采用干打垒法砌筑,当地百姓形容这种石块为苞米粒状,即平面呈三角形,外端宽,内端尖。

高丽城山山城

凡是用此法垒筑的城墙，其石材都修琢成扁梯形，大头呈扁方或正方，垒筑时平整面向外；小头多呈扁体，朝向墙心一侧。最底层一般以大石条铺一二层，然后以梯形石相砌，每层逐渐收分，各层石之间压缝垒砌，缝隙处用碎石填充。由于逐层内收，一般又是处于坡状之地，有一定内收之倾斜度，因此大头向外，扁平的一端向内，这样可以找平每层石的水平。而墙体表面呈现出"三七""五五"错缝叠压。

干打垒式的筑砌方法看似原始、简陋，却是一种因地制宜的做法。而且楔形石头相向垒砌，既省去了长条石加工的繁琐，又不失城墙的牢固与厚度。城墙加工精细，砌法坚固，正是这种技艺才使它身经百战仍屹立不倒。如今一千多年过去了，有的地方即使墙皮塌落，墙心还是屹立不坍。

走过这些山城，还可以观察到它们有一些共同的特点。

与过去汉、魏时代古城的一个重要区别，或者说与中原州郡县古城的一个重要区别，就是其军事防御体系的突出。

换言之，它们是典型的军事城堡。

走进这些军事城堡里，你会发现这里都是有"城"无"市"。

当时一个山城即为高句丽人一个行政建制单位，既是军事据点，又是政治经济中心，高句丽居民战时进山城打仗，无战事时即下山耕种。

从军事角度出发，除了极小的哨所卡口一类"当道小城"外，辽南这几处独立山城，几乎均建于高山深谷之上，其城垣无论是石筑或土石混筑，都建于山脊，形成真正的"盆谷式"山城。

盆谷式山城充分利用了山脊和悬崖峭壁，上下高差大。因为距离河川或水源较远，所以在山城中都建有独立的水源和用于泄水的水门和涵洞。

与围筑山城于"高山曲谷"相对应,山城中军事防御设施的完备,又为中原古城和北方其他少数民族城寨所不可比拟。

诸如因山设险,充分利用峭壁山崖,在北方诸民族的城堡建筑中是最具特色的,比如带瓮门或"关墙"拱卫的城门;高大城垣上的角楼、望台、女墙设施;与城壁相连的马面,以及环城马道等,无一不与军事防卫有关。有的山城城墙上部,还专设有供防卫用的立木柱洞(木栅)等设施。

还有一个区别就是建筑布局的"无规则性",这也是因地制宜,服务于军事防御功能的特殊需要。

由于山城是依附于山势走向,城墙又多筑在陡峭的山脊之上,因此,其平面布局随山势高低起伏而伸缩舒展,多围筑于山峰或谷地形成的簸箕形盆谷中。

这样,其城垣布局的结构只能随山就谷,无法形成人为的规范。如龙潭山城就建在相邻的两山峡谷之中;城山山城则建在北高南低的山坡上,南、东、西三面筑起高墙,比较特殊。

出于防卫目的的考虑,山城的城门多少、朝向、结构和方位,也均无定制。如大黑山卑沙城只知有关门寨一处城门(朝阳寺方向的城门是后人修筑的),完全视军事需要而设定。还有的山城,城门之外还有瓮门,如龙潭山城的东、西城门之外即建有瓮门。

山城布局缺少里坊和市井布局,是有别于中原古城的又一个特点。

高句丽人所建山城均以军事防御为首要功能(郭朝晖/摄)

高句丽山城突出军事防御功能，无论其大、中、小山城均不甚讲究里坊、街道和市井等布局。

不仅辽南山城如此，包括高句丽著名的丸都山城及平壤大城山山城和长寿山山城等都城和陪都山城也如是。这些大型山城，城垣和城门结构都极具气势，但城内却缺少规范的里坊和街道布局。

尽管有诸多的不甚讲究，但高句丽人十分重视山城的水源，如巍霸山城内有"饮马湾""养鱼池"等设施，城内有终年不涸的清泉；龙潭山城以龙潭湾蓄水。为排泄山洪水，每座山城都有一个水门，水门一般位于低洼之处。如巍霸山城西门就是在水门中间加筑石坝，坝下有石砌涵洞以便排水；城山山城的泄水坝较为特殊，由于山城地势北高南低，故在两个东门之间筑有泄水石坝一道，坝基平面略呈弧形，东西长约40米，高约3米。从坝顶看它与城内地面平齐，从坝下（城外）看显系一堵高墙。每逢雨季山水泄出，状若飞瀑，十分壮观。这道石坝设计之巧，砌石之精，堪称高句丽砌石工程之杰作。

2

从辽东半岛所遗留下来的高句丽山城的整体布局来看，大黑山卑沙城属最南，而巍霸山城、龙潭山城、城山山城是以"品"字形排列其后。

如果以巍霸山城为中心而论，它南距大黑山卑沙城约80公里，西北距瓦房店龙潭山城约30公里，东北距庄河城山山城约30公里。与其他三座山城互为依托，互为呼应，成掎角之势，共同构筑了一条防御来自海上进攻的沿海防线。座座山城之间各抱地势，相互照应，形成集团性的整体功能。这一特点已经引起军事学家的浓厚兴趣，认为这种卫城设置应该正式纳入古代军事史中。

从地理位置来看，巍霸山城和城山山城濒临黄海，可以明确巍霸山城的主要防御方向是来自黄海的进攻。龙潭山城濒临渤海，主要是防御来自渤海方面的进攻。

2013年在第七批全国重点文物保护单位的大名单里，大连的四大山城跻身三家：大黑山山城、巍霸山城和得利寺山城，遗憾的是庄河的城山山城落选了。

究其原因，据说是2000年庄河市政府重新修建山城，这一次的修建使城山山城像一座为旅游而建筑的新城，很难看得到千年的沧桑和厚重。只有很少地方还保留了原来的古城城石，大部分变成了崭新的花岗岩条石，这种花岗岩一看就不是辽南的而是外来的，和山城原来石块风格格格不入。我们是怀念历史，怀念那气势磅礴的古城，但不应该将复古和修复进化到现代建筑模式里。古迹修复最关键的是修旧如旧，保持原来的历史风貌。

据悉，史学界对高句丽在辽南的几座山城名称仍然有争议。现在，大黑山山城已基本确定为历史上的卑沙城，而且在史书记载上出现次数最多，除卑沙城外，在学者专家的主流声音里，多认定城山山城为史书上的积利城和石城。还有学者认为，巍霸山城为历史上的北丰城，龙潭山城为积利城。

万里长城最早是中原农耕民族防御北方游牧民族入侵而修筑的。然而，长城外，古道边，在辽东还有高句丽的山城和绵延的城墙，这是一个北方民族为了抵抗中原王朝而修筑的。高句丽在辽东统治经营长达数百年，顽强地对抗中原，也使这些山城成了辽东山地的一大景观。

山城是战争的产物，在冷兵器时代，它的优势无疑是明显的。依靠它可以做长期的防御屏障，阻挡进攻的大军。因此，这些山城大都据险而筑，绕山而行，石如铁色，墙如蛇盘；山城外有屏障，山城内有水源，绝大多数山城地近河流，尤其是分布于入海的外流河两岸的山城居多，是易守难攻、可进可退的城堡。

四面边声连角起，千嶂里，长烟落日孤城闭。

然而，山城再坚固，终究抵挡不住中原王朝统一的步伐。

在更强大的中原王朝面前，作为军事城堡的山城，注定要被攻陷、要沦落、要遭到洗劫而最后变成废墟。这些废墟却一直留在了辽南，成了一道极有质感的风景，成为乡土和历史的一部分。

驱车从大黑山卑沙城一路北上，来到巍霸山城、龙潭山城、城山山城等处，一路风光秀美，赏心悦目，甚至无法让人相信这里曾经是古战场，曾经狼烟四起，赤地千里，白骨成堆。

站在山城之上，历史不再是抽象的。山城就是历史生命的延续，我们攀登山城，就是在沿着时光溯流而上，去感受当年的金戈铁马岁月。

即使你是对高句丽山城历史一无所知的人，登上这盘桓于荒寂群山之巅的山城，触摸山城的残垣断壁，你也会产生想聆听山城历史的愿望。

金州古城的兴废盛衰

铁马冰河　龙争虎斗

金宣宗命名金州的缘由

> 《金史》评价金宣宗：宣宗当金源末运，虽乏拨乱反正之材，而有励精图治之志。就是说，历史上他不是一个好皇帝，也不是一个成功的皇帝，但是他真为金州人民办了一件好事。

1

金州名字的来源，细说起来，是和契丹与女真这两个马背上的民族有关。

说契丹，也许你首先想到的会是满门忠烈的杨家将。

不错，那些北方汉子，不是把那些毛茸茸的狐狸尾巴围在脖子上，而是挂在帽檐两侧，垂在宽脸旁边。他们建立了大辽国，开始与大宋的杨家将对战，把杨家男人们杀得七零八落，最后逼得佘太君、穆桂英、杨排风等女性披挂出征。这就是当年的契丹人。

说女真，也许你又会想到精忠报国的岳家军。

女真人的铁血兵团更是充满了骄横和血腥。当年北宋东京汴梁被女真攻破，世界级的大都会被洗劫一空。金兵押着徽、钦二宗以及后妃、皇子、宗室、贵戚等3000多人北返。这就是让岳飞怒发冲冠的"靖康耻"。

契丹和女真，这两个民族名字的含义也很有意思，简洁地说，契丹是"铁"，女真是"金"。

女真首领完颜阿骨打建金国后，曾这样解释：

辽以镔铁为号，取其坚也。镔铁虽坚，终亦变坏，惟金不变不坏。金之色白，完颜部色尚白。于是国号大金。

完颜阿骨打说"铁不如金"，他也的确灭掉了契丹人的大辽。

但是金州城池，始为契丹人所筑。

一千多年前，契丹人的大辽王朝灭掉了女真人祖先靺鞨人和高句丽人建立的渤海国，从而改变了东北的格局。

927年，契丹人攻下了南苏城（今新宾县），又强硬地将南苏苏子河一带的靺鞨人迁至金州地区一带以分其势。靺鞨人到此后把此处取名为"苏州"，苏州本意，就是纪念女真人从渤海国南苏城迁移过来之意。

所以，此苏州是辽东铁马秋风的苏州，不是江南小桥流水的苏州。这个苏州的名字很短暂，也许只有一些老金州人还记得这里也曾经叫过苏州。

今天辽东半岛各市的满族人，他们的祖先就极有可能是当年从遥远的渤海国被迁徙过来的。

说到这里，有人会问，辽太祖强迁渤海国女真人，为什么会选择迁至当时的金州地区呢？

可以推断，当时的金州地区肯定有一个古老的城池遗址，早年间或因战火或因灾荒而废弃了，所以才会成为契丹人大规模迁徙移民的安置地。

那么，这个荒废的古城遗址是否可以推断为汉沓氏县遗址呢？一般而言，历代修筑城垣，都喜欢建在原来的基础上，这样更方便，更利传承。

可惜，还没有充分的考古发掘的证据，只能是理论上推断。

但是，辽代东京道辽阳府所属的苏州土城，其遗址却是实实在在的。

2

过去我们一说金州古城，都是指明代的砖城。很少有人知道，砖城外围曾经还有一周残破的土城遗址。

这个土城在什么位置呢？

金州城遗址

1984 年，旅顺博物馆馆员陈钟远先生，联合了金州古城的几位文化名人共同走访调查了这个土城遗址。最后考证得出，土城东倚大黑山前的肖金山垠，西接沙岗旷野，南沿金大公路旁的南河废道（亦称于家洼河，其下游称胭脂河），西南屹立南山，北隔北河故道，西北距龙王庙西海口 2 公里。

这个土城又分内、外两城，外城呈不规则梯形。土城长期以来虽屡遭风蚀雨浸、人为破坏，但解放后，在砖城西门外、北门外、东南魁星楼下，仍可见到几处明显的残垣断壁。经过了多次公路拓展和大规模房地产开发，现在土城遗址已经了无踪迹。

在这个土城范围内，过去陆续发现了辽、金、元各时期的石墙和废井，先后出土了梵文石经幢、格式石佛座、张成墓碑、铜镜、六耳铜锅、货币、卷沿陶瓷以及石础、石磙、石磨、石臼等历史遗物。

考古学家们认为，金州砖城外的这个土城遗址，当为辽苏州治无疑。原来苏县本就是苏州的附郭县，所以县治也当在这里。三十里堡西马圈子土城遗址，则可能是苏州所辖怀化县城址。

契丹人的大辽，为女真人所灭。

女真人的金国，是带着金属的光泽来到中国的历史舞台上的。

女真人灭辽之后，在辽南，把苏州的州建制裁撤为化成县，归复州管辖。没错，复州管辖过金州。当然，更久远的历史时期是金州管辖复州。

到了金代末年，即金宣宗贞祐四年（1216 年），金国皇帝完颜珣下诏把化成县升格为金州，金州之名由此诞生。

这段历史《金史·地理志》有载：辽苏州安复军，本高丽地，兴宗置，皇统三年降为县来属。贞祐四年五月升为金州,兴定二年（1218 年）升为防御。

关于金宣宗完颜珣命名化成县为"金州"，过去金州民间有一些极不靠谱的说法：

一说金州产金，是以金为名的。

金州过去确有金矿，金脉分布在杏树屯、二十里堡、亮甲店、登沙河一带，但是这里的金矿含金量很低。亮甲店金矿点在清末曾被开采过，共得金 1416 两。杏树屯金矿点也被开采过，得金甚微。而且金矿开采是在金州命名之后的事情，相差六百余年。

二说是金州东边有肖金山，以山得名。

肖金山海拔 158 米，名不见经传，毫无特点，况且当年叫什么谁也不知道。所以以上两个说法纯属无稽之谈。

实际金州得名是和当时金国政局的急剧变化紧密相关,因为那时成吉思汗建立了蒙古帝国。

女真人比契丹人狠,但蒙古人比女真人更狠。完颜珣迫于蒙古人的压力,于1214年5月迁都开封。这时金国在辽东的将领,或投降蒙古,或叛金自立,金国陷入一片混乱。

金宣宗完颜珣视辽东为根本之地,虽然他迁都开封,但依然通过海路和辽东保持联系。蒙古大军一度攻占了苏州、复州等地,但其目的是掠夺财物,往往弃城不守,辽东旋又被忠于金廷的势力占领。

辽东的地方势力,时而降蒙,时而附金,处于拉锯状态。正是在这种形势之下,完颜珣于1216年5月,采取了把原属复州的化成县提升为"州"的政治措施,并且破例以当朝国号"金"命名一州。

采用以当朝国号命名地方行政区的措施,在中国历代王朝的地方命名史上实属罕见。完颜珣此举,其一,意在向辽东及东北各地忠于金廷的势力表示,我大金政权依然存在,这里还是金国地盘,以起安定人心、鼓舞士气的作用。

金州古城一角

明代金州卫示意图是大连地方史专家孙玉老师用三十年的知识积累和三个月的精心描绘制作出来的

其二，"金者，禁也"。是宣布这座城池固若金汤，以"金城"来抵御蒙古铁骑。其三，这里是开封金中央政权通过海路与辽东各地联系最为方便的桥头堡。

完颜珣当初的想法也许很天真，但这就是金州名字的真正由来。

所以，我们不应该忘了历史上的女真人，还有那个金宣宗完颜珣。

《金史》评价金宣宗：宣宗当金源末运，虽乏拨乱反正之材，而有励精图治之志。就是说，历史上他不是一个好皇帝，也不是一个成功的皇帝，但是他真为金州人民办了一件好事。

尽管如此，还是无力挽救金朝在辽东风雨飘摇的统治。金州城在命名的当年就被木华黎率领的蒙古铁骑攻破，但木华黎如旋风一样又走了，并没有实际占领。

在化成县升为金州两年之后，金廷又将金州升为防御州。根据金制，沿边州才设防御州，置防御使。原视为代表金朝在东北统治标志的金州，已成为沿边之地。

然而，蒙古大军在扫荡辽东的过程中，并不承认金州之名，《元史》还是只提苏州、复州等地名。这说明，刚刚命名的金州还没得到普遍的承认。

还有一个相关的事件是，金正大三年（1226年），完颜珣的儿子金哀宗完颜守绪又在西北设置了另一个"金州"，这基本是照葫芦画瓢了。

据《元史》载称："金州，本兰州毡谷寨，金升寨为县，以毡谷为金州治所。"这说明，金朝在其灭亡前夕，在东北和西北边境，都先后设置了金州，其政治含义也完全相同。然而，西北的金州与辽东的金州命运又极为相似，在其设置五年以后就被元军攻占了。作为金朝在中国西北存在标志的那个"金州"，也不复存在了。

金朝的金州虽然被蒙古铁骑攻陷，但是辽东金州的名字却保留了下来，于是有了后来的元代金复州万户府、明代的金州卫、清代的金州副都统衙门，一直到1913年中华民国政府改金州厅为金县，1987年撤销金县设立金州区……

3

当然，金州地区在后来的岁月里，也有过不含"金"的名字。

明代据说叫过榆林县。

证据是大黑山观音阁寺中存有的一方《榆林胜水寺重修记》石碑。石碑刻于大明嘉靖六年（1527年），是目前金州地区保存最为完好的四大明碑之一。碑文中有"榆林城东去二十里许有大黑山，寺东有泉水，西有洞穴，前有悬岩数丈。岩上古建观音阁，松柏绕涧，景致幽奇，诚乃胜境也，因名曰胜水寺"一段。

碑末刻：嘉靖六年岁次丁亥季春月下旬良旦榆林庠生萧韶撰。

但是查遍史书，金州地区并无"榆林县"的记载。也许文中的"榆林"为金州在明代的俗称，《辽东志·地理》卷一载有："榆林，不知起自何时，俗称。地产榆，因以名。"

也许是大明末期的一个名称延续下来，因为这里一直有土城，有人烟。

清初叫过宁海县。

大清之初，这里设立了金州巡检司，隶属于海城县。

巡检司是什么意思呢？

这是元、明、清时期县级衙门底下的一种基层组织。通常为管辖人烟稀少地方的非常设组织，其功能主要以军事为主，也佐以行政权力。由此可知金州地区那时由于连年征战，人烟稀少，土地荒芜。清世祖顺治十年（1653年）时，为此颁布了《辽东招民垦荒例则》，鼓励汉人进入辽东。到了1734年，雍正皇帝才将金州巡检司升格改为宁海县。

取"宁海县"这个名字，就是希望金州地区远离战乱，海晏河清，从此安宁。

到了清道光二十三年（1843年），和熊岳副都统衙门移驻金州城同步，又升宁海县为金州厅，设海防同知衙门。

这是一项重大的决定，它的意义一是存续了109年的宁海县升格为金州厅了，二是又由清一代开始使用"金州"这个名字。

金州厅是什么概念？

清代在府下设厅，与州、县同为地方基层行政机构。但设厅，说明是有一些特殊的，因为清代的厅城，普遍具有"难治"与"过渡"两大特征，又分为边疆类、经济类和内地战略要地类三大类型。金州厅属于边疆类，因此属于疆土开拓、改土归流及开放海禁的一种延续。

在金州厅的行政建制下还设了堆金社、积金社、雨金社、南金社、旅安社和光禄岛即"五社一岛"的基层体制，相当于现在的乡镇。

1913年的中华民国政府，改清王朝的金州厅为金县，归属奉天省。但由于遭日本侵占，金县的建制虚有其壳，一直被日本关东州的金州民政署所代替。金州民政署的那个衙门就在金州火车站广场北，为两层砖木结构

金州古城东门春和楼

楼房，是和风欧式建筑风格。一直到 1945 年 12 月才真正成立了金县人民政府。

改革开放后，"金州"这个名字再次回归已经是 1987 年。金县虽然也带"金"字，但少了一个"州"，分量上就不一样了，"州"才是关键词。

之所以改回叫金州，与 1984 年成立的大连开发区还有着密切的联系。

20 世纪 80 年代初，在筹备经济技术开发区的同时，为了实现大连市城市重心北移，市委开始酝酿把金县县建制变为市辖区的事宜。但当时金县老书记王学善等人有异议，认为金县如果撤县，应该成立一个"金州市"，像北三市的庄河市、普兰店和瓦房店一样。

老县委书记的心情可以理解，但市委的考虑是更深远的，把金州放进大连市区里来考虑，实际上是从一个"新大连"的角度去考虑的。

这样的情况在大连历史上也不乏先例。历史上先有旅顺，后有大连，还曾经有过旅大市，但旅顺后来演变成大连的一个区，金县也是如此。市委考虑，现在开发区设在金县大孤山乡马桥子村，招商引资时对外介绍开发区该怎么说呢？如果说是在"金州市"，外商不知道"金州市"，如果说是大连市的"金州市"，那就容易把外商搞糊涂了。

就这样，1987 年 4 月，经国务院批准，金县正式撤县变为大连市金州区。

当年这个位于金州马桥子的开发区一成立，就吸引了五湖四海的目光。曾有一位黑龙江的朋友想来此发展事业又不太放心，就请教一"老开发"：开发区那儿怎么样啊？

"老开发"说：这里就是金县，金县啊！！！他特意加重了第二个"金"字的语气。于是那位朋友果真来了，后来发展得非常好。

金县嘛。当然。

还有，那时开发区城市中轴线 2 号路最早是叫长春路的，后来改名为金马路，意即"金州马桥子"。在改名之后，大连开发区还真如一匹骏马，发展一日千里，日新月异。

在这里，带"金"的名字也多：金石滩、金渤海岸、金石文化产业园、金港集团、金玛集团、金广集团、金湾、金发地……一路金灿灿地走来。

人们发现，凡是沾了"金"字，就发展得好。

不服不行。

4

近些年来，中国城市出现了千城一面、风格雷同的形势。如何能找出区别于别的城市的特点呢？许多城市开始在历史文化上下功夫，如，有的城市把名字改回了历史上的称呼。

湖北襄樊更名为襄阳；

临沂苍山县更名为兰陵；

蒲圻市更名为赤壁；

锦西更名为葫芦岛；

铁法市更名为调兵山……

把名字改回历史上的名称，无非是想告诉别人，我们祖上也曾经阔过、曾经辉煌过，以此来振奋人心，激扬士气。在这一点上，金州古城似乎就有一些保守或者腼腆了，也就是说，它张扬得还不够，嘚瑟得还不够。

在当今这个信息爆炸、令人眼花缭乱的时代，你不善于作秀、不善于宣传和张扬，你就会默默无闻，会被淹没在平庸之中。

人如此，城亦如此。

那么金州古城有没有这样的资本呢？

回答是肯定的。

回首这块热土从"金州"开始的绵长历史建制沿革，我们今天还是应该再一次感谢那支彪悍的、英雄的游猎民族女真，虽然它曾经把我们汉人的中原王朝南宋、北宋打得落花流水，但是却为辽南这块土地留下了一个响亮而又闪亮的名字。

而且它的后裔又为金州古城贡献了一个英雄——关向应。

我们用目光仔细地搜索中国地图，从南到北，从东到西，会发现以"金"字打头的城市可谓凤毛麟角，十分难得。

"金"字打头的极少，冠以"州"的城市就多了。辽宁现在还有锦州、盖州、复州等，对面的山东半岛有莱州、胶州、登州、滨州、宁海州、沂州……

金州的原点是沓氏，大连的原点是金州。

托举起无数婴孩的大树，我们称之为母树。

绵延千年庇护一方的城池，我们称之为母城。

明将马云、叶旺与韦富

> 朱元璋对马云、叶旺两人说:"沧海之东,辽为首疆,中夏既宁,斯必戍守。朕功未暇,乃有盖州诸将共意来庭,固守其地,以待朕命。"

1

中国历代王朝都要在都府州县修筑城垣,大兴土木,而明朝则达到了封建王朝之最。

也许,是受了谋士朱升"高筑墙,广积粮,缓称王"建国方略的影响,朱元璋时代修筑的古城是最多的。民间流传的"汉冢、唐塔、朱打圈",说的就是汉朝皇帝喜欢厚葬,唐朝皇帝崇奉佛教,明朝皇帝朱元璋最喜欢筑城。

金州古城就是明朝在辽东修筑最早、最雄伟,也是修筑时间最长(共六年,一说十年)的州城。

公元1371年,元朝辽阳行省平章刘益主动归顺明朝,明太祖朱元璋特令马云与叶旺两员大将领兵渡海奔赴金州,代表明朝皇帝接受刘益归顺并收复辽东。

朱元璋对马云、叶旺两人说:"沧海之东,辽为首疆,中夏既宁,斯必戍守。朕功未暇,乃有盖州诸将共意来庭,固守其地,以待朕命。"

马云、叶旺两人领命,6月大军启程。说也奇怪,他们未开船之日,登州府一带海域浊浪滔天,弄得将士们人心惶惶,但马云、叶旺胸有成竹地说,三日内肯定放晴,因为我们是正义之师……

果然,他们从登州上船后在海上航行了一天一夜,无风无浪,顺利到达狮子口。因为旅途顺利,马云、叶旺把狮子口改名为"旅顺口"。

根据史料记载,汉朝旅顺地区隶属于沓氏县,名为沓津,晋朝称为马石津,隋唐时期称都里镇,辽、金、元时因旅顺口港如雄狮踞滩,故称"狮子口"。

旅顺之名始于此,算起来,比金州的正式命名晚了155年。

马云和叶旺都是能征惯战的将军,也是朱元璋的心腹和同乡。作为明朝初期开创辽东战局的两员大将,二人不仅籍贯相同,而且人生经历也大体一致。马云在辽东6年,叶旺则镇守辽东前后17年,《明史》称其"翦荆棘,立军府,抚辑军民,垦田万余顷,遂为永制"。二人对辽东地区边备的加强、文化礼教的提倡和社会经济的发展,都做出了重大的贡献。

洪武二十年(1387年),马云逝世。次年三月初四,叶旺逝世。嘉靖初年,以二人有功于辽东,明廷命有司为之立祠,春秋祭祀。

旅顺口港如雄狮踞滩,故古称狮子口

当年马云、叶旺在金州设定辽都卫,以金州为治所,并且立即开始督修金州古城。

因为马、叶二将还要统军北上与元军作战,筑城事务一开始由辽东卫指挥佥事张良佐负责,后来张良佐调任复州城,于是又交给金州卫指挥同知韦富继续负责筑城。

初期战事紧张,无力大兴砖石工程,因而当时所筑的金州城仍为夯筑土城,只是规模比辽代又大很多。也许,很多地段就是沿用了辽代土城的城墙。

在这个修筑过程中,鉴于辽东形势的不断变化,金州城地位也在不断上升,在陆防、海防作用上越来越大,所以明朝廷要求金州城池要高大坚固,以为长治久安之计。

于是,由韦富具体负责修筑一座雄伟的砖城。

2

韦富,湖北黄州人,和马云、叶旺一样都是"南蛮子",却从南方来到了辽东。

韦富曾任袁州卫指挥同知,后调任金州卫指挥使[1]。他奉命督修金州城

---

[1]指挥使,明朝的军事指挥职务,秩正三品,为卫所一级最高军事长官。

之后，与原赣州卫指挥佥事王胜一起合作，亲率军民伐薪烧炭，辟窑制砖，以青砖逐段包砌金州土城墙的内外两面，包括垣顶、马面、女墙及四个城门，整个筑城的工程量是相当巨大的。

开始筑城，人们要问，金州城墙的大青砖从哪里来呢？

在金州烧制青砖，曾有这样一个传说：

一开始朝廷要求修砖城，这对金州古城在建筑质量和形象上，都是一个质的提升和跨越。但金州地区过去并无大砖窑，原来的金州城一直是土城，所以这难坏了督修官韦富。

这一天，韦富出门散心，信步来到了金州城外南三里，在荒无人烟处偶遇一座小土窑正在为大户人家烧制陶罐花盆等。韦富询问窑主，是否能烧砖来帮助筑城呢？

窑主回答，没有烧制过城墙砖，但听说韦富是为了修筑金州城的城墙用，就答应一定帮忙试一试。

于是，韦富与兵丁在此建起了一座土窑，在窑主的指导下，从大黑山运来了许多柴草。待砖坯晾干之后，开始装窑烧砖。

第一窑烧了7天，出炉后砖坯成了"酥饼"。

第二窑烧15天，砖坯虽然硬了，却四零八瓣不成形。

第三窑烧到第10天，老天突然下起大雨，而且连下三天三夜。雨过天晴，兵丁们打开窑门之后大家都惊呆了，红坯变成了青砖，方方整整，而且结实如石。

于是，韦富令兵丁又装了一窑砖坯，烧到第十天停火，封窑顶往里灌水，闷火3天后再出窑，果然取得了成功。

韦富任命窑主为筑城烧砖大总管，在南山村一排建起10座大砖窑，这边烧砖那边修城，终于用大青砖把金州土城里里外外都包砌起来，筑起了一座雄伟的金州古城。

明代修筑金州城时，其使用的青砖出处已不可考。但是清代在几次重修金州城墙时，所使用的青砖都是由南山村高家窑烧制的。高家窑旧址在今金县汽车配件厂一带。时高家窑为"二合公窑场"。该窑规模大、人夫多、产量高，有大窑两座，自家6人，雇用人夫150人。春秋二季生产，每窑装砖坯1万块，用木材及农作物秸秆做燃料，烧窑四昼夜，再将烟口和护门封闭七昼夜，用400担水逐渐渗入，直到窑内火微弱，才开始出窑。高家窑世袭祖业，代代相传，业主亲自操作，工艺极其考究。黏土与沙土比例为一百比一。坯泥水量适宜，以人夫轮踩。全部工艺流程，从选料、制坯、装窑、烧窑到闷火渗水，环环相扣，一丝不苟。因其工艺考究，质量上乘，创建二百余年，经久不衰。重视质量，讲究工艺，这是清代民间作坊兴旺发达的重要原因。

3

金州在修筑砖城的紧张忙碌过程中，还遭遇过元朝丞相纳哈出部的一次突然袭击，守将韦富率领金州军民打了一场艰苦的金州城保卫战。

纳哈出，蒙古大汗成吉思汗麾下四杰之一木华黎的裔孙，在元朝曾官至太尉、署丞相、封开原王。

元至正十五年（1355年），朱元璋曾经将纳哈出俘获，以其为名臣后人，待之甚厚，并劝其归顺，但纳哈出坚决不肯。这一次朱元璋表现得十分大度，后来释放纳哈出，准其北归元朝。

元朝亡后，纳哈出屯兵20万在金山（今内蒙古通辽东部西辽河南岸）一带，作为自己的根据地，势力颇为强大。1375年，纳哈出率领一万精兵，一路驰骋直扑辽南。

金州守军派出快马使者，星夜直抵朱元璋大营急报军情。马云、叶旺遵照朱元璋"坚壁清野""慎勿与战"的指示，令盖州卫指挥使吴立严守城池而不出。于是纳哈出越盖州，再向南进犯金州。

当时的金州城城墙包砖工程尚未完成，而且城内兵微将少，只有2000余兵士。但韦富与副将王胜处变不惊，亲自督率军民立木为栅，把守诸门，坚守城池。

纳哈出万余兵马将金州城四面团团围住，昼夜猛攻。韦富指挥金州军民在城头支起大锅点火，煮沸一大锅一大锅恶臭的汤汁，然后从城上向爬城进攻的元军照头浇泼，着之无不糜烂，于是数次击退了元军的进攻。

纳哈出部下有一名凶悍的裨将叫乃刺吾，仗恃骁勇善战，于是亲率数百骑逼近金州城下来挑战。韦富令军士在城上做好准备，待乃刺吾靠近城池时，突然间弩矢齐发。此计果然奏效，乃刺吾躲避不及身中数箭，伤势严重，当场被俘，元军士气由此大挫。

据说元军围攻金州城达3个月而久攻不克，我估计以当时的复杂局势变化，围城时间不会这么久，但终是后继乏力，纳哈出最后只得败退北逃。

大将军叶旺率领援军在赶赴金州的路上时，金州军民已把纳哈出军击退了。时值隆冬，明军派出的游动哨兵向叶旺汇报军情："纳哈出贼军将要沿着盖城南十里柞河逃跑。"

叶旺说："不能让纳哈出逃走，这次不除掉，定会养虎成患！"叶旺果断部署，沿河岸从连云岛到窟驼寨十多里长地带，挖出冰块堆垒成墙，再在上面泼水筑成冰墙。

柞河沿岸忙碌一片，经过一夜奋战，只见一道坚固的冰墙凝成，光滑晶莹。叶旺又派人在附近河滩沙中布设钉板，挖好深深的陷阱，设下伏兵。

两天后，纳哈出果然带领败军从这儿经过。叶旺伏兵四起，两山之间战旗摇动，箭如雨下。

纳哈出见势不妙，忙领兵仓皇窜过，直奔连云岛。结果一道冰墙挡住逃路，墙面光溜溜，别说骑马不能过，士兵徒手爬也爬不过去。纳哈出吓得惊慌失措，又领兵从旁边绕道而行，结果很多士兵都落进陷阱里，一片惨叫，只有纳哈出率几十人落荒而去。

韦富、王胜依靠尚未竣工的城池，取得了金州保卫战的胜利，叶旺设计又取得了伏击战大捷。

到洪武十年（1377年），筑城工程终于全部竣工，一座雄伟的砖城屹立在辽南大地上。

金州城池的修建，我们当敬仰韦富的设计和主持之功，更不应该忘记那些能工巧匠和辽南军民的血汗奉献。

明太祖朱元璋在南京听了筑城捷报之后十分高兴，特地赏给金州城一副楹联：

> 砖方城方国威八方
> 兵雄将雄辽东镇雄

4

从此，金州城便被称作"辽东雄镇"。

量变堆积历史，质变改变历史。

辽南自从有了金州砖城，发生了质的变化。

清末金州的教育家乔德秀编纂出版一本《南金乡土志》，书中曾记载了金州城池的形成过程：

金州厅城池，即辽之化成县，明之金州卫，国初宁海县地，旧系土城。明洪武四年（1371年），指挥马云、叶旺，增筑十年，指挥韦富，包砌。周围六里，高三丈五尺，深一丈七尺，阔六丈五尺。门四：东曰春和，南曰承恩，西曰宁海，北曰永安。今按其城，周围五里，二百十六步，本朝康熙五十四年，城守请用贮存修理城池税课，委巴彦太监工重修。光绪年间，护理副都统福升，用捐助款项，鸠工补修。甲午之役，被炮轰击，城堞门扇，半多折损，池亦淤塞。原宁海县疆域，东至毕栗河一百八十里，岫界；西至海岸三里；南至柳树屯三十里，海界；北至横头河一百里，复州界；东南至黄嘴岸八十里。

至明嘉靖四十二年（1563年），辽东巡抚王之诰又在城墙添设角楼四座，为守城官兵望敌之所。

金州古城四城门命名的由来：

东门临肖金门，春光先绿廊外柳，故称春和门；南门取"龙"权至上，南承皇恩之意，故称承恩门；北门为表达明将击溃元军，转危为安，民则安居乐业，故称永安门；西门临渤海，地势低洼，水涝之患，连年不断，加之海寇

昔日金州古城的南门"承恩门"

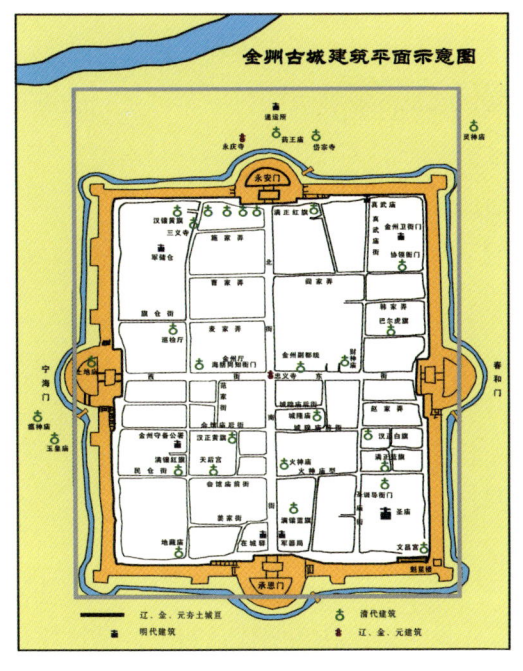

金州古城建筑平面示意图

金州古城的兴废盛衰

劫掠，民生则极为不安宁。官府为消弭天灾人祸之患，依民间传说，铸铁牛一尊，系于岸边巨岩之上，其后浪消涛退，海盗绝迹，故称西门为宁海门。

如今，宁海门和永安门早已不复存在，但这尊神奇的铁牛遗骸依然留在金州博物馆内。有关这两座门的传说亦在金州城居民心中留下深刻记忆。

当时金州城内有金州官署、金州卫官署、经历司、镇抚司、5个千户所官署、儒学、社学、军器局、金州在城驿等衙门。

清代，金州城在康熙、乾隆、光绪年间相继都进行过重修，每一次修缮，都使它愈加雄伟坚固。城外还有一条护城河，河深5米，宽约15米，沿河种着柳树。护城河上建有石桥，出入金州城必须要经过石桥。

历经了近七百年的荣枯盛衰，金州历史的记忆全部沉淀在这城墙的一砖一瓦和一石一木间。建筑是悠久历史的精灵，更是逝去岁月的留痕。透过它们苍老的面目，不仅能找到这座城市精神的延伸，还能从这些独特的风景中品味出这座城市昨日的诗情和灵性。

有人说，古建筑是激发爱国热情和民族自信心的实物，是研究历史科学的例证，是新建筑设计和新艺术创作的借鉴，这些听起来冠冕堂皇的说法，似乎并不符合金州古建筑内心的企盼。它们所要诉说的，只是一段古老的故事；它们所能提供的，只是一条通往昨天的捷径。

残垣断壁，让后人再次感受到古城所经受的悲壮洗礼。古城尤其是古城墙，既是一座城市的盔甲，也是一座城市的灵魂。

辽东第一卫——金州卫

> 1375年至1395年，金州与金州卫并存，是一种军政分治的形态。1395年，废金州建制，专行卫制，这种军政合一的金州卫建制一直延续了238年。

1

大汉沓氏县和明代金州卫，是这块热土上难以企及的两个高峰。

首先，金州卫与现代意义的金州概念截然不同。

金州卫是明代在辽东半岛所设的军政合一机构。

金州卫的"卫",与天津卫的"卫"、威海卫的"卫",都是军事上的一种称谓。

明代初期,辽东其实在政权上是设立的金州、复州、海州和盖州;同时军事上"金复海盖"又都设置了卫所,作为军事机构,又直接接受中央的左军都督府统辖。

现在很多网友都熟知这样一句俚语,"金复海盖,辽阳在外"。

这话说起来长了。史书载:金复海盖地区元代时属辽阳路。明洪武五年(1372年),划归给设在山东登州府的登莱巡抚管辖。这也是中国历史上唯一一次辽东隶于山东的政区地理现象,使得两地之间的联系进一步加强。

朱元璋为什么把辽东归于隔着大海的山东管辖呢?

一方面,历史上两地就联系紧密。另一方面,明初朝廷一直把辽阳以北地方视同化外,而辽南因为内地移民较多,当地土著汉化较深,且早就习惯于农耕,生活习俗与语言受胶东影响很深,在皇帝眼中被视同自家人。再加上历史渊源,奠定了明初辽东行政隶属山东的基础。

在明王朝经营辽东的过程中,山东始终占据着极为重要的位置,并在辽东地区的稳定与发展中起到举足轻重的作用。

1395年,朱元璋把金复海盖四州同时罢废,实行军政合一的卫建制。

朱元璋此举主要原因是虑及东北地方当时土旷人稀、民政事务较少的实际情况。对此,朱元璋这样说:"昔辽左之地,在元为富庶,至朕即位之二年,元臣来归,因时任之。其时有劝复立辽阳行省者,朕以其地早寒,土旷人稀,不欲建置劳民,但立卫,以兵戍之。"

用今天的话说,就是以军代政,或者叫实行军管。

那么金州卫管辖的范围有多大呢?

《明史·地理志二》"金州卫"本注云:"东有大黑山、小沙河出焉。又有小黑山,骆马河、澄沙河俱出焉。卫东西南三面皆滨海。南有南关岛。东有莲花岛。东南有金线岛。又东有皮岛,又有长行岛。南有双岛及三山岛。西南有铁山岛。东北有萧家岛,有关。又旅顺口关在南,海运之舟由此登岸,……"

皮岛,当指今普兰店东南黄海之滨皮口镇;长行岛,当指今长海县大、小长山岛。可知金州卫辖区大体为今大连市内四区、旅顺口区、金州区、普兰店市南部一部分、庄河石城岛、王家岛以及长海县。

面积上远远大于今天的金州区，也大于辽代的苏州、金代的金州、清代的金州厅、民国的金县。

而复州卫辖区大体包括瓦房店绝大部分，即今天普兰店的中、北部地区。准确地说，要比金州卫小一些。

《辽东志》一书中关于金州卫的山川地理形势是这样的：

凤凰山（城东十里）、大黑山（城东一十五里）、小黑山（城东北七十里）、独山（城东北一百五十里）、三山（城南海中）、铁山（城西南一百五十里）、平山（城北八里）、赛山（城北一百二十里）、虎山（城北一百二十里）、豹山（城东四十里）、壁立山（城东二百里）、东沙河（城东一百里）、金线岛（城东七十里）、小平岛（城东三十里）、大平岛（城东八十里）、马雄岛（城东九十里）、海清岛（城东南三十里）、和尚岛（城南二十里）、燕岛（城南三十五里）、平岛（城南六十里）、干岛（城北七十里）、布袋岛（城南一百二十里）、南双岛（城西南一百里）、北双岛（城西南九十里）、野鸡岛（城西南一百里）、韭菜岛（城西南九十五里）、过岛（城西南七十里）、马连岛（城西南八十里）、鱼湖岛（城西七十里）、罗儿岛（城北七十里）、小陈家岛（城西北二十里）、大陈家岛（城西北三十里）、荞麦岛（城西北二十五里）、兔儿岛（城西北三十里）、青鱼岛（城南五十里）、死鱼岛（城东四十里）、大松岛（城东一百五十里）、小松岛（城东一百三十里）、海中岛（以上十八处，俱流民所居）、王家岛（去城三百里）、广鹿岛（去城二百里）、大长山岛（去城三百里）、小长山岛（去城二百六十里）、刮皮岛（去城二百八十里）、葛藤岛（去城三百里）、哈店岛（去城二百八十里）、涩梨岛（去城二百九十里）、海洋岛（去城四百五十里）、獐子岛（去城四百里）、耗子岛（城南四百里）、石城岛（去城二百七十里）、黑坞岛（去城一百五十里）、柴家岛（城东一百八十里）、吴忙岛（去城三百里）、八叉岛（去城三百二十里）、麻洋岛（城西三十里）、猪岛（城西四十里）、鸿胪岛（旅顺口黄山之麓）、萧家岛（城东北一百五十里）、小沙岛（城东一百三十里）、大沙岛（城东北一百一十里）、磨盘岛（城东北一百二十里）、青山岛（城东北一百二十里）、红山岛（城东北一百里）、曹家岛（城东北一百里）、老鹳嘴岛（城东九十里）、团山岛（城东七十五里）、豹子岛（城东三十里）、莲花岛（城东三十里）、卢家岛（城东三十五里）、史岛（城东二十五里）、海头岛（城东南二十里）、杨家岛（城东南一十五里）、丁官岛（城南一十里）、南关岛（城南二十里）、罗家岛（城南二十三里）、臭水岛（城南三十五里）、青泥岛（城南四十里）、沙河岛（城南六十里）、零水岛（城南六十里）、黄羊岛（城南一百四十里）、石门岛（城南九十里）、哈塔岛（城南一百里）、长沙嘴岛（城南一百二十里）、黄井岛（城南一百二十七里）、骷髅岛（城西南九十里）、铁山岛（城西南一百五十里）、南夹河岛（城西南一百里）、北夹河岛（城西南一百一十里）、棒槌岛（城西南八十里）、戴家岛（城西南九十里）、羊头岛（城西南一百二十里）、雀儿岛（城西南八十里）、沙嘴岛（城西南七十里）、向阳岛（城西六十五里）、罗儿岛（城西七十里）、潮沟岛（城西二十里）、红崖岛（城西一十五里）、杏园岛（城西一十里）、盐场岛（城西北三十里）、长山岛（城西北三十五里）、七个山岛（城西北三十五里）、河口岛（城北三十五里）、围岛（城北三十五里）、亭兰铺岛（城北九十里）、宋家峪（城东北一十五里）、姚家峪（城东二十里）、狗儿峪（城南七十五里）、曹家冲（城东南七里）、鸿胪井二（在金州旅顺口黄山之麓，井上石刻有"敕持节宣劳靺鞨使鸿胪卿崔忻凿井两口永为记验开元二年五月十八日造"凡三十一字）。

右金州近海，无大川，故附岛峪冲九十七处，且环列海岸，当要险之所，置立烽堠，官军戍逻，亦筹边者所当知也。

那么，金州卫从何而来？

《明史·地理志》载："本金州，洪武五年六月置于旧金州（金代，1216年化成县升金州，金州名称始此）。八年（1375年）四月置卫。二十八年（1395年）四月州废。"

1375年时，明定辽都卫改称辽东都指挥使司（简称辽东都司，相当于今辽宁军区），金州卫隶辽东都司。1375年至1395年，金州（主管民政）与金州卫（主管军事）并存，是一种军政分治的形态。1395年，废金州建制，专行卫制，这种军政合一的金州卫建制一直延续了238年。

当时的金州卫（相当于师级建制）领军5600人，下辖6个千户所（相当于团级建制）。每千户所领军1120人，千户下辖9个百户所（相当于连级建制）。平时，大部分屯田，小部分驻防，金州军民"二三成守城，七八成耕种"。

为解决交通运输和作战需要，朱元璋又把辽东作为饲养军马的基地，辽东苑马寺先由辽阳移到复州永宁，嘉靖年间，又移至金州，并兼管"金复海

孛兰铺遗址

盖"四卫的兵备、边防和海运,这样就使金州城成为辽南地区的军政中心。

《奉天通志》卷一百六十九军备明上:

金州卫

马军一万七千零三十二名 《辽东志》作七百六十四名

步军五百名 《辽东志》作一千七百五十六名

屯田军两千零一十七名 《辽东志》作二千二百一十二名

军六十六名 《辽东志》作三十六名

盐军六十六名 《辽东志》作三十二名

炒铁军六十名

在辽东都司的统治区域内,金州卫的屯田面积最大,促进了农业、手工业的发展。到了明嘉靖年间,金州卫居住人口共6万人左右,平均每个村落都有七八百人。

明代的辽东都指挥使司,即辽东防区,其沿海卫所,包括今山海关起经今葫芦岛、营口、大连直至鸭绿江口共九卫,其中以金州、复州两卫为重点,而金州卫又是重中之重。

为什么说金州卫是重中之重呢?

可以根据《辽东志》上的数据,把"金复海盖"这南四卫做一个比较,看看是什么情形。

《辽东志》记载:

金州卫:

户口(四万六千六百二十五)、马队额军(七百六十四名)、步队额军(一千七百五十六名)、金州城堡官军马(三百六十四匹)

复州卫:

户口(七千六百四十八)、马队额军(三百九名)、步队额军(七百一十八名)

海州卫:

户口(一万八千二百)、马队额军(三千二百五十名)、步队额军(三千八百七十名)、屯田军(二千二百一十二名)

盖州卫:

户口(二万五千五百三十四)、马队额军(一百二十一名)、步队额军(二千八百四十八名)

数据很枯燥,却最有说服力。

军事地位极其重要的金州卫，到了明朝末期也饱受了战火蹂躏，古城为之伤痕累累。

1616年建州女真族首领努尔哈赤建国，国号为后金。明朝廷感受到其威胁，积极加强对辽东地区的防御。1602年，金州卫增设海防同知，旅顺口设游击官，兵士由百人增至千余人。

明军虽然采取了一系列防御措施，仍未能抵御住后金军的袭击。1621年3月，后金军攻陷辽阳、沈阳后，努尔哈赤派第十子德格类和侄儿债桑弧率8将、兵1000挥师南下，攻占辽南各卫，5月，后金军与明军激战辽南并攻陷金州，此战后，金州城几乎成为无人区。

让明朝感到恐慌的是，后金军如果从海上进军山东，给它造成的威胁可能比走陆路进攻山海关要大得多。

从盖州至登州，三日可到；从旅顺到登州，仅一日之程。所以明朝兵部尚书王在晋说："南卫未失之先，海我之海也。金、复、海、盖陷，而大海之险我与贼共之。贼常觇我之往，我不能禁贼之来。彼如乘风破浪，直捣津门……是为引寇入而天津危；天津危而登莱，而江、淮、浙、直俱危。河西乏食，可以立蔽，山海无粮，何能久守？而京师亦危。"（《三朝辽事实录》）。

此时，明军之广宁（今北宁市）巡抚王化贞，派遣游击将军毛文龙巡视沿海岛屿。毛文龙1621年5月奉命去辽东，率220余人的队伍由三岔河口登船，沿辽东半岛西海岸南行，先到娘娘宫（今复州湾长兴岛东），十余日后，至猪岛（今金州西20公里海中）上岸，再到广鹿岛、给店岛、石城岛，然后又收复了鹿岛、长山岛、小长山岛、色利岛、章子留岛、海洋岛、王家岛，最后到达朝鲜半岛的弥串堡上岸，凡有金兵驻守之处，或被消灭，或被驱逐。一度失去的各岛又回到了明军的掌握之中。

明朝廷因毛文龙收复海岛有功，将其由游击提升为总兵官，责令他领导东江抗战。

1623年4月间，后金军闻知明军舟师汇集海上，恐其与金州兵民联合反攻，便把金州沿海居民全部驱赶到复州去。时值复州总兵刘爱塔密约明军舟师内应外合偷袭复州，不料密约被他的属下泄露，后金发兵三万围屠复州城，同时驱赶永宁、盖州民众向北迁徙，弃辽南沿海土地四百里，仅留少数后金兵防守。

是年 7 月初，皮岛总兵毛文龙派遣麾下部将张盘袭取金州。

张盘原为毛文龙的亲兵，作战有功而为部将。

毛文龙认为："此城若得，陆扼建州，水可运粮停泊。"张盘先到青山岛（今杏树屯镇猴石村）接走难民 4000 人。然后从难民中挑选了一批青壮男儿，编成 30 队兵勇，夜行昼伏，于 7 月 3 日半夜，来到金州城南门外。

张盘、程鸿鸣等率众来到金州城下，突然间燃放鞭炮，一齐呐喊，惊得城内的五六百名后金留守兵仓皇窜出北门，弃城而逃，于是明军把一度丢失的金州城又夺了回来。

同年 10 月，张盘得知复州的后金守兵弛备，于是带兵夜入，攻克复州，并攻克永宁堡，金州、复州两处当时都是孤悬海外，易攻难守，所以不久张盘因城空粮尽，遂退兵屯守旅顺。

毛文龙派遣张盘收复金州、旅顺等地，开辟了辽东战场的新局面。将登莱、旅顺、皮岛、宽甸连为一线，解除了后金占领旅顺口后对山东半岛的军事威胁，令明朝在辽东的二千里海疆得到巩固，并完成了对后金的海上封锁，加重了后金统治区内粮食紧张的状况。

总之，军事意义重大。

为了守住旅顺及辽南这一小片地区，曾经有人大胆设想，要开挖一条海沟运河，把金州以南即旅顺等地变成孤岛，以阻止后金军的进攻。当时的明朝兵部就曾经上奏章说：自辽土沉沦，唯金州北联海盖南近登莱，游击张盘以孤军据其地……登抚（登州巡抚）前议，城南（指金州城南）至旅顺口一百三十里，三面距海，唯北面狭束，东西相距仅十里许（指今大连湾镇土城子至前关村距离），挑断其地，引海水以自固，设墩堡以防守，则百三十里沃壤，可屯可耕，可团聚难民数万人，遂成不拔之基。已经复议允行。值户部会议裁登（登州）饷十万两，挑浚之费无所出……

但是，因为朝廷缺乏资金，这项挑断金州地峡，依靠天堑来阻挡后金兵的计划被搁置起来。

当然，明军如果真的挖成了这条海沟运河，今天的大连市区就不是在半岛上，而是人工开凿的一个孤岛了。

这大概也算是最早的打通黄、渤两海的提案吧。

三百余年后，在一次大连市政协会议上，还真有 11 名政协委员联名提交过提案：在金州湾到大连湾之间开凿一条人工海河，以解决渤海湾污染的问题。此案一提出便引起热议，殊不知，我们的先人早有过这样的动议。

按照皮岛总兵毛文龙的部署，当时他的部将张盘驻守在旅顺，朱国昌驻守在长山岛，曾有功驻守在三山岛，这是毛文龙布置的鼎足烽连之势。

1625年正月，曾有功不奉镇抚之命，擅自约会张盘和朱国昌二将来到南关岭，准备破土兴工，要开始挑断金州地峡。

张盘和朱国昌二将先到，而曾有功却违约不来。就在此时，后金大军突然袭来，二将被重重包围，张盘力战不能突围，被俘，朱国昌战死。一场兴工动土的计划变成全军覆没的战役。

是预先的阴谋还是偶然的失误，已不可知，总之海上开凿运河的计划成了泡影。

此役，是努尔哈赤先闻听明朝将出兵万人，由海上前来援助旅顺，遂命其三贝勒莽古尔泰率军六千再次攻旅顺，先在南关岭打败了张盘和朱国昌的军队，然后又攻克旅顺，毁旅顺南北城而回师。

金州自天启元年（1621年）城陷，接着城内的军民又被驱走，直到张盘收复之后又不能守，在这四五年的动乱期间，没被驱赶走的人们，也都背井离乡逃亡他地，基本十室九空，赤地千里。其中，逃往海岛（指今长海县各岛）的居多数。

甲午金州城保卫战

> 金州城为辽东半岛雄镇，东负大黑山之险，南有大连湾炮台之备，实为旅顺口的第一要地，克其地即大连湾可破，大连湾陷即旅顺无援，旅顺入手，即可入直隶。
>
> ——甲午侵华日军文献

1

副都统衙门的设置，本就是为了强化金州军事地位，为了抵御外辱。而众多官员虽然来金州做过二品武官，但要说起真正打过仗的却不多。金州第十六任副都统连顺，经历过的却是一场真正的硬仗，一场关系生死存亡的金州保卫战。

那是1894年。

那一年对中日两国来说，都是一个分水岭。那一年，中国的国际地位一落千丈，国事颓微；而日本却一跃成为亚洲强国，完全摆脱了半殖民地的地位。

两国分水岭的关键点，两国军事实力的一个拐点，就是中日甲午之战。

也许是受《甲午风云》《北洋水师》等影视作品的影响吧，人们对甲午战争的海战印象会更深刻一些。其实，陆战也是整个战争中极为重要的一部分。

金州，就是甲午战争重要的陆战战场。

战前日军认为，金州城为辽东半岛雄镇，东负大黑山之险，南有大连湾炮台之备，实为旅顺口的第一要地，克其地即大连湾可破，大连湾陷即旅顺无援，旅顺入手，即可入直隶。

当时清军在旅顺、大连湾防守严密，日军为取金州，必须避开海防炮台，所以从金州背后寻找布防薄弱地登陆。经过战前秘密侦察，日军把这个"布防薄弱地"选定在金州东北105公里的花园口。

10月24日，日军开始在庄河花园口登陆。12天时间里，竟然没有任何清军阻击，岂不咄咄怪事？于是日军顺利登陆，共运送了24049名士兵、2740匹战马 [引自《大连近百年史（上）》64页]。

不由得让人联想起明朝的望海埚大捷，也是倭寇来侵，一上岸烽火台的瞭望哨就发现了，才有了后来的刘江调兵遣将打胜仗，怎么过去了四百多年，反而不如当年？

11月3日，日军整顿之后由貔子窝（今皮口）出发，开始向金州城方向进犯。

这时金州城副都统就是连顺。

连顺，伊尔根觉罗氏，满洲镶黄旗人。早年跟随其兄金顺征战有功，于1888年升任金州副都统。连顺在金州任职期间，官声很好，因此古城民生安定，民情淳朴。

日军在花园口登陆后，先派遣山崎羔三郎、钟崎三郎、藤崎秀、猪田正吉、大熊鹏、向野坚一等六名"中国通"充当间谍，分别前往旅顺口、金州城、普兰店、复州一带侦察。但日本间谍的活动进行得并不顺利。猪田正吉、大熊鹏二人东行后，即下落不明。日军从花园口登陆后，连顺属下驻貔子窝的捷胜营营官荣安得到渔民报告，立即派哨长黄兴武率马队驰赴花园口一带巡查，在碧流河西岸捕获了钟崎三郎，后又在貔子窝捕获了山崎羔三郎，在曲家屯捕获了藤崎秀。

荣安把三名间谍押至金州副都统衙门交给了连顺。而最后一名间谍向野坚一本来在碧流河被当地村民已捉住，准备押送貔子窝兵营，但中途侥幸逃脱。于是向野坚一顺利地"入金州城，察内外之虚实，取路于貔子窝，探石门子军状"，为日军进攻金州提供了重要情报。

连顺连夜审讯先押送到副都统衙门的间谍钟崎三郎、山崎羔三郎两人。

钟崎三郎、山崎羔三郎两人供认，日军在花园口登陆，其目的是进攻金州和大连湾。连顺立即将审讯结果报告给邻近的大连湾守将总兵赵怀业，又报盛京将军裕禄，之后连顺下令即刻将三名日军间谍处决。

1894年10月31日晚，三名日军间谍被拉到金州城西门外玉皇庙附近的虎头山（又称北山），三人都是清一色的中国农民打扮，脑后留着大辫子，穿着农民服装。刽子手喝令他们面向西南方跪下，但三人坚决拒绝。他们说，天皇陛下和日本在东方，一定要朝东受刑，死后灵魂好回到日本。

刽子手手起刀落，三颗头颅滚落在地，清军随后将他们草草掩埋。

日军占领金州后，寻找到尸体并将其埋葬在金州城北虎头山上，将虎头山改名为"三崎山"。因这三名间谍名字中均有一"崎"字，并在临刑的地方立起纪念碑。

俄、法、德"三国干涉还辽"后，纪念碑和三崎山上的墓全部被毁。十年后，日俄战争爆发，日军重占金州，又在虎头山大兴土木，为"三崎"立起了殉节三烈士碑，直到1945年日本战败投降，殉节三烈士碑再次被中国民众砸倒。

金州玉皇庙

新中国成立后，虎头山中部又建造了一个金州革命烈士陵园，这里就安葬着董秋农、王福清等一批革命烈士。

由于金州城区发展，如今的虎头山已经面目皆非，甚至难以辨认。是否还有人知道就在这里，曾经有过处斩日军间谍、有过日军矗立的所谓烈士碑这样悲壮又屈辱的一幕呢？

2

金州副都统衙门建制上隶属于盛京将军，战事来临，连顺便频频与盛京将军裕禄联系。

先是急电裕禄求援。

裕禄复电告称，山西大同镇总兵程之伟已率军从营口南下，可缓军情。但是程军到达复州之后则滞留不前，再也不肯前进半步。连顺先后七次电催程之伟，而程军就是不肯前进。

程军指望不上，连顺又亲自跑到大连湾，苦苦哀求驻守在那里的淮军统领赵怀业。为了保住金州城，连顺甚至跪求赵怀业。他对赵怀业说：金州若失，则旅顺不可守，请分兵御之。

男儿膝下有黄金。同为二品大员，连顺跪求赵怀业，可想而知已经是在一种什么状态下了。在连顺也包括徐邦道的多次请求下，赵怀业勉强拨出周鼎臣的两个哨（相当于两个连）兵力赴金州城协防。

大同镇总兵程之伟如果能早些向金州进军，就能形成前后夹击日军的形势，但程贪生怕死，畏惧不前。在此情况下，连顺只好派身边的幕僚书记官到复州去催导。

11月4日，一王姓书记官单骑从古城出发，走到三十里堡时，遇到日军，他转而向东疾驰，在土城子附近被日军追上俘虏了。日军逼问军情，他只字不吐，只说我叫王清福，我是个当兵的，然后以头撞石。

后来日本记者龟井兹明《随军日记》中记载了这件事。前清进士陈云浩写《光绪甲午中日之战金州副都统幕府王书翰使死事甚烈作长歌纪之》，孙宝田写《金州副都统幕王君死难记》，都是记述这件事，并悼念那位年轻的书记官王清福。

连顺无奈再向盛京将军裕禄禀报：倭军逼近，局势日紧，徐总镇矢志歼寇，而孤军无援。赵统领观望，程军门（之伟）未到，各将意见不一，金州恐难固守。

本拟电禀，因有不便，故驰书沥陈，恳请速派将领前来主持，以保金州。

裕禄回复连顺：闻倭人早已由花园口上陆，距金州境界极近，尊处只可以现有兵力与赵（怀业）、徐（邦道）两军连合，竭力防御。

至此，连顺知道了争取援兵的希望已经完全落空，金州城只能靠自己来保卫了。

对于这一场战争，连顺不是没有自己的想法，可惜大局已定，无力回天。

连顺曾经对盛京将军裕禄的一位幕僚达融亭这样说：倭贼侵境，已据皮口（貔子窝），原应与诸军会合痛击，以扫逆氛。但盛字营留在辽阳，捷胜营亦迄未至，金州仅有一营。若以之与客军联合进攻，纵客军敌忾同仇，不存观望，本职任斯土之守备，举攻守之责向客军叩头依赖，情用难堪。今幸赖徐（邦道）之壮义，允借军资，招募马步各队，以图联合进攻。

徐邦道

的确，在金州古城最最艰难之际，最够意思的，竟然是八竿子打不着的川军徐邦道。

川军将领、正定镇总兵徐邦道带领马步三营兵士，本是奉命赴援平壤而路过金州，因得知平壤已失，徐邦道于是决定留此御敌，和连顺并肩站在了一起。其实他完全可以像程之伟、赵怀业等将领一样明哲保身，保存实力。他的部队是乘船从天津到达旅顺的，旅顺当时有清军30个营，却没有人愿意支援金州，但是徐邦道把部队开进了金州，用一腔热血证明了川军的英勇和大义。

那一年，徐邦道已经57岁。

当时，金州城副都统连顺的制兵先有洋枪步队200人，后又两次招募步队300人，共成一营500人驻金州城，马队两哨80人驻貔子窝。

而徐邦道的拱卫军当时有步队三营，驻徐家山（今开发区炮台山）附近，炮队一营，驻金州城南，马队一营，驻金州东北一带。后在大连湾就近增募步队一营。

连顺的部队是受盛京将军裕禄节制，徐邦道的六营隶于北洋大臣李鸿章。

两个人的部队加起来总共才 3080 人。

连顺和徐邦道商议后,决定连顺守城,徐邦道则主动出击来阻敌。

徐邦道亲自率部出城部署工事,他选定在距离金州城 10 余里的石门子狍子山、台山等高地修筑堡垒阵地,防守金州东路;而赵怀业派来的周鼎臣两哨人马被安排在十三里台阵地,扼守金州北路。

徐邦道誓死御敌的决心和勇气深深感染了金州老百姓,他们自发组织起来,支援徐邦道抗击日军,据记载:"金州南街年过花甲的老铁匠马忠信带领全城铁匠,夜以继日在炉火旁锻造大砍刀,一部分送往前线,一部分用来武装城内青壮年。城内 10 多家烧饼铺,通宵达旦烧制大烧饼,委派年轻人肩挑车拉送到石门子前沿阵地,犒劳正在与敌人搏斗的官兵……"

金州人民的爱国热情给清军以极大鼓舞。

3

11 月 5 日,日军向清军阵地发起进攻。在先头部队受挫的情况下,日军将主力调到右翼,抄袭徐邦道后路,石门子阵地陷入腹背受敌的困境。

11 月 6 日凌晨,北风呼啸,日军 6000 余人即两倍于清军的兵力,分两路向石门子发起攻势。徐邦道率军在台山居高临下,英勇还击,打退敌人多次进攻。日军见屡攻不克,便调集各路炮兵支援。战斗持续了 2 个多小时,清兵伤亡惨重,徐邦道不得不下令退兵,台山阵地失守。不久,狍子山也因寡不敌众而被迫撤退,石门子防线被攻破。

石门子防线的溃败,意味着金州城已无险可守。当石门子隆隆炮声不断地传到金州城里时,副都统连顺率军已做好了反击日军进攻金州城的准备。

据日军资料记载:金州城为仅次于凤凰城的清国第二坚城,筑造全为砖石,十分坚牢,东西约 600 米,南北约 700 米的长方形,高 3 丈,墙厚约 6 米,上部有成凸状凹状的枪眼,墙上可以行走,宽不过 4 米,野炮可自由旋转,城郭周围约 20 丁,三四处有圆形炮座,各配备克房伯野炮及中国造的山炮,中国造的山炮有铭为"太子太保英殿大学士直隶总督部隶毅伯李"的字样。

当时中日兵力的对比是这样的:

清军:

捷胜营步队 1 营、马队 2 哨,约 700 人;

拱卫军步队 3 营、马队 1 营、炮队 1 营,约 2000 人;

怀字营2哨，300人；

总计3080人。

日军：

第一师团第一、第二旅团主力，共计步兵12个大队、炮兵3个大队及3个中队、骑兵1个中队、工兵1个大队及1个中队、约6000人。

指挥官：

清军：副都统连顺、总兵徐邦道

日军：第一团师团长山地元治中将。

可惜金州城的防守兵力十分薄弱，仅有步队1营、马队2哨，大炮13门，此外还在城外埋设了一些地雷而已。

11月6日上午，突破石门子防线的日军在虎头山、西崔家屯和金州城东北一公里外的三里庄安好火炮，开始向金州城猛轰。一时炮声如雷，旷野震动。

连顺率领旗民、地方官军殊死防守金州城。关于金州城的战况，后来盛京将军裕禄上报朝廷的奏折中曾这样描述：

金州海防同知谈广庆"被炮坠落城下，两腿受伤甚重"，仍竭力奋战，

清军石门子防线被日军攻破

"连顺衣被枪洞穿,守城兵丁均被轰死"。

9时30分,日军开始向金州城发动总攻,连续炸开北门的瓮门和内门。与此同时,一队日军在步兵少尉吉田次郎率领下,"逼近城之西隅","赤脚用手抓住砖缝攀登上高丈余的城墙","跃入城内"。11时,进城的日军从里面打开东城门,把东路的日军也放了进来。

连顺见几个城门已相继失守,只得率余部从西门和南门突围而出。当时,还有一哨清军未来得及撤出。日军冲进金州城后,这一哨清军退下城垣与日军展开肉搏,除"十四名残伤被俘外,余皆壮烈牺牲"。

连顺在撤往旅顺的路上,遇到了水师营佐领韩兴杲带领旗兵400人来援,连顺说,金州已失,叫他们皆散去了。连顺到达旅顺,向驻扎在旅顺的诸将求援,主张集中兵力重新夺回金州城,可惜各位将领畏缩不前,终未成行。

就这样,号称"辽东雄镇"的金州,一日之间轻陷敌手。日军仅以13人死亡的代价就夺取了城池。

当天,日军师团长山地元治和旅团长乃木希典相继进入金州城,然后在东城门列队,举行欢迎总司令大山岩大将的进城阅兵仪式。

在金州战斗最紧张的时刻,大连湾炮台的淮军将领赵怀业却袖手旁观,看到城已破,于是抛下炮台,率领3000多步骑仓皇逃往旅顺口。

11月7日早晨,日军来到大连湾和徐家山炮台,让他们惊喜的是,这里竟然是空港和空炮台。日军兵不血刃地占领了大连湾。

15天后,旅顺口失守。

金旅之战失败,北洋门户洞开,使甲午战局急转直下。

4

战争结果:清军伤亡惨重,具体数字不详。日军有13人阵亡,19人受伤(还有一种说法是,日军死伤共25人),缴获马匹85匹,步枪2012支,大炮107门,弹药山积,大米3210包。

日军攻进金州后,"沿街逐户搜查,四处奸淫烧杀。搜出男人,则捆绑成串,驱赶到城外,用人体为其排除清军布设的地雷,不从者枪杀刀砍"。更为残忍的是,日寇将在城内东街抓来的47人绑成一串,在刘家炉安一口大锅,把其中30多人杀了往锅里放血,用老百姓搞"人祭"。一时,金州城内鲜血横流,尸体布满街头。

城内西街曲氏人家，男人都跟着徐邦道御敌去了，家中仅剩姑嫂7人和3个未成年的孩子。日军在城内洗劫，惨叫声传到曲氏姑嫂耳中，恐惧笼罩在她们心头。"如果走投无路，咱们就一起死，决不能落在鬼子手里。"曲氏姑嫂打扮利索，给孩子也穿上了新衣裳，便一起来到自家院内的水井前。在日军到来之前，她们抱着孩子先后跳进井里。为了保留清白之身，为了不让幼子受苦，曲家女人选择了以死相抗。

以死相抗的金州曲氏妇孺

金州的百岁老人、书画家刘占鳌后来回忆甲午之战时这样说：金州城被攻破后，老百姓纷纷外逃。男人还好办。因为当时的女人大部分是小脚，跑不了，只好投井上吊，要不就被日本兵强奸。也有的是被家里人在逃离前夕扔到井里去的。当时城里的井里都是女人的尸体。如城东北角的韩家井，尸体把井都填满了。西街曲氏一

曲氏井旧景

家投井的事，后人给记下来了，所以能流传到现在。其实像老曲家这样惨的还有。当时，大街上被日本人杀的尸体到处都是，特别是东街道都统衙门前的影壁四周，尸体堆成堆。家住城隍庙正门前的张玉恩，月子里的老婆被日本兵强奸后，把肚子大开膛，把孩子穿在刺刀上在大街上挑着玩。当时，街坊邻居亲眼见到。真凶残！

甲午逃难时，我父亲用条筐挑着我的4个姊妹，在日本兵没攻到金州前逃到后石灰窑子。我家在野地里住了好多天才回家。逃难时，我父亲说顾大人要紧，把孩子扔到海里算了，我母亲死活没让。当时确实顾不上孩子，城里扔的孩子很多。老人亲口对我讲，在东门口，日本兵一进城，见到一些四五岁、五六岁的孩子，一脚一脚活活踹死。

一百多年过去了，曾经流淌在金州土地上的血泪已经风干，有关那场战争的痕迹也已消失殆尽。2015年秋天，我探访石门子阻击战故地，在现在大黑山北侧的水源地附近，终于找到了石门子阻击战纪念碑，这是1996年竖立的一块花岗岩石碑，基本淹没在杂草树木之中，对面，是钟家小学的校园。

石门子阻击战纪念碑

在金州城内，曲氏井已成为甲午战争的一处遗迹，透过栏杆、辘轳、松柏和石碑，人们能隐约感受到曲氏妇孺当年慷慨赴死的悲壮和英勇。

至于副都统连顺，留下来的资料很少，不知所踪。只有1890年之际，金州、复州两地旗民绅商等为他立的一块连公德政碑留了下来，此碑1955年出土于金州城内一孙姓家中的菜园子，碑文称他"培元气，涤贪风，以身倡之"对农工"不失其时，不荒其业"。

甲辰日俄南山阻击战

> 日俄激战于扇子山（即南山），俄军败绩，西奔，逼卖农家牛马，又强割小麦青苗。贻祸租界，尸填碧海，血染青山。数百里之黎庶均被摧残。
>
> ——《南金乡土志》

甲午之战十年后，石门子上空的阴霾还没有散尽，人们还没有彻底摆脱日军烧杀抢掠的梦魇，战火又在金州土地上熊熊燃起。

这一次战火的背后，又隐藏着说不出的悲凉、无奈和屈辱——这场发生在中国土地上的战争，却是日本和沙俄在交战；他们交战的目的，是为了争夺对中国东北地区的控制权。

1904年2月9日，日舰偷袭旅顺口俄国太平洋舰队分舰队，日俄战争正式爆发。同年5月5日，日第二军在金州东部黄海猴儿石登陆。

5月16日，日军到达二十里堡的关家店，然后在十三里台子、阁条沟与俄军发生激战，日军在攻占十三里台子和下房身一线后，距金州城只有5公里。

金州是旅顺和大连的屏障，俄军重兵守卫，且有坚固的堡垒和许多炮台。所以这一次攻打金州城，日军做了充分的准备，依然不敢轻进。为攻取金州城，日军把前沿阵地部署在十三里台子、狍子山、钟家屯、下房身、阁条沟、大黑山、东寨子河一线，并且密切注意着辽阳、盖州、沈阳方面的俄军动向，防止背面的俄军南下。

日俄金州城战役固然激烈，但金州南山战役则更为激烈。南山又名扇子山，位于金州地峡的蜂腰地，是通往大连湾和旅顺的咽喉要道，也是守卫金州城的城外制高点。日俄战争爆发后，俄军便在南山积极抢修防御工事，至日军进攻前，主要工事基本竣工。在险要的山峰上修筑了16座炮台、各种功能的堡垒；炮台与炮台之间皆有壕沟相通；壕沟、炮垒皆用钢轨和枕木架设顶盖，顶盖上又覆盖厚厚的土层。山下东起阎家屯，西到海岸，挖了散兵壕，壕边架起铁丝网，铁丝网外沿埋有地雷。通往大连和旅顺的道路，皆被封锁。守卫金州城的俄军共16营，1.7万余人，共有大炮131门，守卫南山的俄军是第五阻击兵团共3800人，65门大炮，10挺机枪，俄军使用的机枪是水压马克沁机枪，是当时先进的防卫武器。

日军发动进攻前，向南山进行了两个小时的炮击，以试探俄军的火力，摸清了其炮位和火炮型号。又与海舰相约定，以金州湾内日舰的火炮支援陆军进攻。

进攻南山前，日军第二军司令奥保巩命令第四师团攻取金州城。总攻南山是在5月26日凌晨，第四师团要在25日夜攻取金州城。夜幕降临后，第四师团开始了对金州城的强攻。结果，多次进攻皆遭失败，死伤极为惨重。奥保巩又命令第一师团援助强攻，仍然无效。第四师团60名敢死队员组成爆破队，从城北八里庄出发，绕到城南，打算爆破守卫薄弱的南门。爆破队绕到城西南时，便遭到俄军的袭击，死伤了许多爆破队员。为阻止南山上的俄军下山狙击爆破队，日军又派一支部队奔向高家窑河北岸抢挖掩体。

午夜，天气突然变化，狂风暴雨袭来，爆破手一个一个被打死。到凌晨

2时，日军损失89人，爆破仍未见成功，残余士兵只好退向城西北的树林。爆破失败后，第一师团陆军大佐小原正恒率第一联队向金州突进。日俄双方200多门大炮同时对射，日军突击队离城门300米，匍匐在地，俄军火力稍减，立即跃起。由于俄军把注意力集中在爆破队和突击队，日军派出工兵爆破金州东门居然得到成功。一声巨响，金州东门被炸开，日军潮水般涌向城内。一阵激烈的白刃格斗后，俄军守城军多被歼灭，部分冲出城逃向南山堡垒。

日军攻城部队也很惨重。早晨4时左右，乃木希典长子乃木胜典在城东300米处被击倒，抬到阎家楼日军临时医院抢救，当天傍晚死去。

5月26日晨，金州城被日军占领。日军左中右三翼炮火开始齐轰南山俄军阵地。日军"筑紫"号、"平远"号、"鸟海"号、"赤城"号4舰及一队鱼雷艇也从金州湾开炮射击俄南山左翼。

在炮兵对射之时，日军步兵3个师团从三个方向向南山逼近。但是3个师团在南山俄军和苏家屯、大毛营子俄军火力的打击下寸步难移。

南山阵地的突破是由日军第三师团的拼命冲击而成功的。第三师团4个中队冒死冲锋，前仆后继，拼杀至下午5时，突破了南山的右翼防线。防守的俄军得不到增援，最后放火焚烧了弹药库败退而去。

南山日俄战争遗址

日军攻陷金州城用了一夜时间，攻克南山阵地又用了一天时间。这一天一夜的战斗，日军投入步军 31 个大队、骑兵 5 个中队、工兵 12 个中队，总兵力 3.64 万人。仅进攻南山阵地，日军即死伤 4027 人，死亡将校级军官 33 人，将校级军官伤者 103 人。俄军死伤 2000 余人。南山战斗伤亡人数上报后，日本大本营十分震惊，再三询问是否报数中多写了一个零。

后来日本历史学家曾将日俄金州南山之战与中日甲午战争做比较：

甲午战争中日本海军陆军一年多的战斗总共死亡人数（指战死）1130 人，伤者仅 285 人（病死、自杀不算），死伤总数 1400 人。而日俄金州南山战斗，一天便死伤如此之多，所以日本大本营以为数字报错，以为应该是 427 人而不是 4027 人。同时，在整个甲午战争中日军消耗的弹药数量，竟然和金州南山一天的战斗消耗大致相等。

险要而坚固的南山阵地被日军一天攻克，就使大连湾和南关岭一带的俄军丧失了斗志。5 月 27 日，日军派一个旅团进攻南关岭，这里的阵地部署也很严密，但守卫俄军却不战退往旅顺要塞。接着进攻大连湾，这里已空无一人；随之进兵大连市区，仍是不战而下。日军在大连湾和市区取得了俄军未及破坏和运走的机车车辆、武器弹药等，并把大连湾和市区变为日本进攻旅顺的大本营。

这场战争使有着千年历史的金州古城城墙多处被炸坏，附近居民的房屋成了两军炮弹的靶子，战后这里一片残垣断壁。

日军占领金州后，东京日军大本营命令第二军北上作战。另编成陆军第三军，由乃木希典为司令官，以大连为基地，迅速向俄军旅顺要塞推进。

在向旅顺进发前，乃木希典来到激战之后的南山战场观察。恰好这时他接到了东京晋升他为陆军大将的电文，但想到长子之死，仍不禁悲从中来，于是写下了这样一首诗：

山川草木转荒凉，十里风腥新战场。

征马不前人不语，金州城外立斜阳。

这首汉诗在日本几乎家喻户晓，同时也受到当时中国一些文人的推崇。

接着，日军大本营又发来急电："第三军速攻击旅顺。"

在甲午金州之战中，清军奉行的还是传统的城墙防御战术，所以被日军以野战炮轰而轻易击溃，而日军伤亡微乎其微。十年后的金州南山之战，俄军放弃了金州城，而将主阵地设置在金州城和南关岭之间的南山，形成了坚固的堑壕铁丝网阵地，日军之伤亡惨重也就丝毫不奇怪了。

1905年日俄战争结束后，日军在金州南山之巅建起一座南山战迹纪念塔。1937年5月26日，日本殖民统治当局为纪念南山战役33周年，又将乃木希典的这首诗刻于一块青色巨石上，立在南山战迹纪念塔的东边。

"文革"期间，金州群众将这两座塔碑推倒炸残。

有意思的是，在金州南山，还有一处是俄国军人的墓地。这里安葬着苏联红军解放东北时，以及在旅大驻军时牺牲的一些官兵。在墓地的东南角，还埋葬着一部分日俄战争时期南山之战时战死的沙俄官兵。

曾有人提出过应该修复南山日俄战争纪念地的建议，好让后人了解当年的历史，不忘国耻。这个建议至今没有实现。

1905年日俄战争后，日军在南山建起南山战迹纪念塔，后在"文革"中被推倒

金州古城的兴废盛衰

千年的文脉与灵魂

人杰地灵　乡土厚重

修修补补与不理智的拆城

> 金州城作为"辽南第一雄镇",已不单单是冷兵器时代的一个军事城堡,它承载了许多战争以外的东西。历朝历代,无论人们用什么方式进城,进城之后总还要对它修修补补,在这座城池里留下属于自己的标志。这些标志层层叠加,最终成为金州历史与文化的有形积淀。

独上城楼景气幽,山环海抱旧金州。

涛声远送秋林外,日嫩风和不似秋。

这是清末民初时任奉天省省长王永江对金州古城秋天景色的赞美。

王永江是金州名士,当然,诗中所描绘的悠然、惬意的境界已经无处寻觅。但闭上眼睛,让思绪静静地回溯,仿佛眼前真的是一片黄花红叶山林,一番古色古香韵致;好似真的能看到城墙垛口,并且听到了城里天后宫大舞台传来的丝竹声,阎家街马车碾过石板的咯吱声,卖梨糕小贩儿的叫卖声,忠义庙里的钟声佛号,还有鸡鸣犬吠——甚至还能感觉到尘土的飞扬……

所有的都是那么遥远而祥和,连呼吸都是安静的。

王永江还曾经写过一首《魁星阁》,魁星阁是在金州古城东南的城垣上。

酌罢黄花酒数升,龙山凤岭不须登。

共君且向城头步,直到魁星阁上层。

1

从历史的角度说,大连是一个小渔村——青泥洼;旅顺是一个港——从汉代的沓津到影响近代中国命运的军港;而金州,则是辽南地区最古老的一座城。

金州的古老,可以追溯到两千多年前的西汉甚至更早。但金州成为一座真正的城池,则是从辽代开始的。

辽代在现今的大连地区设立复州和苏州(即金州),都归属于东京道辽阳府管辖,并在两州修建城池。但金州和复州一样,最初都是一个土城,只是规模要比后来的青砖包城大出一半。

土城的夯土筑城起于何时,已无记载。

这一点很重要,因为作为古代城市最最重要的一个象征就是城之墙。

现在只知道,洪武十年,金州守将指挥同知韦富开始组织兵民在原来土城的基础上修筑新的城池。

有人说,在辽天显元年(927年)设置苏州,治来苏县(大连金州区)时,这里就开始有了土城。

如果辽代就有土城,那么契丹人为什么会选择在这里筑城呢?会不会就是沿袭更古老的沓氏县城遗址来选址的呢?

这大概永远是一个谜了。

七百多年前,明朝的战舰乘风破浪抵达辽东半岛的旅顺口,大将军马云、叶旺始在金州设"辽都卫",作为征服元朝在辽东敌对势力的一个根据地。

洪武十年,金州守将指挥同知韦富开始组织兵民在原来土城的基础上修筑新的坚固的城池,城垣是用大块的青砖包砌而成。新的砖城周长3公里,呈繁体的"亞"字形,城外还有一条宽阔的护城河。

护城河围绕古城,沿岸垂柳婆娑。俯瞰古城,从南至北,由城楼、瓮城

金州古城之魁星阁

金州古城南门里的瓮城

和门楼组成了一条笔直的中轴线,高大雄厚的城墙和城台之上,门楼如鹰翼般宽大的飞檐,翘首欲飞。城门外砌有瓮城,瓮城里建有寺庙,城外有门,门内有城。每座城门上还有一座角楼,飞檐斗拱,气势巍峨。

古城的东南角上还有一座魁星阁,明嘉靖四十二年,都御史王之诰又添设角台四处。

金州古城因此而雄奇壮阔,素有"辽东雄城"之称,同时又是明代最大的卫城之一。

2

当年修筑金州砖城的意义何在?

明初的辽东,"地广袤,汉胡杂处,人性独悍,习俗尚武,争以涉猎为生,诗书礼乐之教,蔑然不问也"。而重修了金州城和复州城之后,城池气势宏伟,雄峙辽南,以便利的驿道与各地相连,与周围初成阡陌的村屯遥遥相望,从而开始改变辽南人迹罕至的荒凉景象。

换言之,曾经是赤地千里的古战场,朔风怒号的北国旷野,开始呈现人烟渐稠万物复苏的景象。

清乾隆四十五年（1780年），金州守尉巴彦泰又重修城垣，加砌砖石。

金州城在清代康熙、乾隆、光绪年间共重修过三次，每一次修缮都使它愈加雄伟坚固。历史上鼎盛时期的金州城南北长930米，东西宽760米，城墙高8米，顶宽3—4米。东西南北四门都是里外两道城门，城门板有一尺多厚，镶满大铁钉，坚固异常。

当年的金州城，可以说不输丽江古城的繁华，不逊平遥古城的雄壮。它承袭了中国古代建筑"方九里，旁三门，国中九经九纬，经途九轨"的基本精神，城墙院落趋方，道路南北贯穿。

随着古城修筑的完成，金州就确立了辽南中心城市的地位，清朝也沿袭了这一基本格局，例如清副都统衙门就设在金州，这是清朝军事体制副省级的一个建制。

金州城的衰落，是从甲午战争开始的。

1898年，沙俄强占旅大后，开始在旅顺建设军港。日俄战争后，关东都督府、关东厅也建在那里，由此旅顺成为辽南地区的政治、军事中心，金州的中心地位经历了第一次转移。

1898年8月，沙皇尼古拉二世发布敕令，在青泥洼兴建港口和城市，经济、文化中心也开始从北向南迁移到青泥洼，金州第二次失宠。

不管是历史选择还是人为设置，金州从此失去了辽南地区中心位置的光环。但是，金州并没有气馁或者抱怨，它还是一直默默地守望着，奉献着，就像母亲对待孩子那样无怨无悔。

百年大连，千年金州。当都市的喧嚣与繁华让人们内心无法安宁时，当城市因为快速发展、追赶时尚而迷失自己时，我们总习惯地回望一眼金州。

因为，大连的历史在金州，金州是大连的从前，是大连的根。

作为后人，我们应该感谢明朝地方官员韦富和王胜，应该感谢所有修葺和保护过古城的人们，他们为古城建筑的雄伟坚固做出了突出的贡献，让后人有了一个既坚实又踏实的家园。

这个家园，是物质的，又是精神的。

回眸这个家园，如果说金州历史上所经历的那些荒蛮、曲折和屈辱，已经让我们心潮起伏、眼眶潮湿了，那么，古城遗址的消逝终于让我们流下了那一行滚烫的热泪。

如今的人们，常常用手指抚摸着照片上的古城墙，禁不住会发出一声叹息：要是古城还在，那该有多好啊！

大连作家素素说："古城是历史留下的物证，后人可以通过一扇门，一面墙，甚至一棵树，领会一脉精神，追溯一方文化。"

金州城作为"辽南第一雄镇"，已不单单是冷兵器时代的一个军事城堡，它承载了许多战争以外的东西。历朝历代，无论人们用什么方式进城，进城之后总还要对它修修补补，在这座城池里留下属于自己的标志。这些标志层层叠加，最终成为金州历史与文化的有形积淀。

3

但1948年，却不再是修修补补，而是一场全民性、毁灭性的拆城运动。

先是拆城门，拆的顺序是东门、南门、西门和北门。然后是拆城墙。政府下了动员令，城乡百姓都来扒城墙。从乡下来的，还要自带干粮，自带牲口草料。就是说，城乡的车马人力，一律是摊派的。

就这样，拆了整整一个冬天也没有拆完。

第二年春忙时节，因为种地需要农具，有的只好雇车借家什来拆。两年过后，城终于拆得没有形状了。

整个金州城城墙只剩下东北隅的一点残垣断壁，后来也慢慢被城里居民垒墙搭窝地蚕食干净了。也有人说，最后一段即东城墙，原来是在403部队的西墙外，1995年修建城区主干路金华路时拆除了。

当年那一场拆城浩劫，拆的还只是城墙，并不包括城里的庙宇。古城里曾有14座庙宇，还有许多大户人家的四合院。自20世纪60年代开始，它们也被陆续列为拆除对象。

据说，城内许多庙宇的木料，被用来盖了区政府的招待所。

孙宝田所著的《旅大文献征存》一书就记录了这样一件事。

1950年在拆毁县城中心十字街的关帝庙时，负责拆毁的人们在庙前影壁旁的旗杆夹石下，又掘出一座古墓，可惜当时墓碣挖出来已经被人粉碎，丢弃在真武庙的院内。后来有人去寻找，只找到残石一片，上镌"赞善"二字。而逝者的姓名岁月等一概不知了。

查史书，"赞善"应该是唐代的一种官职。

关帝庙建于何时已不可考，有人说是在明朝韦富筑城之后，而这座古墓，则是在建庙的时候被夷平而埋于地下的，年代肯定更为久远。

金州博物馆内的金州古城复原模型

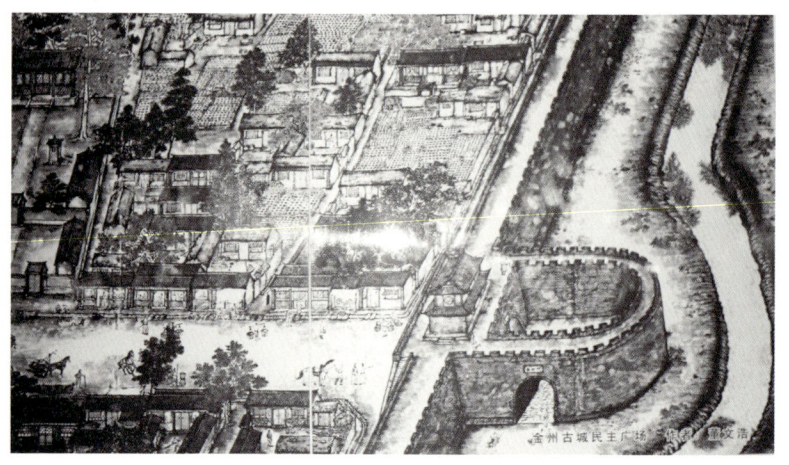

董文浩绘制的《金州古城》长卷画图（局部）

从古城走出来的大连作家徐铎，还记得当年拆除天后宫的情景。

他回忆，那时把一根粗粗的绳子绑在天后宫戏台的柱子上面，然后用60马力的拖拉机来拉，就这样，开始戏台子还是岿然不动，后来又动员不少学生一齐喊着号子来拉，轰隆一声，终于把戏台子拉倒，坍塌了。

天后宫是金州古城里最雄伟的一处建筑，就这样在"文革"中消失了。

也有人说，20世纪90年代之后的拆迁更为疯狂，例如天后宫和王永江故居、邵家大院等的拆除，还有老工业基地金纺厂房。

好端端的一座金州古城就这样渐渐被拆掉了。

有一个叫董文浩的金州普通铁路退休工人，历时37年之久，绘制出一幅《金州古城》长卷画图，画图上石桥、砖墙、小河、垂柳、百姓、炊烟……他把有关金州古城的记载都串联在一起，勾勒出一幅线条生动、好似《清明上河图》一样的画卷，活脱脱再现了一座繁华热闹的金州城。

除此之外，金州博物馆里还有一个古城复原的大沙盘模型。这是原金州博物馆馆长张本义领着馆员，历时两年时间用手工细细打磨出来的。

一个在图画中，一个在沙盘上，这是现在的人们通向古城的唯一途径。

城是拆了，但古城的气质还没有完全消散。在不足500米的西街上，仍能领略到些许古城风韵。现在这里有一个"金州老街坊"的牌楼，还有一些俗称"道士帽"式的清代店铺建筑。当年沿街的店铺有驴肉包、果子铺、馍馍铺、饭馆、杂货铺、药铺、烟馆，还有磨坊、菜市、羊市等。清代金州厅海防同知衙门就设在这条街的路北。当夕阳向大地洒下金色的余晖，整个金州城都披上了蝉翼般的金纱，柔柔地泛着丝丝神秘和古朴。

古城消失之后，金州城区里已经天翻地覆，社会生活进入了一个新的时代，今天的人们，该怎样了解和理解古城真正的意义呢？

现在，老金州人心里还是会珍藏着古城的模样，做梦的时候还会梦到。古城是他们的骄傲。在他们心里，金州城是永远也拆不掉的一座城。

神圣的庙宇和天后宫

> 对于一座城市而言，寺庙不只是一座座古建筑，更是城市空间构成的主要部分。这种空间构型可以增强城市的神圣维度，借此而对城市居民的灵性生活形成一种保障。对普遍具有信仰的古人而言，生活在一个没有神圣保障的城市中应是一件不可想象的事情。

金州民间曾流传这样一句老话：先有老爷庙，后有金州城。

传说在很久以前，渤海涨潮送来一尊铜像，村民打捞上来一看是关老爷，于是前拥后呼抬回村，要修庙祈福。

抬至村口井边，抬夫口渴要喝水，但喝完水，铜像却无论如何也挪移不动了。人们不敢强行搬走，便就地而安，募捐修庙。从此，金州城在关老爷的庇佑之下，逐步形成规模。

老金州人回忆，除了关帝庙，城内还有孔庙、会馆庙、真武庙、药王庙、永庆寺、地藏庙等许多庙宇。《旅大文献征存》一书中记载的就有如下庙宇：

永庆寺，在城北门外；

天齐庙，在永庆寺之东，又名岱宗寺；

药王庙，在天齐庙邻西；

刘猛将军庙，附于岱宗寺外院；

真武庙，在城内东北隅；

文庙（孔庙），原在城内西南隅，后移东南隅；

火神庙，在文庙之西；

城隍庙，在火神庙后街，庙之南院为戏楼，前院为子孙庙，东南院为何公祠；

财神庙，在城内东街，民务会、商务会设于庙之两旁；

忠义寺，在城内西北隅，俗称小官老爷庙；

玉皇庙，在城西门外。

对于一座城市而言，寺庙不只是一座座古建筑，更是城市空间构成的主要部分。这种空间构型可以增强城市的神圣维度，借此而对城市居民的灵性生活形成一种保障。对普遍具有信仰的古人而言，生活在一个没有神圣保障的城市中应是一件不可想象的事情。

在金州城的众多庙宇中，孔庙和天后宫在辽南都属于独一无二的建筑。

孔庙建于明代，康熙、雍正、乾隆年间几经修缮，庙舍颇具"儒风"，曾经是城里规模最大、保存最完整的一座庙宇。

孔庙的大院四周围墙外框都是清一色灰砖砌成，中间凹进去，平面粉刷朱红色涂料。走进正门有一座影壁，壁后地面整齐摆放几门古代铸铁土炮，院内几十棵百年参天松柏，一进院里，就有肃穆庄重的感觉。

据说，孔庙前面建有魁星楼。解放前这里住着不少乞丐，冬天在里面生火取暖，所以后来毁于一场大火。曾有人在墙上题诗记录说"惜哉惜哉魁星楼，楼里住着花子头，花子半夜生起火，送走魁星不回头"。

解放后，孔庙改做金县党校，"文革"中变成金县革委会招待所，后来拆掉围墙和大殿，又成了金县服装厂，20世纪80年代末，金州城区规划时，

在文庙举行的丁祭

金州忠义寺

金州文庙（孔庙）旧影

此处建成古城甲区住宅小区。

  天后宫是一组规模雄伟的建筑群，坐落在古城西南隅。这座供奉着海神娘娘的建筑，占地6000多平方米，曾经是我国北方沿海最大的祭拜海神庙宇。

  天后宫由前、中、后三部分组成。前部为山门和前戏楼，前戏楼分上下两层，歇山式飞檐，圆脊斗拱。

  中部为前大殿和东西配殿，前大殿为连脊硬山式建筑，前檐为双层木雕龙形挑檐，殿内为三层斗拱结构；全部大殿9楹20柱，殿前建有12米长、5米宽、中高的明台；殿内供奉着海神天后圣母的紫檀木雕像，典雅精致；东西两侧各有配殿1座，殿堂3楹，其中供奉着风神等雕像。

  后部分由后戏台、包厢、万寿宫和东西禅房组成，后戏台北对万寿宫，东西两厢配有回廊，其中万寿宫大殿高12米，宽20米，进深23米。整个建筑群深厚古雅，让人一见难忘。

当年天后宫竣工之际,监修者曾经四处布告,重金悬赏来征集匾额楹联。此事在金州城内外引起强烈反响,诸多文人墨客、名流儒士跃跃欲试,谁不想拔得头筹呢?悬赏的重金当然有吸引力,更重要的是他们都想借此宣扬自己的才学和名声。

到了夏至这一天,比试的擂台在天后宫的戏台上摆开了。戏楼四周的场地早已是人山人海,台上文房四宝均已备齐。只见一个个文人雅士拿着架子踱着方步走上台来,挥毫泼墨,骚首吟诗,写下一幅幅匾额和楹联。但当这些匾额和楹联挂上戏楼西侧让众人观赏时,大部分人都摇头长叹,觉得要么是文句不佳,要么是书法不妙,平淡无奇多,少有惊人作。

就在这时,只听得戏台下有一个人喊道:"让我试试!"众人循声望去,只见人群中走出一个男子,其貌不扬,灰头土脸,穿着一身沾满泥巴的衣衫,整个一个乡巴佬模样。这样的人也想试试?台上的文人雅士一片讥笑,而他身边的众多百姓却都呼喊着给他鼓劲。

金州天后宫前大殿

此人上得台来，自我介绍说是山东草民，自幼曾修过几日儒学，渡海来金州后，没了盘缠，只得四处佣工，今逢此事，只想试试，或许能得些银两作船资，便可回山东老家。

然后此人走到桌前，略加思索后，提起一支粗笔，挥臂写下四个大字"省观世迹"。戏台上端坐的雅士名流个个双眼放光，齐呼："好！""妙！"此匾额含义高深，富有哲理，正符合挂在高高的戏台之上；再看那书法，苍劲有力，古朴厚重，如斧凿刀刻，功力深厚。

一片叫好声之后，此人又提笔写下一副楹联：优孟衣冠假笑啼中真面目；骚人游戏小风流处大文章。笔未落定，台上台下已是一片赞扬之声。不仅书法好，楹联词句又富含哲理，末尾，见他落款是：乾隆己未长至日，即墨王丕纯题。

据说，王丕纯为山东名儒，在老家摊了官司，渡海来辽，资斧告罄于是杂于佣工之中，结果为金州留下一段真实的逸闻。

此匾额和楹联理所当然地被刻在了天后宫，此后，各地文人墨客慕名而来，欣赏楹联，临摹书法，连康有为来金州时，都曾到会馆庙驻足观看，观后也大加赞叹。

金州的老百姓更喜欢叫天后宫为"会馆庙"，因为天后宫除了供奉海神娘娘，还是山东客商的会馆。

明代，金州属山东布政司所辖，随着海上商贸往来的日趋兴旺，辽东与山东之间的来往客商逐年增多。一些从山东过来的客商已在金州客居多年，而常年往来于金州、登州之间的商贾就更多了。离乡漂泊的山东人最需要经常串联交流信息，最需要相互帮助和得到乡情的温暖。

于是，乾隆五年（1740年），山东船帮的客商们按股集资在金州城内修建了这座天后宫，内设山东会馆，后又改称"山东同乡会"。

1966年，天后宫前戏楼被拆毁，文物损失殆尽；1982年，除前大殿外，其余全被拆除另建学校；2003年，仅存的前大殿也被拆除。就这样，二百余年的老建筑灰飞烟灭，只有金州博物馆保存了相关的碑石、牌匾若干。

千年的文脉与灵魂

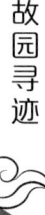

副都统衙门、火车站、博物馆

> 老建筑在金州历史舞台上,从隆重登场到悄然离去,曾上演过无数可歌可泣的故事,既有列强践踏的耻辱,也有民族抗争的壮举。通过这部物化的发展史,人们与历史对话,穿过时空阻隔,俯瞰金州历史的风风雨雨。
>
> 人类在建筑面前是渺小的,因为无数人走过的,都是那同一个门槛。

1

初次来到金州,向任何一个金州人打听副都统衙门在哪儿,他们都会热情地告诉你,那种熟悉程度就好像介绍自己家一样。倘若你恰巧碰到一个热心的老者,没准他会自愿做你的向导。

在古城遇到免费向导,并不是因为金州非旅游名城,也不是因为金州人"彪"(大连方言,意为傻),而是因为你要去的地方一直矗立在他们心尖上。不为别的,只是为了向外地人"显摆显摆"金州的古衙——副都统衙门,那可是当地人的骄傲啊!

金州副都统衙门确实拥有让人引以为傲的资本。它是东北地区、规模最大的古衙,也是目前国内保存最为完好的二品官衙之一。

清廷在金州建副都统衙门,是一种历史的必然。

清初,在各省要冲之地,八旗军都要设将军或都统。最初在辽宁境内是设盛京将军(从一品武官),下设盛京、锦州、熊岳、兴京四个副都统衙门(正二品武官)。

那时金州是设城守尉,隶属于熊岳副都统衙门管辖。

1843年2月,清政府将熊岳副都统移驻金州。金州副都统下辖金州协领(统领金州十二旗驻军)、盖平城守尉、熊岳城守尉、复州城守尉、旅顺水师营协领。

同年7月,清廷撤宁海县,设立金州厅海防同知衙门(文官五品)。

留意一下金州设副都统衙门的时间,就能觉察到清政府的"用心良苦"。

1843年，鸦片战争失败的阴影还萦绕在道光皇帝的心头。英国人用坚船利炮轰开了大清王朝的国门，古老的封建制度不可避免地惨败于新兴资本主义的挑战。战后，清政府吸取鸦片战争的教训，竭尽全力采取措施亡羊补牢。

金州副都统衙门，就是清政府安插在京津屏障——辽南地区的一道栅栏。

金州副都统衙门旧址，解放后一直到1999年，这里都是金县公安局所在地

一个正二品武官衙门，一个五品文官衙门，使金州在辽南地区军事政治中心的地位更加牢固。同时，这也注定了金州城在以后的战争岁月中，要经受更多的风雨袭击。

金州副都统衙门旧址坐落在古城东街道北，所以又叫"东衙门"。在金州繁华的街区中，这座古色古香的建筑特别显眼。院墙高大，青砖旧瓦，从衙门口向里望去，一股衙门深似海的肃穆威武之气就会扑面而来。

这是一座五进四重的大院落，占地1万余平方米，建筑面积1300多平方米，有建筑17栋53间。

古代天子、诸侯、卿大夫及州府官员等升堂听政都是坐北向南，因此中国历代的都城、皇宫、州县官府衙署也都是南向的。

金州副都统衙门也体现了这种坐北朝南、居中而治的设计思想，全部建筑沿中轴线对称排列，自南而北依次为大门、大堂、印务处、左司、右司等副都统机构，左右对称有厢房、耳房。同时，副都统衙门还体现出古代衙署"文左武右""前衙后邸"的建筑特点，最后一进为原副都统公馆，就是副都统本人日常生活起居的地方。

它是一座典型的明清时期风格的官衙建筑。

清朝规定："各省文武官皆设衙署，其制，治事之所为大堂、二堂，外为大门、仪门，宴息之所为内室、为群室，吏攒办事之所为科房。官大者规制具备，官小者依次而减。"这座老衙门基本满足了副都统办公、居住等需要。所有房屋都为砖木结构，青砖小瓦，拱门棂窗，巨木楹梁，气势宏伟，幽深肃严。

在清代宫廷戏中看多了衙门建筑，但是，真正置身于副都统衙门时，一切还都是新鲜的。青黑的彩绘、逼真的脊兽、红漆的门窗，为人们创造了身临其境的可能，让人仿佛看到留着辫子、穿着官服的清朝官员，在官衙内穿梭忙碌着。

据载，一百六十多年前的副都统衙门确实是十分忙碌的。

衙门设印务处、街道厅、折办房、档房、果什房（满语，即卫队的住所）等。印务处负责保管印章、管理档案、案件总查等；街道厅负责对旗民犯人进行拘留、捕缚；折办房负责管理、转送奏折。衙门分左右二司，各司配以司达、班达、誊录等官员。

那时的金州副都统，掌管金州、复州等辽南大片区域的军事、政治事务和旗人事务，其重要性可见一斑。

但金州副都统衙门并不是始建于清代，它的建筑历史可追溯到明代。

明洪武八年（1375年）设立金州卫，金州卫的治所就在金州城内东街。清朝初期，金州城内衙署仍沿旧制。康熙年间重修金州城，当时的统治衙署机关仍在东街。

乾隆二十七年（1762年）在这里增建大堂、川堂、科房、内宅、厢房等十余间。

1843年，又在以前的基础上修建了副都统衙门。

日、俄统治金州期间，均对金州副都统衙门进行了改建。较为明显的是，

金州副都统衙署旧址

二堂至三堂两侧的日式回廊及衙署西侧的两处耳房，就是日本殖民者改建的。

但是今天，我们所看到的副都统衙门却是一处仿古建筑。

2001年4月，金州区政府按照"修旧如旧"的基本原则，投资800万元，在原址上对旧衙署进行翻建，没有改动和增加新的现代建筑，只是抬高了地基和房屋举架。

虽然尊重"原著"，但毕竟出自仿古者之手，总能看出修改的痕迹。除了门口那方大连市"市级文物保护单位"石碑以及外墙上钉着的"原金州副都统衙门旧址"铜牌标记，其实古衙一切都是新的了。

更关键的是，那种风雨沧桑感已经没有了。

即使如此，我们投向古衙的目光依然充满着虔诚和敬畏。因为金州的古建筑已经拆得所剩无几，能留下一座用现代材料修建的古衙也算是幸事吧，更因为古衙的风骨还在，一砖一瓦都在诉说着有关金州的故事。

如果把一句老话套用在金州副都统衙门身上，就可以这样说："一座古衙门，半部金州史。"因为对于一座城市来说，文字永远都是二手记忆，而建筑才是记忆本身。

战争，是金州历史中最厚重的一块记忆。在狼烟战火中，金州副都统衙门的命运和金州紧紧拴在一起，它所经历的，也就是金州古城所经历的。

1894年，中日甲午战争爆发，金州城沦陷，副都统衙门官员撤离金州城。日本第二军司令部进驻副都统衙门，设"占领地总指挥部"，对金州实行军事统治。

1896年，俄、德、法"三国干涉还辽"后，金州副都统衙门又重新恢复。1898年3月，沙俄迫使清廷与其签订《旅大租地条约》和《续订旅大租地条约》，副都统衙门的辖区缩小至仅限金州城内。

1900年，沙俄强占金州，并将城内主要清廷官员流放国外，金州副都统衙门撤回奉天。至此，金州结束了设置副都统衙门57年的历史。

1905年，沙俄在日俄战争中战败，金州又成为日本的囊中之物。日本人为了维护在金州的殖民统治秩序，在副都统衙门设立金州警察署。

1945年12月，金州这座古老的大衙门才真正回到人民手中。之后，金县公安局在这座官衙里办公长达半个多世纪。1999年，金县公安局迁出；在新世纪的第一个春天，古衙门被拆掉重建。

这就是副都统衙门在金州历史舞台上从隆重登场到悄然离去的始末。作为历史的见证者，副都统衙门曾上演过无数可歌可泣的故事，既有列强蹂躏的耻辱，也有民族抗争的壮举。

这里曾是甲午战争中金州保卫战的指挥所，就在这座大堂里，直隶正定镇总兵徐邦道与副都统连顺共商作战计划，发布一道道抗日守土的命令；这里还曾是关押三名日本间谍的地方，在甲午战争反间谍战中留下了值得称道的一笔……

2

也许你不知道，算起来，金州老火车站已经有着一百二十年的历史了。

金州火车站1898年由俄国人兴建，1903年建成，那时，全中国有几个火车站呢？1904年2月，日俄战争爆发，金州火车站营运不到一年就被"转送"到日本人手中。

1906年，金州站改头换面，改属南满铁道株式会社经营，时称"金州驿"。1917年至1921年增筑复线，站内线路也进行改道重修，缩小了线路弯度。1935年，站内又增建一座雨棚天桥。

1915年，为了运送物资的需要，日本人又修建了金州至城子疃（今城子坦）铁路，又名"金福铁路"。这条铁路是关东州内唯一的私营铁路。金福铁路于1927年正式开通，据史料记载，金福铁路成了辽东半岛黄海沿线的重要物资运送通道，主要运送的物资有花生、大豆、豆粕、家畜、大米、石材、矿石、鱼类和盐等等。

理所当然地，金州站成为辽东地区重要的交通枢纽。

1903年，金州火车站落成时，是单层俄式砖木结构建筑，面积仅为508平方米，由沙俄关东省铁路公司管辖，是个四等车站。营运初期车次很少，乘客除公职人员外，多为富户商贾，一般民众乘车者寥寥无几。

1938年，金州火车站站舍毁于一场大火，后日本人重建了金州站。新站舍主体为双坡屋顶，正面横向"一"字形展开，主入口中央部位矗立一方塔，强调了建筑体量的竖向结构，是一座很有特色的小品建筑。

金州火车站刚建成时，屋顶没有任何的装饰，后来按中国传统建筑风格做了改动，檐部采用琉璃瓦装饰，正脊两端和垂脊加了六兽。此后，金州火车站又经历了好几次整修。

1945年，苏联红军解放旅大，金州火车站又改由苏军管理经营。直到

金州火车站老照片

金州火车站新貌

1952年，金州火车站才交由中国管理。虽几易其手，但金州火车站还保留了日方所建时的风格。尤其是那尊突兀的方塔，孤独地矗立着，赋予金州火车站别具一格的特色。

金州火车站位于金州城南，在金州古城没被拆除之前，一条南门外大街将两者相连。因此，金州人习惯上是把金州火车站地区称为南站地。

现在，金州新火车站已经矗立在宽阔的站前广场南侧，新站建筑面积为1938年站舍的16倍。

那个经历一百二十年风雨的老车站，将逐渐淡出人们的记忆。

火车站附近还有一个别名，叫"大衙门下"。

在日本殖民统治时期，"金满铁路"建成后，日本人在火车站前一片旷野上大兴土木，修建了工厂、学校、洋行、旅社、饭馆、民房，等等。古城金州的第一条柏油路和第一个发电所都诞生在火车站周围。

1927年，金州民政署从老衙门搬到金州火车站北边，所谓"民政署"是日本统治时期设立的一种行政机构。

火车站附近成为金州老城一处新的繁华之地。"大衙门"就是指民政署，它与火车站比邻而居，于是那一片就得名"大衙门下"。

当年的这个大衙门在金州火车站广场右侧，几棵高大的绿树掩映之中，是一栋很别致的砖混二层小楼。

这栋小楼如今色彩和样式都有点老旧，它的气质与现代并不相符，好像

金州民政署旧影

一个穿着高领旗袍的女人,那种美丽,只属于一个特定的时代。

拾级而上,大门旁边镶嵌着一块牌匾,镌刻着如下文字:"大连市重点保护建筑,金州民政署旧址,建于1927年,和风欧式建筑风格。1945年8月,为苏军驻金州警备司令部。"算起来,这是一栋近百年的建筑,也是金州历史的一个见证者。

当年,这栋楼是日本人用以控制整个金州地区的中国百姓并对之实行暴力管理和奴化统治的大本营。金州民政署管辖16个会事务所,组织结构严密,下设财会课、经济课、庶务课,附设的社团组织有道路组合、渔业组合、果树组合、产马协会、棉花协会、农会、寺庙相助会等等。

1945年8月,日本投降,金州民政署这一机构随即消失。苏联红军在这栋二层小楼里设置了警备司令部。新中国成立后,它成为解放军某部干休所和俱乐部,后来,又变成一家饭店,直到今天。

3

有人说,没有博物馆,城市将变得贫穷。

金州是富庶的。因为它拥有一座具有八十年历史的博物馆,馆内珍藏陈

金州博物馆旧馆址如今已是一个门诊部(郭德昌/摄)

①双龙戏珠铜香炉　②鎏金铜佛像
③金州明代的青花人物碟
④文殊菩萨石像　⑤铜犁镜范
⑥百鹿尊　⑦"三阳开泰"瓶

列着有关金州城所有可以追溯的记忆。

金州博物馆的新馆在金州北三里，很气派，一方大石横卧在大门口，上面刻着郭沫若题写的"金州博物馆"五个大字。人们在享受新馆气派与宽敞的同时，还是忍不住怀念博物馆的旧馆。

对于只收藏昨天的博物馆来说，把它安放在一个古旧房子里更合适，例如旅顺博物馆。

金州博物馆旧址位于向应广场北侧，是一栋很显眼的小楼。

即使现在已经成为一家门诊部，即使身前的向应广场挤满了卖煎饼果子的摊位，也丝毫没有减弱它独特的气场，甚至成为它鹤立鸡群的一种陪衬。

窄而长的窗子，浅蓝色的双坡大瓦屋顶，圆弧形的门廊，无论是色彩还是风格，都让这栋小楼特别耀眼。如果赶上晴天，小楼红白相衬，就像伟人那句诗词描写的那样："看红装素裹，分外妖娆。"

这栋砖混二层小楼，和金州火车站附近的民政署旧址风格十分相似，它们也的确是一个时代的作品。1928年，日本人在金州建造了这栋小楼，作为金州会事务所的办公楼。"会"是日本统治旅大地区时设置的一个行政机构，级别相当于"镇"或者"区"，是金州民政署的下一级单位。

当时，金州民政署管辖的16个会事务所包括：金州、阎家楼、大朱家、七顶山、二十里堡、刘家店、岔山、玉皇顶、黄咀子庙、董家沟、大孤山、小孤山、马家屯、南山、大连湾、南关岭等。各会设中国人会长1人。

金州会事务所改建为金县博物馆，是在1958年。此前，它曾是金县政府办公楼。这座金县博物馆，是东北地区第一座颇具规模的县级博物馆，就是时至今日，中国有多少县会有博物馆呢？

金州博物馆好像一个洞，里面储藏着许多关于金州历史的秘密。博物馆在建馆几十年的时间里，集中了一批丰富多彩、品类较细、几乎涵盖了各个历史年代的文物。现馆藏文物6000余件，其中一、二、三级文物600余件，大多数为金州地方历史文物。

曾经，这栋二层小楼因为是博物馆的所在地，着实辉煌过，每天，有不少人慕名而来，去触摸和感受金州的历史。在来来往往的人流中，肯定会有人注意到这栋陈列金州历史的建筑，感叹一下它的别致和独特。

在金州博物馆中，先人遗产、文化的脉络被谨慎而又恭敬地收藏着。这些古老器物，记录着历史长卷中金州人的点点滴滴。能拥有这样一座博物馆，是金州人的福分。

说到这栋建筑，还应该说说原金州会会长曹世科。

曹世科是金州本地人，他幼读私塾十年，秉性端庄，奉母至孝。平素愿与文人学士纵谈古今，考究金石，在绅商中颇有声望。也许正是这个原因，1910年他被推选为金州城内西街街长，1914年任金州会副会长，1924年任金州会会长，就在这幢小楼里办公。

曹世科当选为金州会副会长之后，就开始筹建金州的第一个图书馆。在王永江、曹德麟等金州士绅的支持下，曹世科创办了金州会简易图书馆——"俾有志于学者，勿论谁何，得以随便披览，以增进社会之文化"，并首先将自家的藏书拿了出来，作为简易图书馆的馆藏。

在此后的十几年里，金州会简易图书馆的藏书规模逐渐增加，先后得到了著名学者罗振玉、王季烈、许学源等人的捐赠。

1932年，图书馆更名为南金书院图书馆，其藏书总量达到3万册，成为东北地区规模最大的县级图书馆。

1927年，山东旱灾、蝗灾并起，大量灾民从山东由海路流往东北腹地。此时，辽南遍地都是来自山东的饥荒灾民，饿殍载于道。

曹世科在金州倡议义捐，并拿出自己的家产设立粥厂，面对如流水般源源不断的山东灾民，日夜不停地放粥。他自己亲自坐镇粥厂检查督促，保证过往灾民不至于因为饥饿和疾病而死。

1929年，曹世科邀请当时正在旅顺隐居的著名学者罗振玉赴金州讲学，前后历时3个月，每月两次。在金州会简易图书馆主讲《论语》，一时听者如云，成为近代金州学术界的美谈。后来，又将罗振玉的讲稿编辑为《金州讲习会论语讲义》。这件文化盛事的策划者和推动者就是曹世科。

1930年，曹世科倡修《金州志》，邀请了刘心田、阎宝琛、郑有仁、李义田等饱学之士参加。历时5年之久的艰苦编纂，在《金州志》终于有了一些眉目的时候，由于种种原因最终没有刊刻发行，仅仅留下了残缺不全的《金州志纂修稿》流传于世。

这一部包括22门类的手稿中翔实地记录了金州的历史人文、风土人情，至今仍然是地方史研究者重要的参考用书。

金州曾出过一个开国中将叫万毅。万毅8岁时，全家从四十里堡搬到金县城里。一次住在对面的曹世科来万毅家的杂货店串门，看到小万毅写得一手好毛笔字，于是就把他推荐到奉天财政厅当职员。

于是，万毅走出金州来到奉天，后来在财政厅因庶务股长出事而被解雇，又考进东北军，最后成为共和国一代名将。

1945年日本投降后，曹世科担任金州维持会首席委员。同年12月金县政府成立，曹世科被选举为金县首任县长。1949年3月因病辞职，同年9月病逝于金州。

按时间推算，曹世科在金州会事务所办了近二十年的公差。倡议修纂《金州志》、组建社团发行金州文史资料及倡议重修孔庙这几件大事，应该都是在那栋小楼里酝酿的。

建筑无言，无论是经历过辉煌或者伤痛，它都以沉默的方式应对。恰恰是这种沉默和隐忍，让金州副都统衙门和阎福升故居这样的建筑越发显得厚重。人类在建筑面前是渺小的，因为无数人走过的都是那同一个门槛。

阎福升和他的老宅

> 他受命于一个外强中干的昏庸王朝，又赶上一个外敌入侵的年代，接管的又是金州这个兵家必争的要塞。我们想象不到阎福升在接到圣旨那一刻，他的心里到底是喜是忧？当他俯视朝服上寓意"江山永固"的刺绣图案时，血热衷肠还是翻江倒海？

1

阎福升原名培元，字锡三（所以也可以叫阎锡三），祖籍是山西太原。清康熙年间阎家迁入金州城，那时山西的乔家大院还没开始建。阎福升父亲阎邦鼎，官至户部陕西郎中，位居五品，隶属汉军镶黄旗。

原来我以为，阎福升是古城里留守的最后一位副都统。

但后来有人考证，阎福升之后还有几位官员也被任命为金州副都统，不过没来金州上任，因为那时金州城已经落入俄国人手中。所以这些官员们一直住在奉天城里，顶的官衔却是金州副都统。据说有六位之多，一直延续到1914年，坐吃朝廷空饷。

据一些资料记载，阎福升善骑射，有胆气，但仕途不是很顺，所以直到50岁那年，才被朝廷任命为金州驻防的八旗佐领。佐领一般就是一个四品官员，统领着百十余人的旗兵。在剿灭乡下高习恬起义过程中，他曾经有过单骑赴敌营劝降的勇敢举动，因此后来又被提拔为金州水师营右翼协领，这时已经是三品官了。

甲午战争爆发后，在那场血与火的金州城保卫战中，作为协领的阎福升身先士卒同日军激战，最后脚部中弹，被士兵救下。

1896年1月，俄、德、法"三国干涉还辽"后，日军撤出了金州。清军毅军来接收金州、旅顺、复州、庄河厅。接收之后，朝廷下旨任命阎福升为护理金州副都统，来收拾这个烂摊子。

以往的金州副都统有两个特点：都是旗人即满族人，都是朝廷下派即现在所说的"空降"。

阎福升任护理副都统这一次完全不符合这两个特点。我估计，是朝廷中没人愿意来。甲午一战，人人都知道金州这地方太危险了，只好在本地的汉军镶黄旗中破例提拔了阎福升。

所以真正是"受任于败军之际，奉命于危难之间"。

"护理"，其实就是代理的意思，而清代的"护理"二字，又是专指下级代理上级职务。清代《六部成语注解订正》称："凡各官以下理上，以小理大，护其印务，皆曰护理。曰衔职相当者，则为署理。"

因此可以判断，阎福升护理副都统的时候，还不是正二品官员，带有试用意味，也可以说有其名无其实。

1899年农历九月初五，阎福升打给朝廷的请款奏折中，陈情因"城外尽归租界，昔日进项今则毫无，官吏书役，办公无措，恳请酌给津贴以资当差"。

看看，连办公经费都没有了。这份奏折现存于金州博物馆。

经过战火洗劫，失而复得的金州副都统衙门其破败窘况可想而知，这就不难理解阎福升在得不到朝廷拨款时，为解决军粮不足，竟动用家资以充军饥，并筹资修补了一部分甲午之战时被日军炸毁的金州城城墙。

首先是为官一任的责任感，其次是的确有这个实力。因为阎家在金州是名门望族，当年号称"阎半城"。据说那时阎家就有13栋房屋、60余间厅堂居室的大院落。

但是阎福升任这个护理，实在不是时候。

他受命于一个外强中干的昏庸王朝，又赶上一个外敌入侵的年代，接管的又是金州这个兵家必争的要塞。我们想象不到阎福升在接到圣旨那一刻，他的心里到底是喜是忧？当他俯视朝服上寓意"江山永固"的刺绣图案时，血热衷肠还是翻江倒海？

他上任护理时，日本人刚走，接着，沙俄就来了。老金州人讲："大鼻子小鼻子，都不是好鼻子。"

当时的大背景是，1898年沙俄以逼迫日本归还辽东半岛有功为借口，强迫清政府签订《旅大租地条约》和《续订旅大租地条约》。条约规定：清政府旅顺口、大连湾及附近水面租与俄国，租地内的军政大权统归俄管，中国军队不得驻扎界内；租地限期25年，期满后由两国相商可以延长租期……

这原来可都是金州副都统的辖区，再度受制于人，怪不得没人愿意来当这个副都统。后来，阎福升的副都统衙门辖区仅仅只在金州城区之内了。

俄国租地之后，在旅顺设置关东州厅。1903年8月又在旅顺不到一平方公里的范围设置远东总督府，为俄国远东地区的最高统治机构。

就是这个形同牢笼的古城也没保住。

1900年7月27日，旅顺的关东州上校格罗姆切夫斯基突然率兵进入金州古城，借口"古城里有义和团活动，清朝官员欲暴动"，在清朝官员们还没来得及做出反应时，就将阎福升和协领富伦、海防同知马宗武、训导王奉琛、巡检汤询等作为人质，悉数捕拿。

此前，沙俄海军上将、关东州总督阿列克谢耶夫曾派外交专员科罗斯托维茨、外交办事处秘书季杰曼和罗索夫大尉来过金州城，会见了阎福升等地方官员。他们企图用一纸协议，将金州城也划归到租借之内，但是遭到阎福升等人强烈反对。沙俄阴谋没有得逞。于是阿列克谢耶夫恼羞成怒，终于派人用刺刀强占了金州城。

这里还有一个小插曲。格罗姆切夫斯基率军诡称"金州城内匿有义和团"，实际是借以寻衅滋事，并在南山架起大炮，声言要炮轰金州城。城内居民一片惊慌。这时南山乡绅刘心田闻知，挺身而出，急奔俄营，以身家性命担保城中并无义和团，并甘为人质留在俄营。沙俄派兵进城，抓捕了阎福升等官员后搜索，果无义和团，终将刘心田释放。

四天之后，阿列克谢耶夫亲自来到金州城视察，指挥沙俄军队在金州城内设置了3座炮台，配备了8挺机枪，架设了51门大炮。而此前一个月，俄军就已经开始修筑南山炮台了。

阿列克谢耶夫是沙皇亚历山大二世的私生子，在沙俄宫廷之中拥有很大势力。随后，阿列克谢耶夫又将清朝在这里设置的金州厅改为了"关东州金州市"，将金州城作为俄军向北推进的一个军事要塞和桥头堡。

由此，古城正式沦为沙俄殖民统治地区。

阎福升等人先是被押往旅顺，后来又被辗转流放到遥远的库页岛。

去往库页岛，是相当漫长的也是一段九死一生的艰难旅程。如果走海路——从旅顺口登船，要绕过朝鲜海峡，走日本海，然后北上经过鞑靼海峡才能到达，一路狂风巨浪。

被沙俄称为"萨哈林岛"的库页岛名称来自满语，是"黑"的意思。该岛位于黑龙江（阿穆尔河）出海口东部，东面和北面临鄂霍次克海，面积相当于两个台湾岛，本为中国领土，1860年《中俄密约》签订后，沙俄逼迫清廷割让该岛。这里气候寒冷，冬季长达6个月，平均气温 –19℃——–24℃，北部封冻达8个月之久。岛上森林覆盖，沼泽遍布。

可以肯定的是，这是一段九死一生的艰难旅程。

临行前，阎福升对家人说："吾个人生死无足惜，为国捐躯乃吾之分内事也，尔等毋为吾忧。"囚禁期间，沙俄对阎福升胁迫虐待，但阎福升始终坚贞不屈，将生死置之度外，恪守民族气节。直到1901年9月7日，中俄《辛丑条约》签订后，他才获释回到金州。

花甲之年遭受外族流放的屈辱，再加上冰天雪地里的折磨，让阎福升身心受到重创。回到故乡的他一直在老宅休养。1907年9月，67岁的阎福升含恨离世。

也有资料说，由于金州城被占领，清朝廷把金州副都统衙门迁至奉天（今沈阳），以"金州副都统办事处"的名义继续行使副都统权力。他从库页岛归来不久，就来到奉天办事处上任，最后死在任上。

这一说，阎福升可谓"鞠躬尽瘁、死而后已"的一个官员形象了。

1937年，阎福升的儿子阎传绂已经是伪满洲国吉林省省长。他回到古城时，请来了前任金州海防同知谈广庆的儿子谈国恒。谈国恒那时是张作霖的"文胆"和重要幕僚，擅长书画和写作——两人为阎福升立了一块《神道碑》，谈国恒在碑文中曾经这样写到阎福升：其不畏义死，不荣幸生，大节凛然而不可夺，可谓铁中铮铮者也。其艰苦卓绝之操，足以风当世焉。

可惜，这通原立于金州北平山麓的石碑以及阎福升家族墓地，在20世纪50年代时，因为阎传绂曾任伪满洲国司法部大臣被视为汉奸的缘故而被毁掉。

2

许多老金州人都在惋惜古城、古衙、古建筑的消逝，惋惜那些口耳相传的金州老八景，现在还能看得到的老建筑，也许只有阎福升故居了。

之所以称阎福升故居，是因为这座老建筑曾经的主人是阎福升，阎福升的儿子阎传绂也曾在这里居住过。虽然还有其他副都统也在这里居住过，但阎福升是被历史记录下来的人，自然不同。

在金州古城的老地图里，有一条街叫阎家街，实际就是以阎福升旧居命名的。可惜，这条阎家街只有在老地图上才能找得到。古城里以前的街名现在已经被一些莫名其妙的街名给取代。

所以，现在的阎福升故居，在重新翻修的副都统衙门后身，或者说，在拥政街和建民街交叉处。

日伪统治古城时期，这里是阎家街919号地。

这幢建于清道光年间、曾占地2000多平方米、极具典型北方四合院风格的清朝官宅式建筑，如今我们能看到的仅仅是阎家老宅前厅的七间正房，

阎福升故居原貌

阎福升书法真迹

或者说是一个门脸，后边庭院深深的老宅子都已经拆掉了。

当年堪称官员私邸典范的老宅旧貌，现在只能凭借文字描述去想象了。

据资料记载：阎氏故居是三进院落，共有房屋70余间，以二进院门为中轴线，正厅、前厅、侧厅、厢房、门房等建筑物左右对称分布，四合院外有由仓库等房屋围成的外院。1947年旧居部分被改造，辟为金州的三八小学校。现仅存前厅七间正房。

这前厅七间正房原来成为小学的一个门脸，中间是可以穿过去的，老人们可以坐在屋檐下打滚子。瓦当上的花纹历尽风雨斑斑驳驳，屋顶鱼鳞瓦上长着蓬勃的茅草，六根廊柱和门窗的油漆早已脱落木纹显露，像一个满目沧桑的老人。前些年一次火灾还烧了屋顶，最可惜的是，门前那两棵百年以上的芙蓉树被烧毁了。

火灾后有关部门重修了阎福升故居，修葺后的故居仿佛就是一新的仿古建筑。但是知情人说，格局，包括一些材料都是原来的，严格按照"修旧如旧"的原则。

重修后的阎福升故居用铁栅栏围挡起来，门前还立有"阎福升故居"石碑和"大连市文物保护"标牌，我们只能在铁栅栏外向里望去，想象当年进出此院时的人物神态。

现在这七间正房，青砖灰瓦、砖木结构，一溜六根红色廊柱，南墙齐腰以上一面皆窗。窗又分上下两部分，上为支窗，下为摘窗，上则可以上下翻翘推开，是以菱形窗棂做装饰，以若干立柱分割，十分精美。

过去老宅的二进院现在成为一个空阔的小广场，总有一些老人喜欢来这里打拳健身，或者坐在大树下，慢悠悠地回味当年金州老城的逸闻趣事，讲述这栋老宅子和阎大臣的故事。

据阎家的后人回忆，按家谱，阎福升之后阎家的传世字是"传、家、承、善、树"。所以他的儿子叫阎传绂，阎传绂之后是阎家驹，阎家驹之后是阎承安……

阎家人如果在，现在应该是"善"字辈和"树"字辈了。

据锦州退休教师康长君老人回忆，她小时候就在阎家大院里长大，姥爷名叫阎家相，看来她是阎福升几个弟弟的那一支。当时阎福升这一支的传人是阎传绂，而他弟弟的这一支传人叫什么没人知道，康长君只知道都叫他"大老爷"，是前清秀才，一个职位不高的官员，为人正直，很有才干，可惜英年早逝。大老爷的妻子曹氏，就来自有金州"曹半坡"之称的曹家，这样算上阎福升夫人夏氏，金州城里的"阎半城，曹半坡，划拉划拉没有老夏家一半多"的阎、曹、夏三大户，都有着转圈的联姻亲戚关系。

曹氏识文断字，康长君回忆：因为是旗人，她头发梳在头顶上，总穿一身黑旗袍。因为身体不好，几乎总躺着，有太阳的时候，坐在窗台边晒晒太阳。还曾经教过康长君识字吟诗，还供了两个家庭贫困的女孩读金州女高。

她的儿子叫阎家相，早年也曾赴日本中学留学，因为父亲去世早，为给母亲分忧，无奈辍学回乡经营祖业。据说他从日本带回来苹果树的优良品种，在金州乡间种植数千株，造福一方。

但阎家相40多岁就去世了，其妻李氏守着年事已高的婆母寡居在这老宅里。李氏育有一儿一女，女儿就是康长君的母亲阎雪勤。阎雪勤19岁出嫁，夫家就是当年金州赫赫有名的康德记药房的东家。

这样看来，所谓阎福升故居，在阎福升之后，阎传绂曾短暂地居住过。后来阎传绂在日本留学12年，回来就当上伪满大臣，回到老宅的日子应该极少。那么在这里居住过的，应当是阎福升弟弟那一支的后人。

阎家大院里发生的故事，无疑就是金州古城版的《大宅门》、《乔家大院》和《橘子红了》，也是百余年来辽南地方乡土文化的一个典型缩影。

我相信阎家的后人无论在哪儿，肯定会常回故居来看看的。

现在老宅院子里最珍贵的，就是后身小广场的古树了。几棵古银杏的树龄，应该比阎福升的年龄大，比大黑山石鼓寺的那棵银杏老。其中有一棵雌雄合体的银杏，高大威武，深秋时节一地黄叶，由于历经沧桑，更显得十分凄美又富有诗意。此外还有一些皂角、枫树、臭椿、枣树，也都是白发苍苍的年龄。那棵穹枝虬干、硕果累累的枣树,秋天时节最能吸引住过往行人的目光。还有就是东西两边各有一个盘根错节的紫藤,这原来是在二进院甬道两旁的,也是北方难得一见的藤本植物,春天紫色的花开像葡萄串一样,现在已用铸铁栏杆保护起来了。

从这些古木可以看出当年阎家对老宅子的心血,而古木老树又使得这一小广场气度不凡,气质高雅。这也是金州老城古木硕果仅存的一块宝地,也许只有在这里,还能得以窥见当年古城的一丝风貌。除此之外,我们只能靠想象来回忆古城了。

所以,这一片小广场太需要好好规划和改造一下,使之成为一个传承古城文化的窗口。

老宅——金州古城最老的老者,默默地守望着这一片山海和土地。

关向应在广场注视着我们

> 向应广场中心,有一尊雄伟的关向应铜像。在金州人的意识里,从古至今,护祐这座城的都是关将军。只不过现在的关将军,不是那个红脸长髯、手持青龙偃月刀的关云长,而是持枪跃马、眉宇清秀的关向应。他是从金州古城走出去的共和国将军。

1

如今古城早已拆没了,连一块大青砖都找不到。现在金州老城的中心是向应广场。

向应广场中心,有一尊雄伟的关向应铜像。在金州人的意识里,从古至今,护祐这座城的都是关将军。

只不过现在的关将军,不是那个红脸长髯、手持青龙偃月刀的关云长,而是持枪跃马、眉宇清秀的关向应。

他是从金州古城走出去的共和国将军。

这尊由鲁迅美术学院设计的关向应戎马铜像,高8米,用铜4.8吨。关向应身着八路军灰土布军装,胸前佩挂望远镜,斜背驳壳枪,跨着一匹昂首长嘶的战马,左手胸前,右手挽着马缰绳,那马右前蹄跃起,威风凛凛。

向应广场万余平方米,铜像的座基是用花岗岩砌成的九级石阶,阶台202平方米,石阶四周种植着长青地柏。拾级而上,是4米高黑色花岗岩底座,底座正面镌刻着毛泽东同志题写的挽词:

忠心耿耿,为党为国,向应同志不死!

底背面,是关向应戎马铜像铭文:

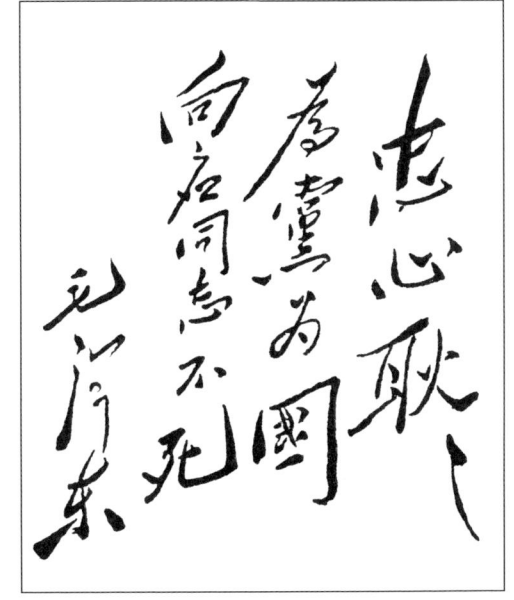

毛泽东主席为关向应的题词

关向应,原名关治祥。满族。一九〇二年九月十日生于大连市金州区向应乡关家村大关家屯。一九二四年加入中国社会主义青年团,一九二五年加入中国共产党。曾任中共六届中央政治局候补委员、中央政治局委员、中共中央军事委员会书记、中国共青团中央委员会书记、中华苏维埃共和国临时中央政府中央执行委员、红二方面军政委、八路军一二〇师政委等职。一九四六年七月二十一日病逝于延安。在长期的革命斗争中,关向应历尽艰辛、鞠躬尽瘁,为我国青年运动和工人运动的开展,为党和人民军队的建设,为革命根据地的创建和巩固,为争取中国人民的解放事业和共产主义事业的胜利,建立了不朽的功勋。

家乡人民为缅怀关向应的光辉业绩,从他的革命精神中汲取前进的力量,踊跃捐资建立本纪念塑像。

关向应的英名永远铭刻在全国各族人民心中!

中共大连市金州区委员会　大连市金州区人民政府
公元一九八八年十月

铭文上说,这尊铜像是家乡人捐资塑的。铜像当时造价30万元人民币,古城群众自发捐款达到12万元。要知道,那是在20世纪80年代初。

如今,关向应戎马铜像设立处已被列为大连市首批爱国主义教育基地。

2012年11月26日，金州人突然发现关向应铜像被红布包裹起来了，人们都纷纷打探，很是关切，这尊铜像是要搬走吗？

原来，是向应广场和斯大林路修建地下人防工程，要把铜像临时运到向应街道的关向应纪念馆存放。由此，在向应广场矗立25年的关向应戎马铜像荣归故里。算起来，这也是关向应在阔别家乡88年后的首次回家省亲。

时隔不久，向应广场地下人防设施修建完毕，关将军铜像又重新回到了这座广场。

2

向应广场的位置，是当年金州古城南门即承恩门瓮城所在。

也就是说，向应广场身后是原来的金州古城区域，身前为金州解放后的新城区。所以古城人把向应广场作为一个地标、一个城市中心点来看待。

每天，都有许多古城老人到这里来散步看风景，这里也的确有风景。

关向应铜像左右是几株高大的法桐，郁郁葱葱，冠如华盖。后身即北侧，有一栋十分洋气的小楼，窄而长的窗子，浅蓝色的双坡大瓦屋顶，圆弧形的门廊，无论色彩、风格，都让这栋小楼特别耀眼，在古城里独树一帜。

是的，这栋和式欧风的砖混二层小楼是1928年日本人建的，当时作为金州会事务所的办公楼。解放后到1958年，这栋小楼又曾是金县人民政府办公楼，后来是东北地区第一座颇具规模的金县博物馆，现在则是一家门诊部和大药房。

身份虽然换了几次，小楼的优雅气质还在。就像一大腕，虽然从舞台上退下来了，在巷子里遛弯遛鸟，但那名角的范儿还在。

关向应铜像正面即南侧，就是古城的中轴线斯大林路。其实这条街，我认为应该叫向应大街。这里是最繁华的商业区，地上地下，人来人往，车水马龙。

多少年来，关向应铜像就这样静静地注视着家乡的变化。

除了这尊铜像外，古城还有以他的名字命名的向应中学、向应公园以及向应街道。

家乡以他的名字命名的这些地方，都是直呼其名而省略了姓。就像当年奶奶叫他"喜麟子"，乡村伙伴叫他"治祥"一样，显得不生疏，亲切而又眷恋。

1989年7月21日，金州区政府在向应广场的戎马塑像落成之时，将始建于1949年的金州公园更名为"向应公园"。据说这里最早是一大片湿地，解放后被挖成一个人工湖，所以早年间就叫"人工湖"。

向应公园是古城市民休闲的一个好去处，最吸引人的，是夏天公园里四万多平方米的荷花池，很多摄影发烧友都喜欢到这里拍照。向应公园又是亲子的好去处，那里有植物迷宫、欢乐栈桥、鸟笼广场、少儿之家、儿童书屋等等。

不知孩子们以及年轻的妈妈们，是否还知道向应这个名字和他的意义。

如今矗立在金州向应广场的关向应铜像

3

关向应出生所在地关家村，原属于金县亮甲店镇，1961年为纪念关向应，划出来单独成立了向应人民公社，现在改为金州区向应街道。

向应街道早就有了"中国北方最美乡村"的美誉，先驱故乡，已经成为一处4A级红色旅游胜地。这里又是中宣部首批百家爱国主义教育基地之一，也是大连唯一的红色旅游基地。

向应旅游主打"红加绿"。

绿色的乡村游包括了向应城西村的菊兰园，小黑山东南麓的紫云花汐薰衣草庄园和温家沟的小黑山爬山路线，还有小关屯东山青铜器时期小石棚……人文景观和自然美景多在这一条线上。所以附近的农家游做得红红火火，风生水起。

但红色的关向应纪念馆，始终是其中的核心灵魂和历史基因。

关向应的妹妹关运兰曾经这样回忆当年关向应出走时的情景：

关向应

向应离家那天,父亲生气没有送他,妈妈领着我哭着送到三幢碑。他对母亲说:"我走后你别想我,就是想也不要乱想,我不会死的,也不会做什么丢人的事。父母把我养大,供我念书,我一定会叫你们过上好日子的。"

关向应实现了诺言,而且在自己百年之后,依然在为家乡人谋福祉。

关向应纪念馆,坐落在向应街道关家村大关屯173号。

这一年,我两次来瞻仰向应纪念馆。第一次是秋色斑斓的时节,从沈大高速再到201国道,过亮甲店之后就是向应街道的区域。这里的公路笔直而又宽阔,两排的旱柳高大成荫,北方乡村的美景令人陶醉。

现在的纪念馆是2006年重新改造时新建的一幢现代建筑,论起来应该是第三代的升级版。其主体建筑是以关向应的"应"字为设计理念的,所以宏伟的展馆外形左侧有一个"\"杠,而右侧有两个"//"杠。而此前2002年重建的那个纪念馆,设计理念是以万里长城一段为总体造型,寓意先驱以血肉筑成长城之意。

原以为展馆里应该都是我所熟悉的一些事迹、照片,因为来之前做过一些功课,但走进展馆实地参观后,感觉真是不一样。

这里,能更近距离地感受到向应的呼吸和气息。

虽然展出的仅仅是向应一部分书信、日记的手稿和实物,却足以窥见他的才华和性格甚至心路历程。向应书法功底非常好,写得一手端庄秀气的毛笔字。展出的还有关向应的一小幅山水画,宣纸颜色泛黄,画面是山水、渔火、古寺、黑松,简洁明快,意境深远。

步出纪念馆主展厅,向西北侧的松林花木丛中走去,就来到关向应故居。

这是一栋典型的辽南乡村民居,背靠巍峨的小黑山,面对肥沃的乡野,而前方不远处即是明代取得抗倭大捷的望海埚。

故居院门之上,挂着彭真题写的匾额"关向应同志故居"。让人眼前一亮的是,院子前右侧的一株百年老槐,早已成合抱之势,老槐粗大的枝杈和浓绿的叶子,正好覆盖在院门之上,如一把擎天巨伞。这是当年关向应和父亲一起手植的槐树,而院墙上镶嵌的是辽宁省政府的"关向应故居 省级文物保护单位"标牌。

进院看,这是硬山式的三间草房,坐北朝南,东屋是父母的住室,西屋是向应和祖母的住室。草房墙体和院墙都是由小黑山的砂岩碎石块砌成,而屋顶厚厚的茅草好似辽南汉子一头厚重的短发,年代愈深,茅草就愈发呈现出深褐色。房门是两扇黑色的木板,窗户是小格窗棂,上面糊的纸。草房前东南角和西南角各有一座坐地烟囱与屋内的火炕相连,为东北满族民居之遗风。

院子里,除了农家常见的猪舍、菜地,还有一盘花岗岩石磨,房后院还有辘轳摇把水井。这里,是向应小时候生活的地方。

我去的那天,故居的房门紧锁,从纸糊的窗户向里望进去,隐约看得见土炕、炕桌、老式的座钟、算盘和黑漆漆的木柜等物件。

故居的右侧,又有一个新落成的关向应衣冠冢,上面是一尊关向应卧病在床,手捧一本书的半身青铜雕塑,背景墙体是一组近代史上的革命场景浮雕,气势恢宏。

相对应的,在关向应纪念馆主厅东侧,2013 年又新落成一个《红军颂》的大型组雕。组雕长达 78 米,高 14 米,由百余名各具动态、生动形象的红

关向应故居

军战士雕像组成。这两处雕塑作品，都是大连人熟悉的著名雕塑家张立旗的力作。

关向应纪念馆前广场，有一尊更高大的关向应红军时期的站立铜像——关向应一身戎装，左手叉腰，右手拿着望远镜，身着棉大衣、棉帽，腰系武装带。

我见过一张关向应在大连《泰东日报》时的照片，一身黑色长衫，黑发浓密，浓浓的眉头紧锁，两只眼睛炯炯有神，真的是英俊少年。如果是那个形象矗立在纪念馆前，也许会更好，因为那就是他在家乡时的形象。

从金州的角度来说，这位开国元勋的事迹是一笔难得的精神文化财富，如何挖掘他的价值和宣扬他的精神，使城市与英雄相映生辉，值得我们精心去规划和实行。

例如，向应广场那一尊铜像已经是戎马征程的形象，那么，故居纪念馆就不该再重复此形象。英雄并非只有"高大上"的形象，还有那种真正的、亲切的、生活中的形象。

向应广场那尊铜像好似古城的保护神，让人崇拜，它已经矗立了28年。而故居的那尊雕像则应该是让人亲近的，可抚摸的，聊聊家常的。

关向应44年的短暂人生，前22年是在大连和金州家乡度过的，然后投身革命又是一个22年。

前22年，关向应是一个满族农家孩子。他完成了乡村私塾的学业，又走进大连城里，接触到马克思主义，产生了革命思想萌芽。这时期，关向应由一个性格倔强、执着而又开放、刚烈的少年步入青年。

后22年，关向应长期在白色恐怖下做地下工作，后被捕入狱，到中央苏区又经历了和夏曦

关向应在大连《泰东日报》的照片

错误路线做斗争的过程。这期间,关向应性格变化非常大,在战友们印象中,那时的关向应举止庄重,纯朴大方,处事谨慎细致,说话缓慢深沉。这种变化正是长期残酷的革命斗争给他留下的痕迹。

关向应逝世之后,当时的《晋绥日报》通讯采访部主任穆欣(后来是《光明日报》总编),曾在关向应遗留的笔记本里面,发现了其生前随手所写的一首小诗:

月色在征尘中暗淡,

马蹄下迸裂着火星。

越河溪水,被踏碎的月影闪着银光,

电火送着马蹄,

消失在希微的灯光中。

这首后来被命名为《征途》的五行诗,是关向应描写当年征战途中的一个片断,虽然篇幅短小,但内涵丰富,尤其是描写了别具一格的夜行军画面,显得更为出色。

关向应作为当年的热血青年,写过的诗词绝不会仅仅只有几首,或许绝大部分都已经湮没在历史风尘中了。

4

说起来,关向应更应该是大连市的一个历史人物坐标,应该以他的名字来命名大连市的一条街道。

例如哈尔滨,就有以抗联烈士命名的尚志大街、靖宇街、一曼街、兆麟街;

例如上海,就有黄兴路、茅盾路、鲁迅路、张自忠路、李时珍路……

广州,有仲恺路、中正路……

湖南醴陵市主干道是立三大道……

大连,有高尔基路、鲁迅路,也有以当代抗联英雄命名的兆麟街……

老大连人都知道,解放前大连还有很多以日本人命名的街道,如以日本天皇、以山县、乃木希典、东乡平八郎等命名的街道,其寓意不言自明。

到外地去旅游,许多城市的导游都会介绍自己城市里的名人和英烈,例如到厦门就会和你讲郑成功、陈嘉庚,福州就讲林则徐,武汉讲张之洞,威海、蓬莱就讲戚继光,湖南广东就更多了。

英雄是一个城市精神图腾上最醒目的符号,也是浓缩着历史价值的坐标。

那年你22岁，上唇刚有了
一簇短短的英武的黑髭。
那年你青衫一袭出家门，
回望黑山挥挥手作别桑梓。

后来的22年你天涯孤旅，
有铁流澎湃有枪林弹雨，
短暂的红颜伴侣茕茕稚子，
你却再也没有回归过故里。

回归故里时你已铸成铜像，
一身戎装矗立在古城广场。
忠心耿耿为党为国向应不死，
丰碑上是主席的亲笔题词。

七十年流水日子歌舞升平，
孩子们能否还记得你的名字？
牺牲的意义和初心在哪里，
你默默无语一直在沉思在凝视。
……

王永江——古城民国第一人

> 立东北大学、造沈海铁路、设奉天纺纱厂，行区村制、辟修公路，皆匠心独运，开东省未有之局。
>
> ——著名历史学家金毓黻

1

和金州人说起王永江，我发现许多人仅仅是笼统地知道王永江担任过奉天省省长、东三省官银号督办、东北大学第一任校长，是"东北王"张作霖的左膀右臂、财神爷，仅此而已。对王永江缺少一个全面的认识，你在国内图书市场上甚至很难找得到有关王永江的书籍和资料。

最早专门论述王永江的著作，是日本人田岛富穗撰写的《王永江》一书。论著从张作霖与中国满洲的变迁入手，阐释了王永江在与军警的抗争、掌管奉天省的财政和回收关东州运动时期的行为思想，将其定位为"大东亚建设的先觉者"。

王永江

而这本书的日本作者，主要是通过采访王永江的顾问岩间得也之后所著，自然存在着认识上的偏颇。

中国人有想写王永江的。

民国时期北大校长、著名史学家傅斯年生前曾准备撰写一部民国史，他在《循良传》一节中，仅仅准备收录3个人，王永江位列第一。自《史记》之后，各个朝代史书，大多都有为循良之吏立传的传统。循良之吏，用当下的话来说，就是清正廉洁、为民造福的好官。可惜傅斯年只拉了一个提纲，没来得及撰稿就突然病逝了。

更令人汗颜的是，一位美国学者Ronald Suleski 薛龙（并非华裔作者），在2012年居然出版了一本《张作霖和王永江》，后来由两名中国学者把它翻译过来并在大陆出版。这种墙里开花墙外香的现象屡见不鲜。

薛龙是一位美国哈佛大学的学者，愿意花时间费精力来做这件事情，而且研究得非常仔细，非常到位。他最大的贡献，是利用他在日本工作期间的便利，查阅了大量的日文报刊资料，得到了很多第一手有关王永江的史料，因此这本书成为关于王永江研究的一个奠基性著作。

让人欣喜的是，近年来，国内网上关于王永江和民国时期东北经济的论述文章也开始多了起来，人们开始研究王永江，认真思考和评价王永江。这让家乡金州人十分欣慰。但一些有关王永江的论述，还多局限于某一个方面，尤其是理财或者诗词，而薛龙这本书则非常全面。

那么，金州古城走出去的王永江，究竟是一个什么样的人呢？

2

　　金州的一介文弱书生王永江，是怎么走进东北最高权力核心的呢？

　　很多写王永江的文章，都是写袁金铠向张作霖推荐，王永江一下子就当上了省警察厅长，仿佛又是一个当代诸葛被请出卧龙岗的故事。

　　实际上，早在1915年之前，王永江经袁金铠介绍，走出金州，在北京、青岛等地考察，回来又在辽阳、海城、牛庄等地担任税捐局长，1915年升任到奉天省城税捐局长兼官地清丈局长，以干练而知名。

　　那一年，张作霖初掌奉天省大权，作为王永江的上司，王永江去求见过他，但是老张根本没把王永江放在眼里。王永江曾以刘备慢怠庞统事作诗讽之：

　　士元竟以酒糊涂，大耳如何慢凤雏？

　　才得荆襄宁志满，英雄通病是轻儒。

　　但老张也不是一般人，不是仅仅只会骂"妈了巴子"的一介武夫，早已成为"长于权谋术数"的军阀头领。因此，当谋士袁金铠向他举荐王永江时，老张礼贤下士约来王永江，在帅府谈了整整一天，旋即任命王永江为全省警务处处长兼奉天警察厅厅长。

　　那一年，王永江44岁，张作霖40岁，这是两个人合作之始。

　　王永江在警察厅一上任，就对警务大刀阔斧进行改革，尤其是仿效日本关东州的警察制度，在奉天各地设立了派出所。

　　东北的警察派出所制度，始于王永江。

民国七年奉省公债正面

王永江主政奉天时发行的东三省钞票

张作霖手下有一个彪悍的旅长汤玉麟，人称"汤二虎"。一天，汤二虎的部下团长宋某在平康里嫖妓寻衅滋事，被闻讯赶来的警察抓进了警察局。汤二虎认为，自己救过张作霖的命，又是老张把兄弟，便有恃无恐，带领一大群卫兵闯进警务处，把手枪往桌子上一拍，责令王永江放人。

他以为，你这个警察厅长恐怕连枪都没放过吧，还敢和我们较劲？

没想到，王永江毫不示弱，坚决不放人。汤二虎面子上挂不住，立即回去集合了部队，将警务处围得密不透风。王永江也还以颜色，命令警察持枪严阵以待，并在警务处大院里架起了小钢炮，随时准备反击。

事情闹大了，孙烈臣、张作相等奉系宿将纷纷出面，要求老张撤换王永江。王永江听说之后，以守为攻，以母亲病重为由返回了金州。

见此情景，张作霖不愧是张作霖，桌子一拍，手指汤玉麟的鼻子骂道："妈个巴子！国有国法，军有军规。你小子这么闹，是活得不耐烦了？"汤玉麟气不过，于是与老张反目出走，而王永江以正直敢为得到了张作霖的高度信任，也得到了奉系官员们的刮目相看。

因此警察厅长刚干了半年，张作霖就委任王永江为奉天省财政厅厅长兼东三省官银号督办。

从最初的税捐局长到警察厅长再到财政厅厅长，表面上看，好像在一条起伏不大的仕途上，其实质内容则相差十万八千里。再说，从警察厅到财政厅，这个弯转得太大了吧？

也许，只有张作霖敢这样安排，也只有王永江有这个本事。

王永江在古城时，"平生嗜读经世有用之书，而尤精于综核，每任一事，无顾虑踌躇之态"。因此上任即对全省财税金融进行整顿改革。当时东北连遭战乱兵燹，财政"几成沉疴不治之症"。

王永江首先下令清丈土地，对过去隐瞒不报的庄园、围场、牧场等，统统加征田赋，这也触犯到了一些地主土豪的既得利益，首先是各下属税捐局长的既得利益。当时的情景是，税捐局对属下工作人员概不发薪，实际是公开承认税收人员贪污揩油为合法，王永江首重纲纪，厉禁中饱，依法枪毙了贪污和不服闹事的税捐卡长14人，风气于是为之一新。

当时有人称王永江的手段是"秋霜烈日"。

由此可以看出，王永江也是铁血宰相风格，否则那乱世之中也难以成事。王永江又主持发行公债500万元，筹集资金，创办实业……全省财政收入迅速好转，奉天国库得以充实。

从此，他深得张作霖的赏识器重。

1921年王永江任奉天省代省长（省长张作霖），并且继续兼任财政厅厅长，这是他向张作霖几次推辞之后才接任的。

1922年，第一次直奉战争爆发，张作霖败于吴佩孚退回关外。

王永江一开始就坚决反对这场战争。他认为，东北"久病初愈"，应继续搞好民生建设，不应自不量力，有问鼎中原的贪欲。但张作霖一意孤行，王永江愤笔写道：英雄见与书生异，书生抱负济何事？

因此在战争开始后，王永江便离开了沈阳，表面上的理由是眼疾。一次意外中他的左眼被灼伤而接近失明，日本医生建议他到大连日本眼科专家那里诊治。但实际上，从省城官场到民间，都知道王永江这个理由不过是一借口而已，实则因为"道不同，不相为谋"。于是1922年7月1日，王永江回到了金州古城老宅子。

在省城，奉系军方总参谋长杨宇霆和旅长汤玉麟等人是反对王永江的主要代表，他们甚至想将王永江清出省政府，以建立一个顺从军方的政府和财政机构。但是张作霖权衡利害之后认为，奉天省离不开王永江，于是他派人到大连与王永江谈判。王永江提出省府的民政部门与军政部门要实行分治，否则不回去，张作霖为此做出了让步。

在那个年代，笔杆子敢和枪杆子叫板，王永江大概是第一人。

在离开省府36天之后，8月6日晚上，王永江在张作霖派来的高官的陪同下，抵达奉天火车站，受到了奉天70多位社会精英的隆重欢迎。由此开始，王永江头衔上去掉了"代理"二字，正式成为奉天省省长。

3

民国时的奉天省，地域范围大于今天的辽宁省，包括了今辽宁省大部分、吉林省一部分和内蒙古一小部分。当时奉天省又是东三省中最重要的省份，在各领域都起着领导作用，并为吉、黑两省设定行进步伐。沈阳城作为奉天省省长的公署所在地，不仅是奉天省会，也是整个东北地区的政治军事中枢。

说王永江是奉天省省长第一人，是因为在当时军阀体制下的文官省长，基本上都是一当差的管家。王永江却是实实在在做了很多为民生谋福利的

王永江创办的奉天纺纱厂

事情。

有一个时期,老张对王永江的信任甚至超过了对奉系那些把兄弟的信任。张作霖重要公务必问计于王永江,而王永江每有事情也必来请示。每当王永江来时,张作霖必要笑迎于门外阶下,这是张作霖对部下绝无仅有的特殊礼遇。以至于官场传出这样的歇后语:王永江进门——高人一等。

在经济发展上,王永江先创办了奉天纺纱厂,这是沈阳乃至东北地区最早的近代纺织企业;其次是修建沈海与洮昂铁路,这是为了摆脱日本南满铁路的控制,制订了修建纵贯东三省的铁路东、西干线计划,从一定意义上说,也是为了同日本人争夺铁路建设权、经济权和军事运输权。

财政不充裕,王永江决定招募商股以补充官方资金不足,奉海铁路成为东北第一条官商合办的铁路。

1921年年初,王永江就向张作霖建议:欲使东北富强,必须兴办大学教育,培养人才。于是决定联合吉、黑两省创办东北大学。王永江出任校长后,坚持他一向的严谨作风,聘名师、招学生、购设备,学校顺利起步。

有的研究学者认为,民国东三省经济的迅速发展,首先应归功于王永江。他推动东北地区经济发展的手段似乎带有魔法色彩,他所取得的成功也成为中国其他地方人谈论的话题。当时东北的货币非常坚挺,工作岗位也多,有很多人开始进入东北找工作、经商,并逃离中国内地的混乱局面。

例如1923年,从关内到东北的移民就有50万,说明了东北的快速发展吸引了全国。

当时无论是国内还是国际的观察者,都对中国东北所发生的变化印象深刻。当北京的北洋政府软弱无能、濒临破产时,当危险的军事冲突在全国各地频繁爆发时，东三省却在蓬勃发展。而王永江则是领导东北发展的官员代表，他成功地调集资源，发动大众，为将东三省建设得更好而工作。

4

没有张作霖就没有王永江。但好花不常开，好日子总是不长。

张作霖首先是军阀兼冒险家，坚决地要向北京政权进军。围绕在老张周围的也是一批恃强凌弱的武夫，渴望战争。他们的目标，是把所有都投入战争中以保证胜利。

因此，王永江与张作霖的矛盾，在第二次直奉战争中再一次爆发，王永江痛苦地目睹了张作霖发动战争对奉天造成的伤害，战争的支出超出了他和省政府的承受能力，张作霖宁可毁掉东北经济也要实现军事的胜利，所以王永江毅然决然地下了最后的决心。

1926年2月，王永江以给父亲祝寿为名，离开了奉天城，然后提出了辞呈。

王永江辞职的消息公开发布之后，奉天省的反应是如同发生了一场地震。王永江的辞职是一爆炸性新闻。大连《满洲日日新闻》是一家日本人办的报纸，为此报社曾派出一支特别采访小组，到沈阳和金州两个地方去采访王永江的新闻，报纸上特意开辟了一个"奉天电话"、一个"金州电话"的栏目，以随时报道有关王永江的消息。

张作霖当时在北京，得知王永江再次辞职，当日即给王永江发电挽留，然后立即召开会议，讨论由于王永江的辞职而造成的困难局面。这期间，他可以说给予了王永江最高礼遇。

张作霖先后派去三个高级代表团来到金州，其情不亚于当年刘备三顾茅庐。目的就是请王永江回沈阳主持大局。代表团里包括他的把兄弟张作相、吴俊升，也包括他的儿子张学良，还有和张作霖私交很好的一些日本人。

除此之外，还有一些是王永江在奉天政界、商界的朋友，他们来到金州古城表示慰问和关切，当然也希望他重回奉天。

金州古城大概也是第一次接待了这么多来自省城的政界要人、商界大腕。古城老街的饭店一时异常红火。现在金州老菜的传人们还在拿少帅张学良做文章，说张学良如何喜欢金州老菜。事实上张学良到金州古城，那是唯一的一次。

最多的一次是超过二十多位的省府官员和精英们聚集在这里，共同为王永江父亲做寿。做寿是表面文章，实际是奉劝王永江返回奉天继续担任省长。他们苦口婆心，希望危难之际王永江还能挺身而出。

但是王永江依然拒绝返回省城。

后来，张作霖利用到大连会见日本关东州的儿玉长官的机会，让自己的专列在金州火车站停了几小时，派人去请王永江面谈。但王永江坚决不见，张作霖只好悻悻而归。

有人说，王永江的离去对于整个奉系的打击，比爆发郭松龄反叛那一次更为严重。所以后来张作霖说："郭松龄用枪杆子伐我，王岷源是用笔杆子伐我呀。"

愤怒之情，溢于言表。

5

据一些史料记载，王永江的病逝是急火攻心突发病症所致。

奉天省自王永江辞职之后，财政益匮，货币贬值。第二年即1927年春天，在北京执政的张作霖特意委派彭香庭（东北官银号总办）携他的亲笔信再来金州，恳请王永江再度出山任奉天省省长之职。

说到这里，还要分析一下王永江和张作霖的关系。两个人虽然理念不同，其实并不是像后世一些文人分析的那样"看透了……彻底决裂"云云。

他们喜欢以现代人的思维来讨论前人。

王永江一直是有着振兴奉天的理想，当然他的改革方案对野心勃勃的张作霖来说是难以接受的。王永江也知道，他的财政和行政管理的才能，对张作霖的成功是起着决定性作用的，张作霖和军阀们对于这一点也十分清楚。王永江提出辞职，其本意，还是想以此来影响张作霖对政策的重新制订。

所以，彭香庭来，王永江感觉身体也渐佳，亦感念张作霖这个人是真讲义气，于是有意重返沈阳，替老张收拾残局。他通过彭香庭带去一封信，信中也表达了这个想法。

但就在此时，过去即对王永江嫉妒的杨宇霆在张作霖面前又进了谗言：

王永江素来目中无人，屡以辞职要挟大帅。大帅宽容忍让，百般请他出山，而他无理甚矣。今日奉省当然缺个省长，莫非没有王永江就不行吗？

张作霖为难地说道：可是谁能代替王永江来当奉天省省长呢？

杨宇霆早有准备，当即推荐刘尚清。张作霖应允。

后来张学良上台突然枪毙杨宇霆时,也发布杨有这样一条罪状,即"沮用永江"。

据说在彭香庭还没返回到北京之时,也就是在金州的王永江正有所准备之时,都突然获知张作霖已公布刘尚清任奉天省省长的消息。王永江当时一股急火,口吐鲜血昏厥过去。从此王永江病体沉重,延至1927年11月1日晚间10点50分,病笃身亡,终年仅56岁。

当时对外的报道是因肾病逝世。死前,在他身边的除了四个儿子,还有日本人岩间德也。

在死因问题上,让人感觉吊诡的是,王永江辞职回到古城后,一直是在大连日本人开设的满铁医院就医。他病情加重时,也是让家人到大连市内找来了日本医生,日本医生在他家中单独为他诊治之后,出来即宣布,省长已病逝,处理后事吧。

所以有一个很受众人推崇的观点,就是王永江是被日本医生害死的。

1927年12月7日,王永江安葬于金州城东肖金山南麓的祖坟之内,即现在的金州中长街道东风村冯家屯的一农户菜园子里。

王永江的葬礼,是金州古城有史以来最为隆重、最为壮观的一次葬礼。从沈阳、营口、大连过来很多高官和商界精英,一起来为王永江送葬。

1927年王永江出殡时的情景

王永江墓地

　　历史学家金毓黼曾形容王永江是："修于丰颐，鬓眉如画，丰裁峻整，威重有神。"我见过王永江的照片是：一撇八字胡酷似李大钊，天庭饱满，眉目清秀隐隐透着英气。这幅照片应该是他在奉天省任职的照片，因为他身着的制服是官服。

　　王永江是古城的骄傲。不错，奉天省省长的权力远远高过了当年金州副都统衙门里的二品官。以职务论高低是现代人的通病，但王永江不仅仅如此，他当时就被誉为"关外第一人才"。

　　王永江之所以值得我们纪念，是因为他在那个动荡的、混乱的旧时代里，一直能保持着那种爱国情怀和读书人的风骨，一直有着那种"居庙堂之高则忧其民，处江湖之远则忧其君"的情操。

复州城的兴起没落

背影模糊　渐行渐远

复州城的千年兴衰

> 辽初从扶余城移民到此而设扶州，统治者为避免迁徙至此的女真人思怀故园，取同音字改"扶州"为"复州"。复州名称的由来，是中国历史上一段鲜为人知的移民史的缩影。

来到复州城，很多人都会和你说，如果1976年不大规模拆除复州古城墙，那么辽南的复州城就是中国第二个兴城。

为什么这样说？

因为辽西的兴城也是明朝的一座卫城——宁远卫城。

宁远卫城始建于明宣德三年（1428年），比复州卫城建得还晚。但因为兴城古城保护得好，现在与西安古城、荆州古城和平遥古城，同被列为我国迄今保留最完整的四座古代城池，是全国重点文物保护单位。

兴城规模不大，却借助保存完好的古城墙，在旅游和文化产业上做得风生水起，这让复州人又是羡慕嫉妒，又是伤感遗憾，心情真的十分复杂。

说起来，复州的遗憾还不只是拆城墙。

除古城拆没了，20世纪初时还有一次机会，是沙俄修筑的东清铁路南满支线计划要通过复州城。但传说，复州有几家土财主以铁路线会"破坏祖坟风水"为由，硬是花钱疏通关系，让俄国人设计的铁路改了线、绕道走了瓦房店。

结果，1901年东清铁路修到瓦房店之后，土财主们才发现，复州的风水真的随铁路线跑了。从1908年开始，一些大商家就陆续迁到瓦房店去了；1925年复县公署也搬到了瓦房店。它不仅将铁路让出去了，也将州府的要位拱手让出，复州从此不再是复县的政治、经济、文化中心。

自此，复州城在渤海湾区域的枢纽、核心地位一落千丈。

抚今追昔，复州为什么会一次又一次与千载难逢的"发展良机"擦肩而过呢？

复州地名的起源，可以追溯到千余年前的辽代。

公元10世纪，北方的一支马背民族强势崛起，创建了大契丹，又称辽。

故园寻迹 大连古城

契丹人是东胡也是鲜卑后裔，因此强悍骁勇，建国之初凶猛异常，南征北战，陆续铲除吞并了渤海国、室韦、奚等少数民族建立的一些地方王国，疆域迅速扩张。

926年，辽太祖耶律阿保机攻下了渤海国西部重镇扶余城（今吉林农安县）。辽灭渤海国后，视女真为大患，就胁迫靺鞨人（熟女真）的强宗大姓数千户迁移至辽阳之南，以分其势。

于是大批女真移民浩浩荡荡、携家带口，从渤海国扶余城迁至今瓦房店境内，辽在这里设置了一个扶州。

契丹皇帝为使女真人忘却扶余故乡，在辽太宗会同元年（938年）又用同音字"复"字代替了"扶"字。

紧接着，辽又攻下了南苏城（今辽宁省新宾县），又迁徙南苏的靺鞨人至今天的金州一带，在那里设置了苏州。所以，现在金州、复州两地的满族先人应多源于此时。

此后，辽太宗又从上京龙泉府（今黑龙江省宁安县东京城）附近的永宁、丰水、扶罗三县，迁徙大批女真人到东京辽阳府境域，并在辽东半岛的南部

复州城东城墙遗址（汤亚辉/摄）

设迁民县，而复州隶属迁民县。

追溯复州称谓的兴起、始末，《辽史》与《三朝北盟汇编》中都有较为详尽的记载。

由扶余城移民而设置扶州，为避免迁徙至此的女真人思怀故乡，又取同音字改"扶州"为"复州"，言下之意是在这块土地上又新建了一州。

复州城里的行政公署老照片

所以说，复州名称的由来，是中国历史上一段鲜为人知的移民史的缩影。

辽兴宗耶律宗真景福元年（1031年），辽国为了加强海防和监管迁民，同时在复州设置了怀德军节度，在苏州设置了安复军节度，属东京道辽阳府。

用现代语言讲，两个节度使就相当于现在的两个军区司令。

复州正式作为地名，就始于辽兴宗景福元年在此地设复州怀德军，屈指算来，至今已近千年。

民国九年（1920年）由复县知事程廷恒编撰的《复县志略》也认定，"复州之名始此"。

那时的复州还管辖两个县，即德胜县（县治今复州城）与永宁县（县治今永宁城）；而金州当时叫苏州，管辖来苏县、怀化两个县。

但是风水轮流转，契丹人的辽国终于为金国所灭，一直受压迫的女真人又扬眉吐气登上了历史舞台。中国56个民族，曾经在历史上统一过中国的少数民族只有两个：一是蒙古族，一是满族。满族前身即是女真族，女真建立了金国，包括后来的后金即清朝。

金明昌四年（1193年），降复州怀远军节度使为刺史，《金史·地理志》曾记载："复州，下，刺史。辽怀远军节度使。"（怀远即怀德）仍属东京路辽阳府。

节度使与刺史应该是降了一个级别。金天辅元年（1117年）又合苏、复二州，即把苏州降为化成县，归属复州管辖。

这时金州城的级别反而比复州城低。直到金朝衰落之时，生死存亡之际，金宣宗才把化成县又提升为金州，和复州平起平坐了。

总之，金朝时期，辽南的两个州——金州和复州都是一路走低的趋势。

对这一段移民历史与地名的演变由来，曾经有诗为证：

　　扶苏州治契丹留，物换星移历史悠。

　　直至完颜垂暮日，化成县改做金州。

到了明朝洪武十四年（1381年），朱元璋在此又设复州卫，驻守复州城，领左、右、中、前四个千户所，隶属辽东都司，与洪武五年所置的复州并存，即一个军事一个行政。

军事上一个卫大体上是5600人，有人说一个卫相当于现在的一个师级单位，下边再设千户和百户，又相当于团和连。

洪武二十八年（1395年），明朝裁掉"金复海盖"等地的行政州制，明太祖朱元璋说："朕以其地早寒，土旷人稀，不欲建置劳民，但立卫，以兵戍之。"

所以在这里专行卫所制，即以军代政。民间所说的"金复海盖，辽阳在外"，说的就是裁掉的这四个州，因为只有这四个州名义上隶属于山东布政使司，但实际上山东并不管。

前边说复州曾失去了一些机会，而后来，复州就总是有些吃亏了。

1925年前，复州还是瓦房店地区的州府和县一级治所，属于辽南重镇之一；1945年起先后为复州区、复州镇、复州人民公社、复州乡驻地，则是一路下滑趋势，到1985年镇乡合并后，又称之为复州城镇。在中国历史上，古代曾为州府治所的地区，如今基本都升格至市一级的行政级别了，而复州，如今依然是镇的级别，这即便在全国范围内，肯定也是不多见的现象。

说到这里，真的只有一声叹息了。

因为复州镇离原来的政治、经济、文化中心渐行渐远，所以复州人就有许多不甘心，就有许多牢骚，慢慢又变成了无奈和调侃自嘲，在"复州吧"曾有这样一个段子，是以复州一位考生上大学之后的对话形式来发泄的：

你是复州城的？

YES（是）。

哇，好远啊……

（沉默中……）

复州城解放没有？

没有，我们上课都带枪。

你原来会说汉语~！

嗯，来的时候在火车上刚学的。

你的小辫子呢？

为了上大学只好剪掉了！

你们还吃生肉吗？

我们老大发明了钻木取火，我们吃烧烤。

那你怎么来上学？

骑驴到北京后坐飞机！

那一定很久吧？

习惯了，提前半年出发就行！

土城、石城与砖城

> 据考证，土城建于辽代，在辽怀德军节度使时期。明永乐四年（1406年），保定侯都指挥蔡真到复州卫上任，把土城改建为石城。石城建好之后，面积比土城缩小了三分之一。
>
> 砖城建于清乾隆四十五年，由复州知州陈铨主持修筑。

1

如今走进复州城，第一感觉是很小，开车10多分钟就可以贯穿古城东西了。一个大大的转盘街是现在复州城的中心点，这里很喧嚣、很热闹，尘土飞扬，车水马龙，就是找不到想象中的古代州府格局和气象。

从这个转盘街开始，你可以走到任意一条街如永丰塔或者横山书院等。

那一次我是特意准备来看复州古城的，首先看到的是永丰寺城楼，高高大大，颇有气势，但一切都那样板正光鲜，外来人也看得出这是仿古建筑，是后人的模仿也是东施效颦，还包括永丰塔。

那么，复州真正的古城还有没有呢？

从转盘街往北到古城的老十字街，再沿那条老街向东慢慢走过去，正前方就能看到残存的东城门以及瓮城。

复州城东城门瓮城遗址，残存的城门正对着古城中心的十字街

尽管城门已十分破败倾颓，但看到这个残存的遗迹还是被震撼了。

走近看，那是一段青灰色的城墙，仅仅只剩下一个半圆形的拱门，像个孤岛一样被遗忘在尘土垃圾包围的角落里。拱门的墙砖因经历了风霜雨雪的剥蚀，有的已经裂缝，有的裸露出坑洞，甚至已是苍苔茵茵布满其上。而拱形城门的右手处，一棵老槐树已经成荫，城门之上，也赫然旺盛地生长着一蓬蓬杂草与小树，显得桀骜不驯。

这段残存的东城门，宛然一位步履蹒跚、暮景残光的老人，独自在这里默默地守望，

复州古城遗留的老屋、老街

似乎已望穿秋水，却看不到复州的复兴，于是黯然神伤。

从城门往里走，当年的瓮城里边现在竟然住着一户人家，用城砖砌的院墙，还有一块菜地和一只大狗，看样子居住在这里已经是很久的事情了。后来听说，如果不是这户人家住在这里，瓮城和东城门也早就被人拆没了。

从破败的东城门往北走，穿过农家院落间的小路，路边的枣树果实累累，触手可得，十分诱人。走上几百米的距离，就看到了那段古城墙。

应该庆幸，即便古城破坏如此严重，还保存了这一段长约140米的古城墙，从这一点来说，要比金州古城幸运得多了。

古城墙约有三人多高，虽是断墙，仍可以想象得到当年高城深池的逼人气势。筑墙的条石青砖棱角分明，砖缝间的白灰黏合牢固，"别看这城墙已有百年历史，却牢不可摧，砖缝间的白灰你使劲抠都抠不掉！"复州城镇的朋友曾对我们这样说。的确如此，我们当场试过。

这一段古城墙遗世而独立，显得形单影只。据说，在复州附近的庄河、普兰店一带，将所有尚存的古城墙残段加在一起，都不会超过百米。由此可知其弥足珍贵了。

但我们看到的这一段城墙南侧的断面，也是经过后人修复的。这个"历史文物"的西北侧，又被当作一个工厂的外墙，还建了一个方形的建筑物，

复州古城残存的140米古城墙

有人说是储存自来水的大水池，总之，极不协调，而且大煞风景。

但是，凡到复州来的游客，尤其是采风的文化人，都会到这段古城墙处看一看。那心情，是访古是凭吊也是感怀，更是想看看大连、看看辽南文化的根脉在哪里。因此，这里已经成为一个必去的景点。驻足这段仅百余米的古城墙下，仿佛就看到了它曾经历过的那一段段铁与血的打磨、水与火浸泡的历史，而它那沧桑的容颜背后，又隐藏了多少不为人知的秘密呢？

2

复州名字始于辽，作为一座真正意义上的城池，也始于辽。

说起来，复州古城的建筑史基本可分为从土城、石城再到砖城这样三个阶段。

和金州古城池一样，复州最早也是一座土城。

据考证，土城应该建于辽怀德军节度使时期，当时的土城虽然简陋，但面积比较大。何以这样说呢？因为在后来明代的砖城砌好之后，人们发现南北两面的城外，皆有土城的遗址。

金代沿袭复州怀德军的传统，领永康、化成两县，治所也在永康县城（复州城），就是说，用的还是这座土城。

明朝初时首先是修复了一次古城。

因为土城已历三百余年风雨，再加之战火蹂躏，已经不成样子了，于是维修一下，用来做大明复州卫的治所。《复县志略》上有记载："明洪武十年设复州卫，修筑旧城。"这时候，金州宏大的砖城工程已经竣工了。

这次修复，是在土城的基础上修修补补，整个工程量不大，所以只用了一年时间。

到了明永乐四年，保定侯都指挥蔡真到复州卫上任为指挥使。因为当时的倭寇侵扰，海防任务加重，所以蔡真来复州上任，首先就准备把土城改建为石城。

土城变石城，是一次脱胎换骨的大工程。蔡真指挥军民凿石为料，再用这些成型的石头石块在外墙把土城加固起来，虽然是在辽金土城基础上进行的重建，但整整用时四年。

石城建好之后，更加巍峨坚固。但因为古人开凿石料的确太费工费时了，为节省起见，石城面积就比原来的土城缩小了三分之一，其总体面积也稍逊于金州古城。

缩小三分之一后是多大的石城呢？据记载，周围四里三百步，高二丈五尺，池深一丈五尺，而城门有三：东门名"通明"，南门名"迎恩"，北门名"镇海"。

明嘉靖四十二年，右佥都御使、辽东巡抚王之诰来到复州巡视。

复州城墙底部为大块基石，表面敷砖（郭朝晖/摄）

王之诰是明末官场上的一位栋梁之材，曾有"两尚书"之贤名。先前他在金州古城巡视，就责令增添了四座角楼。如今他又在复州城上增设望台三座，其中东北方向两座，西面方向一座，三座城门外又增设护门台各一座。这些新增的楼台设施，大大提高了复州城的军事防御能力，也使复州古城愈加雄伟壮观。

辽是土城，明是石城，到了清才是砖城。

清乾隆四十五年，复州知州陈铨开始主持修筑砖城。

陈铨是顺天大兴人，他从1778年开始主持修建砖城，到1780年工程才告竣工，用时整整三年。陈铨的砖城是在明朝的石城基础上修筑的，没有扩大和缩小原来的面积。

修筑后的砖城高2.9丈，砌砖高达54层，上宽1.3丈，下宽2.2丈，厚5.4米，整个砖城为长方形，东墙720米，西墙740米，南墙722米，北墙765米，周长2947米（5.9华里），垛口墙存高1.2米。

这是一次相当浩大的工程，根据史料记载，这次修城总计花费白银58571两，按当时的经济水平，应该是一笔巨资了。

所以，砖城竣工之时陈铨非常兴奋，亲自赋诗一首，并且把这首"乾隆四十五年岁次庚子八月复州城工告成恭纪四律"诗刻在了城墙上。

《恭纪四律》共有四首七律，第一首是：

　　万岁天子万年城，龙虎风云不日成。

　　五十四层砖似铁，百千万块石为楹。

逶迤远水围东郭，缥缈崇山拱北平。

自是圣朝垂巩固，微臣何幸亦留名。

诗中"五十四层砖似铁，百千万块石为楹"的句子，说明城墙里边是石头外边是砖。当时城墙底部为大块基石，在地表以上中间填黄土，表面敷砖，有细心人测量其砖长0.38米，宽0.19米，厚0.1米。

据复州老人讲，在复州石城改建成砖城之后，复州城墙曾经出现过四个景观：一是有块木头被砌在了东城墙上，人称之"木搁砖"；二是南城墙的东面，有一部分墙面能反光，人称之"镜儿石"；三是西城墙的里边，部分砖石上有黑线条，酷似国画里的写意墨竹，人称之"竹子石"；四是站在北门瓮城里，以脚踩地就能听到鸡叫声，人称之"鸡鸣地"。但是后来有好事的人去踩地，却都没听见什么鸡叫声，不知道当年是怎么回事，真假已经说不清了。

陈铨的诗勒石后，砌在州衙西侧的狱神庙墙壁上。同时他还写了"清乾隆四十五年陈铨建"悬碑一通，嵌在东南城角的东面。

现在复州砖城虽然已经倾颓，所幸陈铨的诗碑还在。

1932年，复州旧州衙的一部分被改为复县高级中学校舍，这时狱神庙已经倒塌，中学教员孙祥麟在倒塌的瓦砾堆里，偶然发现了陈铨写的《恭纪四律》卧碑，于是他把石碑置于校庭东墙保存起来。

1935年，复县县长张国铨进复州城发现了这块卧碑，就准备运到瓦房店去，孙祥麟却认为，这卧碑属于复州城内的文物，还是应该留在复州城。于是将卧碑砌在了原州衙的室内墙壁上，此碑到现在依然保存完好。

现在的复州地界上，一些老年人时常念叨的"古城"，其实指的就是陈铨修建的砖城。

过去城垣上，在南、北、东三门城楼一侧，还放有铁铸的竹节式大炮九门，炮口直径尺许，炮身长约五尺，以备有倭寇或逆贼来犯。

后来就是县长张国铨和复州街长张祖培两人，为了向日本人献媚，将陈铨时代就安放在城楼上的六门铁炮，和南关教军场上的两门铁炮，一并都献给了日本侵略者，也留下了千古骂名。

和金州古城不同的是，复州古城只有三道城门，每道城门前各有一瓮城，呈半圆形，直径约50米，周长约150米，瓮城城门侧开，门宽4.15米。后来仅南门上还存有一块石额，上有"(迎)恩门"（"迎"字已缺失）三字，城门均为拱式门券。陈铨修建之后的复州城，三个城门之上都有城楼。

复州为何缺少西门呢？

有人解释是，古代建城时，风水先生说若建西门必有灾祸。还有人猜测，由复州城往西就是一片汪洋大海，过去海盗倭寇多，不设西门，可能有防范海盗倭寇之意。

复州城原来有护城河，《全辽志》记载：复州城有城池，因年久失修，池多淤塞，早就见不到了。

清嘉庆六年（1801年），来复州上任的知州耀昌，又在城墙东南角建了一座魁星楼，与东、南、北三个高大的城门楼遥遥相对，互相映衬，显得古城非常气派壮观。

对现在的复州城人来说，魁星楼已经是一个遥远的传说了，都是听说过却没见到过的，因为魁星楼早在1946年冬就被国民党军为了修炮楼而拆除了。

耀昌之所以修建魁星楼，祭祀魁星，是期望复州能够多出些举人、进士甚至状元等文人雅士，来光耀复州。

魁星楼为六角二层，周围有红漆明柱环绕，高约两丈，楼里供奉着一位头像鬼、右手执笔、左手擎斗、一脚后翘的神像，名曰魁星。据民间传说，魁星就是天上的北斗星，也叫"奎星"，古人认为，它是主宰文章兴衰的一个神。

从1801年建楼到1906年清政府废除科举制度，这百多年间，复州城也真如耀昌修筑魁星楼所愿，复州子弟中真有中了进士和举人的。复州人说起这历史来，简要概括为"一翰林，二进士，十举人"，即出过10名举人，2名进士，1名翰林，他们都出自在辽南地区颇有名气的横山书院。

但是，现代人都没有见过魁星楼，岂不是一个遗憾吗？

后来，在电视剧《潜伏》里出演保密局天津站站长的演员冯恩鹤，拿出了一张有复州魁星楼的老照片。

原来，冯家过去在复州有一商铺，也算殷实之家，1943年9月26日，因为家里来了亲戚，于是冯家请复州唯一一家照相馆的师傅，到城外魁星楼前照了一张相。照相师傅让冯家兄弟摆好姿势，他把头埋在蒙布里，手一抽干版，一张弥足珍贵的家庭照片就这样诞生了。

那时冯恩鹤3岁。这张照片一直挂在冯家大屋里，当时谁也没想到，冯家先人在魁星楼前的留影，日后竟成为古城的珍贵史料。

3

复州古城的建筑布局也颇具匠心，街道纵横交错，排列有序，和金州古城相同，也是以关帝庙为中心，划出东西南北4条大街。

除了关帝庙，复州城内过去还有天齐庙、义勇祠、城隍庙、三官庙、二郎庙、真武庙、财神庙、药王庙、孔庙、三仙堂、观音阁、晏公府、节孝祠等。城外则有永丰寺、永丰塔、社稷坛、先农坛、风云雷雨山川坛、华仙洞、吕祖阁、火德庙等。这些庙宇，在"破四旧"的运动中都灰飞烟灭了。

当时复州城是辽阳通往旅顺的主要驿站之一，也是辽南重镇，因此沿线修筑了很多墩台和烽火台。今复州镇的台前村、三墩台村等，就是因为在那儿修过烽火台和墩台，才留下这个地名来。这些遗址有的今天仍然可见。

复州卫城治所在城中间，南城西侧有军器局，儒学先生在城西隅，礼堂、察院行台、军储仓都在卫治西南，钱帛库在卫治西，养济院在卫治西北，草场、教军场、漏泽园都在南门外东南边。南关有座在城驿，还有递运所等，当然，现在这些遗址也早就没有了。

保留下来的，只有老城的东街和西街。

复州的朋友介绍说，东街、西街保留的为明清时期风格的建筑，又以清末建筑居多，数量可达数百栋，两千余间。这些民居以传统的上砖下石结构为主的瓦房居多，为辽南硬山式建筑，厅堂瓦舍，接壁连脊，古朴典雅。门前多建有门楼，身份高、地位显赫的人家，通常为四合院，粉皮白墙、青砖青瓦，大门两侧有门房，正房前两侧建有厢房，门墩及墙脊雕刻有吉祥图案，建筑布局对称，现保留完整的四合院就有马家大院、高家大院、韩家大院等。很多人家窗棂两边都叠积着木板，这是晚上打烊后，要用它来覆盖在窗户上的，覆盖之后中间再用一根"U"状的铁钉拴上，既安全又防风。

除了民居，保留完好的商号、店铺、作坊也有近百栋，从仙芝堂药房、永顺太杂货铺、福顺德杂货铺、王家箔铺、赵家绳铺、全义号糕点铺、邮电局、李家磨坊、姜家皮铺、东盛兴皮铺、王家小铺、会友理发馆等建筑中，人们都依稀可以看到历史的影子。

大连电视台《最美大连行》摄制组曾经采访了老街的东盛兴皮铺，男主人当场表演了快手割牛皮的绝活，不用尺不画线一刀下来就是一条皮鞭绳，令人叹为观止。

而且许多人家门前都挂有一幅老式的木板楹联，挂在正门的两侧，一色的黑底金字，呈现一派古香古色的建筑特色，实为辽南一大文化遗产。

明朝末年，女真族在努尔哈赤的领导下再一次强盛起来，那时复州卫的居民有三四万人。1623年，努尔哈赤的后金兵攻破金州城后，辽南诸城包括复州全部投降了后金。

明天启三年（1623年）2月，已降后金的复州总兵刘爱塔偷偷派使者渡

清末明初复州城示意图

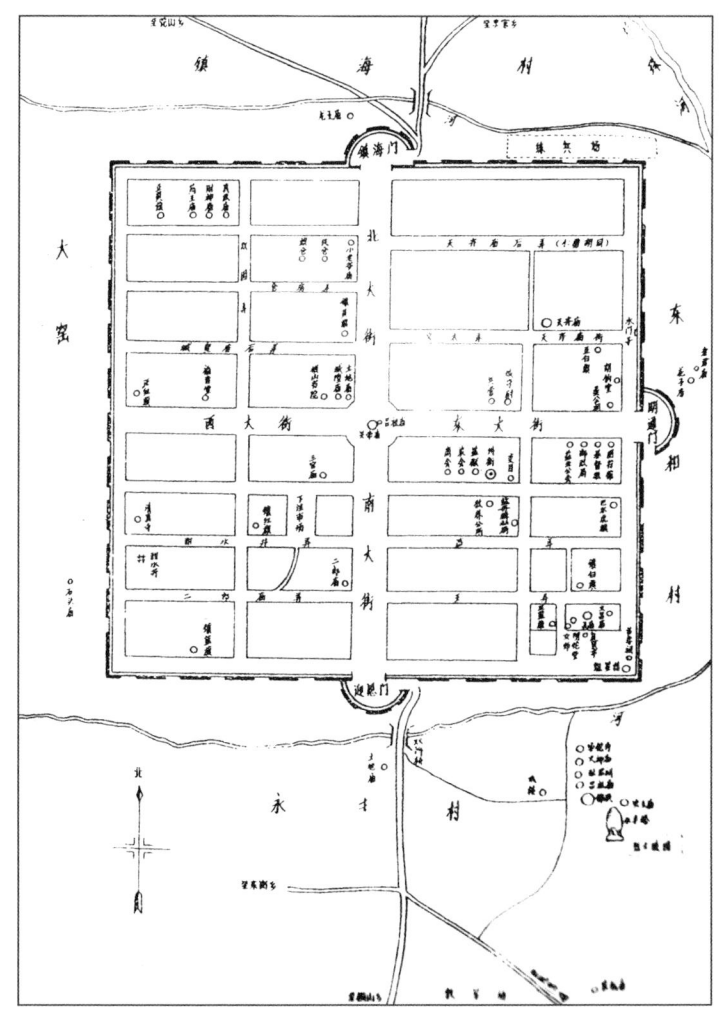

复州城示意图（牛正江/绘　于连政/复制）

海到山东，和明军进行联系，表示愿做内应来配合明军收复辽东。5月，刘爱塔再次派使者与山东联络，定于6月己卯夜攻取复州城。但此时却出了一个岔子，刘爱塔的部将王丙因贪暴罪，被刘送给后金军大营中处理。不料在审讯时，王丙却供出刘爱塔欲叛之事。7月，后金突发兵三万，团团包围了复州城，刘爱塔虽然设计逃走了，后金兵却将城内的万余青壮男丁全部杀掉，并把一些老幼男女掳到北方去。同时又驱赶永宁监、盖州等城乡居民往北迁。

1621年的时候，复州卫的居民已经逃往山东一部分，后金兵又搞了这一次屠杀，因此复州已成为一座空城，一片荒凉破败景象，因此后金兵进驻复州跑马占地后，却找不到能种地的人。

顺治十年，清廷颁布《辽东招民垦荒例则》，由山东的登州府和莱州府招民来辽东垦耕。顺治十二年（1655年），清政府又准许从辽东逃往海岛上去寄居的农民还乡生产。这样经过了百年左右的休养生息，到乾隆四十六年（1781年）时，复州城已有6088户人家，总人口为40525人。

复州城浴火重生又有了人烟。

现在的老街和老房子，应该就是在那以后慢慢形成规模的。

4

清朝有八旗兵之说，但复州古城内却有"九旗"之说。

何谓"九旗"呢？

康熙年间，复州境内驻有满、蒙、汉军686名，设城守尉1名。守尉衙门设在城内东街路北，今天已是城内的小学校。后来，由北京拨巴尔虎蒙古旗兵来复州，驻在今东岗镇东西巴尔虎村内。乾隆年间，在复州境内增设满洲八旗兵，分驻在复州城周围以及复州河中下游土地肥沃地区。这时复州境内共有满蒙九个旗兵，后来又设汉军三个旗，均由城守尉指挥，满蒙旗兵都在城内设办事处，专管旗兵和旗人的事务，当时称为九旗署，亦称衙门，每个院里都有小型练武场。同时在城南关，今日部队营房处设教军场，按时训练九旗兵，以提高战斗力。

关于"九旗"《复县志略》上还有一说，说复州城在建砖城时，共修筑有城堞垛口540个，打起仗来每个城堞垛口都应该有一个兵士。按每旗出60个兵丁计算，八个旗出兵才480人，还差一旗60人的空额，于是增设了一旗，总计540人。这一旗，指的就是北京拨来的巴尔虎蒙古旗兵。

复州城守尉旧址

当时城内有满汉两个衙门，满族的旗衙门管理旗民的诉讼事务，复州知州只能管理汉人的事。旗人和汉人打官司，得到旗衙门去评理。

在金庸的武侠里，丐帮可是一个大帮派，其中的一些情节当然是虚拟的。但清代的复州城里，还真有一个丐帮。据说是复州知州为管理城里的乞丐，不知哪年在东城门瓮城的北边，盖了一座花子房，专为安置城内的乞丐住宿。州官还任命了一个花子头，相当于丐帮帮主，让他去管城乡里有关乞丐的事。例如乞丐打架或有伤亡等事都由花子头去处理，不用州官再过问了。

每年元宵节复州城举办灯会时，州官三天不理民事。不管发生什么事情，都交给花子头去处理。花子头摇身一变，成了灯官老爷，派头大了，权力也大了。在这三天里，花子头可以装扮成"灯官老爷"，主要职责就是检查各商家的灯火亮不亮。花子头穿知州大人的旧官服，戴他的旧官帽，可笑的是上边的红顶子是一粒大山楂。花子头还坐轿，这轿子其实是一把旧太师椅，下边绑两根长扁担，让小花子们抬着走，好似今日旅游登山坐的滑竿。前后簇拥的小花子穿着衙役的旧制服，扛着红黑棍，举着旗子，还鸣锣开道，咣咣，行人闪开喽……

什么是检查灯火呢？就是不管到了哪个商家的门前，灯官老爷都说，你家的灯不亮，罚款。商家老板争辩，怎么不亮？亮！灯官老爷眼睛一瞪，不亮！就这样，两个人吵起来了。不亮！亮！就是不亮！就是亮！其实并不是真吵，就是逗个乐子，像演戏一样，博得观众的阵阵笑声而已。到最后，"罚款"一定是要交的。大商家多交点儿，小商家少交点儿，但没有不交的。

据说，在元宵节期间，没有人敢打架斗殴。真要闹起来，灯官老爷有权把肇事者送到监狱里去。要是三天之内不放出来，就坏了，要等到下一年的元宵节才有出狱的希望。原因是知州大人不插手灯官老爷办的案子。

复州古城何时消失

> 作为一座古城,复州的消失绝不是"一下子"就没的事情,而是一个缓慢的、逐渐的过程。这个过程从清朝末年就开始了。

辽南大地上,金州、复州这两座明代的古城命运几乎是一样的,它们是辽南的两颗明珠,可惜都没有保存下来。所以,今天令复州城老百姓最为扼腕叹息的,就是20世纪70年代那次古城墙的拆毁。

有人说,复州古城到20世纪70年代初的时候还好好的,不像金州城是在刚解放时就拆了,眼看着就要改革开放了,结果古城突然被毁掉。

其实作为一座古城——复州城的消失,绝不会是"一下子"就没的事情,而是一个缓慢的、逐渐的过程。

风起于青苹之末,这个过程从清朝末年就开始了。

首先是复州兵灾不断。

1894年12月,日军乃木希典旅团侵占复州,清朝爱国将领宋庆曾率"毅军"在此进行阻击。日军进城后,派士兵挨家挨户劫掠粮食及御寒衣物等,把复州城祸害得不轻。而知州高昕和城内驻扎的各股旗兵,早在日军进城前就闻讯连夜逃走了。

1900年,沙俄军队又来了,把知州衙门里的卷宗文簿档案等全部烧毁。这两次兵灾对复州城造成极大破坏,因此,1905年战乱刚刚过去之后,复州官员就对古城城墙进行过一次大维修。

抗日战争胜利之后,辽南是人民解放军东野辽南独立师和四纵队十二师的驻地,对手是国民党新六军。东野十二师主力和国民党新六军在这一带进行拉锯战。

1946年当国民党军占领复州城后,就将复州城东南角上的那座魁星楼拆掉,同时在城墙上修建了一座炮楼,使城墙遭到了严重破坏。

战争之后是人祸。

1923年,城南门的警察所在城门楼里设了一个灶房,警察所的高所长和一帮赌徒在城门楼里赌钱,结果灶房的柴草燃着了没人管,一把大火将南门楼化为灰烬。

1948年冬天，北城的门楼由于年久失修，竟然被一场大风刮倒。

1949年春天，东城的门楼摇摇欲坠，被拆掉。同年夏天，一场连续40天的淫雨，让北门东部靠近珍珠河的百米城墙坍塌。

到了20世纪50年代后期，为了方便群众进城出城，当地政府又把西城墙扒开，设置了一个西门。紧接着，几个城墙角也都扒开了。可以想象，这时候的复州城是个什么样子。一座小小的城，出现了七八个大豁子，已经是千疮百孔、惨不忍睹了。

到1976年，县政府号召扒城墙，名义上是为了筑路修道，同时也说是"兴修水利"没有砖了，于是除了留东城门和瓮城以及东北角50米长的城墙外，几个城门及与之连体的城墙都被拆除了，在这个过程中，周边百姓又不断抽砖取瓦以留家用。结果，一座绵延千载、能工巧匠为之付出无数心血的复州古城，就这样仅在两年内即灰飞烟灭，令后人为之涕泗滂沱，叹息不已。

"要是古城墙不拆，复州的对外吸引力绝不在兴城之下！"言及此事，复州人和金州人一样痛心疾首，捶胸顿足。

城墙不懂得疼痛，懂得疼痛的是人心。

很多老复州人在回想复州往事的时候，不约而同都会提到一个很具体的人。说就是他，把古城给扒掉了，把古城给"作践"了、毁了……

还是和金州古城十分相似的情形。把复州古城的消失完全归过于某一个人，其实是不公平的。因为每个人都在一个特定的时代和环境下，又局限于那个时代和环境，他不可能超越的。用今天的流行观念和思维方式去苛求当时的人，那是强人所难。

现在到复州，不时还会听到惋惜的言语——这古城要是没扒，现在可就值钱了。因为发展旅游业、拍个影视连续剧什么的是没问题的。的确，能吃上老祖宗的饭，就等于捧上了一个金饭碗。环顾神州大地，云南丽江古城、山西平遥古城、山东曲阜孔府等处的人们不都是这样吗？

古城墙的价值不仅仅在于能发展旅游业和影视业，最重要的，则是作为这座城市历史的见证，古城的损毁乃至消失，是这座城市文化根脉在一点点地被切除。这是要害！

复州城的兴起没落

永丰塔下的风景

苦难热血　流风遗韵

老八景之"永丰夕照"

> 据说永丰塔以"永丰"两字命名,暗喻从黑龙江永宁、丰水等县迁过来的女真人不忘故土之情。由此可推断,此塔应该是辽代时由女真人集资兴建。
>
> "先有永丰寺,后有永丰塔,永丰塔的传说和永丰寺相关。"

1

当年复州土城的规模和样式,现在已经难以复原和查考。能为那段时间做证人的,是当年土城时代就有的一座古塔——永丰塔。

永丰塔就像古城一个忠实的卫兵,默默地守望着它,从土城到石城再到砖城直至毁灭。

说到永丰塔,那是复州古城八景之一,也是复州人的骄傲。

对于复州人来说,永丰塔是一个地标,或者说是复州城的一个logo(标志)。

许多复州长大的孩子,小时候都曾经有过这样的经历,家长怕孩子迷路,于是亲授秘诀:不管身处何方,只要以永丰塔为坐标,就可以找到家。而且只要是在复州的孩子,小时候肯定曾到过永丰塔前玩耍,男孩子拼力登上佛龛的也不会在少数。

那么,这座塔是何时建的,为什么又叫永丰塔呢?

民国八年复县知事程廷恒修纂的老《复县志略》,曾认为永丰塔是唐塔,但说得不够肯定,所以加了一句"亦云辽塔"。

但现在主流的声音认定它是辽塔无疑。

永丰塔确定是辽塔而不是唐塔的依据是什么?

复州镇文化站站长金延年曾解释:"辽塔的建筑特点可用九字概括,八角十三层、实心密檐。不知你到过西安没有?西安几座有名的唐塔如大雁塔、小雁塔,里面有楼梯可以上到塔顶,而像永丰塔这样的辽塔,里面却是实心的。"

瓦房店市政协原副主席牛正江老先生也曾经多方考证,查找资料,最后确认是辽塔,而且他还从史籍中查出,建塔的时间为辽兴宗重熙十三年(1044年)。

在复州城,今年已经90余高龄的牛正江先生是个热爱复州的有心人,2004年牛正江就出版了《复州史话》一书,介绍复州的历史、山川、风物,为传承复州厚重的乡土文脉做出了贡献。1949年,当时还是复州城镇中心小学校教导主任的牛正江,就创作出《参军光荣》《支援前线》等皮影戏,由学校师生演出,配合政府的宣传工作。而且这是复县绘制新影、创作新影本、演出新影戏的开始。

为什么《复县志略》曾认为永丰塔是唐塔呢?因为永丰寺是唐代的,理论上寺与塔应该一体。

金延年的说法是"先有永丰寺,后有永丰塔,永丰塔的传说和永丰寺相关"。他认为,永丰寺始建于唐朝,至今已经有一千三百余年历史。相传,永丰寺曾出现过"永丰夕照"的奇景,被人尊为名刹,因此不少德高望重的名僧都到永丰寺来修行。辽兴宗重熙十三年,永丰寺中有一位大僧乐善好施,治病济世,深受百姓爱戴。大僧圆寂后,当地百姓为了纪念他,便修建了这座永丰塔,让大僧安息在永丰塔下。

这是建塔的一个新说法。

还有两个说法:一是相传附近的骆驼山曾有山盗横行,为了保一方安宁,故建此塔镇之。

另一说是,早年永丰塔下为一海眼,为了防止海水冒出泛滥,用铜锅十八口覆于海眼上,然后再修宝塔镇之。

复州古城的永丰塔(汤亚辉/摄)

2

那么,永丰塔为何名"永丰"呢?据考证,是以"永丰"两个字,来暗喻从黑龙江永宁、丰水等县迁过来的女真人不忘故土之情。由此可推断,此塔应该是辽代时由女真人集资兴建的。

牛正江考证,明洪武时,永丰塔侧曾有一座观音堂,永乐十七年(1419年)江西都司唐琮做复州卫指挥使时,捐俸改修为佛店并奏赐号为"永丰"。就是说,永丰寺的前身是观音堂,永丰寺的名字也是皇帝封的,这和金延年的说法又不同了。

永丰塔和永丰寺连在一起。当年永丰寺香火鼎盛,寺内有大雄宝殿、吕祖阁、华佗寺、火神庙、灶君庙、钟楼、火鼎等,寺外还有僧舍和戏楼,曾是复州城最大的一个寺庙建筑群。

在辽的土城时代,塔和寺都是筑在城里的,到了明的砖城时代,因为城的面积变小了,塔和寺被"留"在了城外。

关于永丰寺,大连史学专家孙玉先生考证:在金代,永丰寺又被称为宝岩寺,证据就是金代的著名文人王寂所写的《鸭江行部志》。

王寂在金明昌元年(1190年)时被任命为提点辽东路刑狱,《鸭江行部志》记录了他于金明昌二年,巡查辽南地区的所见所闻。当时他从辽阳出发,经析木城(今海城附近)、汤地县(今大石桥北)、熊岳后进入大连地区,先到今瓦房店市北部的曷苏馆,后到永康(复州),最后到达化成县(今金州)附近的顺化营和新市。一路走来,访古迹庙宇,观山海奇景,访里巷耆旧,啜茶于山城,投宿于民家,谈古论今,所记很细,并随感赋诗多首,他虽身负公务,但所写所记,皆为当地的历史风物、民情习俗,可以说是一部辽南文化考察录,也是历代文人第一个写大连地区历史文化而又写得最为详尽具体的著作。

王寂在《鸭江行部志》记载:"明昌辛亥岁三月壬子(1191年农历三月初四),宿于复(州)之宝岩寺。"

《鸭江行部志》注释考证:"宝岩寺,在今复州城外东南角土丘上,有八角十三层密檐式砖塔……属辽、金时佛塔。明永乐间,于此塔前建永丰寺,今已圮殿不存。疑金之宝岩寺当在此塔附近,或明永丰寺即在辽、金旧寺废址上重建未可知。"故应正永丰寺名为"宝岩寺塔"。

永丰塔下的风景

而《大连市志·宗教志》中的"永丰寺"条记载："永丰寺建寺之初称大佛寺。辽国管辖辽南以后，将辽北扶余县，黑龙江龙泉府管辖内的永宁、丰水、扶罗三县部分居民迁来落户。取永宁县的'永'字，丰水县的'丰'字，为辽代建筑的塔命名叫永丰塔，同时把唐代修的大佛寺，易名为永丰寺。"

现在理顺一下脉络：唐代有了大佛寺，辽代女真人被迫移民到此，在寺旁修筑了永丰塔，同时易名永丰寺，金代又称之为宝岩寺，元代的时候因为人烟稀少，年久失修，逐渐倾圮，化为废墟。到了明洪武年间，一位叫慧成的和尚来寺修建了观音堂。永乐年间，复州卫指挥使唐琮捐俸，改修为佛殿并奏辽东都司转中央，恩准赐号为永丰，于是又改回为永丰寺。

各种歧义说法孰是孰非，尚存疑待考。

3

永丰塔的位置，是在复州古城的东南，永丰塔历经千年沧桑，虽风雨侵蚀依然高耸奇伟。每天日落时，四野俱黑，空旷寂寥，只有"塔尖一点赤如珠"，这就是古时"复州八景"之首的"永丰夕照"。

"永丰夕照"的韵致，尤以冬季雪后为佳。塔顶冠着白雪，十三层塔身披着白雪，塔下佛殿与庙群的大屋盖儿也托着白雪。由是，暮色里便出现了一片玉雕般的世界。落日留下的光团，便像一盏红灯笼，高高地挂于塔尖上，将裹在白雪中且裸露出赤墙彩栋的殿堂楼阁照耀得又玲珑，又辉煌，佛影熠熠。有诗云：

玉妆瑶佩染暮鼓，塔峰一点旭日升。

永丰塔属于实心密檐式砖塔，全塔由塔座、塔身、塔顶三部分构成。塔身呈八角形，塔座八面都有佛龛和浮雕佛像，砖心单顶，塔高23米，基座高2.2米，周长31.36米，塔身为密檐式砖砌13层，每层8个棱角，每角插入木橛，木橛下有支木。

在木橛的外端雕琢象鼻梁，梁下栓一铁环，环下悬铃，是谓风铃，或曰警鸟铃，又称之为"铁马"。

永丰塔13层檐角共悬104只铃，悬铃是为了防止鸟类来此栖身，叼砖絮窝，每至风起，就风动铃响，惊散鸟群，塔砖赖以保护完整。

而且每当风起铃响之时，铃声清脆而悠扬，又颇具诗情画意。

辽代灭亡后，后继的金朝女真人对辽代建筑大肆破坏，以发泄当年受辽

1994年仿建的城楼及永丰寺全景（汤亚辉/摄）

代契丹人压迫的仇恨，这也是辽代古迹稀缺难觅的主要原因。因此，复州能保存下大连地区唯一一座完整的辽代古塔，实属不易。

清后人们看到的古塔早已经破败不堪了，早就没了什么风铃铁马，而且塔顶还坍塌了一截，塔顶和塔身都杂草丛生，塔砖斑斑驳驳，很像一个风烛残年的老人。

20世纪90年代，永丰塔曾经出现过一次十分奇异的景观，大白天塔尖居然冒出一缕白烟，呈盘旋状缓缓升空，惹得当时复州城万人空巷，观者如堵。

是火警吗？

不可能！因为这是一座砖石结构的实心塔。塔尖的白烟又是盘旋状。根本不可能是火灾。

此前有年轻人曾经冒险爬到塔顶，往下看，结果发现有两条大青蛇盘窝其中，吓得这好事者一身冷汗，赶紧退下。难道这次的白烟是由巨蛇吐出的？

还有人观察分析说，那缕白烟并非气体，而是一群小蠓虫飞绕在一起，塔尖距地面近30米，目力所及有限，人在塔底远看仰观存在一个视角差，很容易将抱团飞舞的蠓虫视为一缕升起的白烟。

民国年间，文人张时和曾有一首《永丰夕照》，留此存照吧：

回峦附郭树葱茏，古刹庄严峙永丰。

城阙日斜辉百雉，门桥雨霁落双虹。

永丰塔下的风景

> 梵宫余照都成彩，佛殿灵光总是空。
> 最好千年古塔上，黄昏一点夕阳红。

总之，当年的永丰寺已经不复存在，永丰塔也曾经破败不堪，摇摇欲坠，现在我们看到的永丰寺和永丰塔，则是原复州文化站站长金延年组织"化缘"而重建起来的，为此有人戏称他是"金和尚"，因为他到处"化缘"求情。

1992年，复州镇文化站站长金延年就下定决心，要修复永丰塔，重建永丰寺。但是修复千年古塔和古寺谈何容易啊，那时古塔还在，而永丰寺只留下了一个大概的轮廓，根本看不出任何原本的建筑细节。

为了复原永丰寺，金延年找到了复州城当地12位80岁以上老人，组织大家一起回忆古寺的原貌。"最终真正提供了资料的老人只有六七位，其中一位86岁的老人耳聪目明，他的回忆最详细。"金延年介绍说。整理好详尽的资料之后，他便找来两位美术老师，按照1∶150的比例，耗时一年零八个月制作了一个复州古城模型。

最终，长4.5米、宽3.5米的柳木复州古城模型得以面世。城内的庙宇、民居、街道、衙署、城池、楼阁等坐落位置准确，形象逼真，还原了古城的历史风格。由于抢救及时，它已成为后人了解复州古城文化遗产的重要依据。

1993年，有了雏形，完成了设计图纸，但是金延年面临着一个巨大的难题——没有钱。金延年又四处奔走筹集资金，最后有个人说愿意出资280万元来重建永丰寺，但他说，需到年底才能先给80万元，剩下的200万元再分期给。就是这样，金延年硬着头皮打着白条先开工了。

为了填补工程款，金延年没少往里搭钱，手头拮据了，只好求助于乡亲们，工程进度很快，到了真正需要花钱的时候，令金延年万万没有想到的是，出资人竟出了岔子，说好的280万元工程款一下子变成了泡影。

幸好这时一位企业家得知了永丰寺重建，他找到金延年，表示愿意出一部分资金帮助修复工程。这样永丰寺工程得以继续开工。经过了一年多的重建，永丰寺恢复了昔日风采。

在这个过程中，先后有72家单位和1226人为永丰寺的建造捐款。从1992年到1997年，金延年靠着自己在群众中的威信和保护文物的执着，先后重修了永丰寺，重建了迎恩门、永丰塔，让复州古城重新找回了昔日的风采。

如今，这古塔和古寺成为了当地保存最好的建筑。

永丰塔下石磊就义

> 永丰塔作为复州城历史的一个见证者,在近代史上不乏波澜壮阔的画面。塔下也曾经是旧时革命烈士殉难的刑场。
>
> 1914年秋,辛亥革命志士石磊等24人被杀于永丰塔下,石磊年仅25岁。

石磊出生于辽宁省辽阳东新堡(今辽阳市下达河乡)。他早年以优异成绩毕业于清政府的盛京军校,后被保送到日本士官学校深造。这个学校既是日本的"黄埔军校",同时中国许多著名将领也毕业于此,例如蔡锷、阎锡山、何应钦、汤恩伯等等。石磊在留学日本期间,由同学蓝天蔚等人介绍,参加了孙中山创建的同盟会。回国后担任由蓝天蔚任统领(旅长)的新建陆军第二混成协司令部参谋。在蓝天蔚等革命党人的领导下,成立东北同盟分会,他负责组织工作。

辛亥革命时期,蓝天蔚任关东讨袁军大都督,委任石磊为本溪湖地区总司令,在中路军总司令宁武的指挥下,曾与清军激战于辽阳、本溪、凤城、丹东一带。

袁世凯窃国专权后,大肆镇压革命党人。石磊追随宁武在大连成立秘密组织——中国国民党革命行动委员会东北分会,积极开展护国倒袁活动,接受在日本东京的孙中山直接指挥。1914年2月,总司令宁武接到孙中山秘书谢持的急电去日本开会,于是决定留下石磊在大连主持工作。

同年3月17日,辽南革命党人获悉日本人为武装其傀儡、爪牙组织"宗社党",从大连老虎滩用帆船往营口运送枪支弹药。于是,革命党人决定由石磊带领23人截击此船。是夜,石磊率队乘船在金州湾与敌船相遇,经过激烈的战斗,将敌船和其载运的枪支弹药共37箱全部截获。但是交战中革命党人王青山身负重伤。石磊决定由刘耀臣率领大家将截获的敌船和武器按原计划运往葫芦岛,他护送王青山回大连疗伤。刘耀臣驾船驶入金州湾时,却遭到日本大连水上警察的追击,交战中日警以快艇将刘耀臣所驾的木帆船撞沉,船上22名革命党人全部落水被俘,当即被押解到日本金州民政署。

第二天，石磊和王青山在大连也被日本警察逮捕。

石磊被捕后，民国复县知事（即县长）苏鼎铭视石磊这批革命党人为重犯，他是想借此上报大总统袁世凯来邀功请赏。于是派人照会旅大租借地日本大连警察署，并私下贿赂日本官员，由此于3月22日将石磊等24名革命党人引渡到复州来。

在复州县衙大堂点名造册分牢收监之际，苏鼎铭见石磊谈吐举止超群，顿生爱才招降之意，他令狱卒将石磊一人软禁在县衙二堂的客室里，并派专人昼夜规劝开导，意欲使其归顺，但都被石磊严词拒绝。苏鼎铭又派石磊的同学前去劝降，石磊仍毫不动摇，并交给同学两首五言诗：

　　自由花开日，英雄报国期，一着不得当，输却满盘棋。

　　外贼内奸险，愤膺志更坚。政见不统一，归顺实是难。

此事传到牢房里，在押的革命党人深受鼓舞，所以在严刑拷打中，都保持了革命气节，没有一人背叛组织。苏鼎铭见石磊不降，曾亲自出马游说："你若能归袁，我保你不死。"石磊义正词严地说："革命兄弟，同来同往，视死如归，勿劳多言。"

在复州关押半月后，袁世凯批文判处24名革命党人死刑，就地执行。同年10月16日，24名革命党人被押到复州城外永丰塔下的刑场，刑场上停放24口棕红色棺材。临刑的前一天晚上，石磊在狱中给父母写下了一封遗书，第二天行刑之前，石磊又在永丰塔下当场赋就义诗一首：

　　武昌革命下江楼，胜者王侯败者囚。

　　廿四英雄空纪念，永丰塔下守孤丘。

1994年仿建的复州城南城楼（郭朝晖/摄）

然后石磊对着人群喊:"同胞们、乡亲们,我们是革命党人,我们是反对袁世凯的,同胞们要知道,袁世凯是个卖国贼……"石磊和全体革命党人高呼:"中国革命万岁!"监刑的两个日本人催促苏知事下令行刑。一排枪响后,其中23名革命党人倒下了。因苏鼎铭仍对劝降石磊存有一线希望,所以第一次行刑没有对石磊开枪。此时见他视死如归,只得二次下令行刑。警备队长来到石磊面前说:"巨符,把身子转过去吧。"石磊坦然地说:"为国捐躯,死得明白,就这样来吧!"石磊面对敌人的枪口英勇就义,时年25岁。

孙中山先生在日本闻报后,悲痛万分,并沉痛悼念为革命而牺牲的石磊等诸烈士。

1994年9月,中共大连市委、市政府将复州城石磊等24名革命党人殉难地命名为"大连市首批爱国主义教育基地"。

1998年8月,大连市委、市政府在大连英雄纪念公园为石磊建立塑像,彰表他的爱国精神。据石磊的墓碑文载,2000年,大连市文管会决定于营城子村为石磊重建墓地,此举得到该村的拥护和支持,并为之捐资修筑。石磊的侄子石英高兴应允,将叔叔的忠骨由辽阳迁移至此。

永丰塔下除了石磊的英勇就义,在1946年的解放战争中,由于叛徒告密,共产党员、复州区长张筠被敌人包围。他英勇抵抗,后因弹尽被俘。面对敌人的威逼利诱,严刑拷打,他大义凛然,宁死不屈,于1947年1月10日也在永丰塔下从容就义,时年仅24岁,后掩埋于塔下烈士陵园。

横山书院、龙爪槐和皮影戏

> 横山书院从1844年至1905年的60年间,在册中获取科名的有271人,其中庠生220名,贡生58名,举人10名,进士2名,翰林1名。此翰林即清末大才子徐赓臣。

永丰塔下的风景

1

如果你想深入了解复州古城,横山书院不可不去。

如果你想寻找复州古城的流风遗韵,横山书院非去不可。

书院曾是中国古代的标志性建筑之一。中国北方的书院相比南方要少。清朝年间，辽宁地区有四大书院，只不过，如今只剩下铁岭一书院与复州的横山书院了。金州古城虽然也曾有南金书院，但已经烟消云灭了。

说复州城是一个千年古城，那么，横山书院是解读复州古城的一把钥匙。

复州这样一个在辽金时代就商贾云集的州城，在明朝是军事重镇的卫城，一个辽南地区的政治、经济、文化中心，必然要有一个与之相匹配的文化表现形式，否则，这里就不可能写下延续的历史。

横山书院位于复州城老十字街的西街，它曾经是清朝中叶复州防守尉顾尔马浑将军的府邸，但这位将军当年还没有住进来，就因升迁又离开了复州，于是留下了一处府邸。

道光二十四年（1844年），复州知州章朝敕（这个人看来是很有眼光和境界的），为提高复州私塾学生的文化水平，让学生有个进修的场所，倡议州民建立一个书院，这个想法得到了地方士绅胡绍庭、宿儒刘祖尧等人的支持协助，于是将这座遗留下来的将军府邸扩建为书院，并以复州境内的一座名山"横山"二字冠于书院名前。

现代社会，最好的建筑常常是政府大楼和银行，而那时的复州城用一个将军府邸来做学堂，应该是复州城里最好的建筑之一吧。

作为复州的最高学府，横山书院后来被誉为复州文化的发祥地。

在复州城，你想找横山书院并不难，即使是第一次来，也只需问几个路人就很容易找到。这是隐藏在喧闹的街道深处一个格外安静的院落。一块古香古色的照壁立在大门前马路的对面，门前右侧是一块1997年立的花岗岩石碑，记录下横山书院的历史脉络，两尊石狮默默地立在大门两侧，坚守着这片宁静和儒雅。因为历经了百年的岁月风雨，那对石狮已被消磨去了它原有的俊俏模样。

从敞开的大门向里面望去，一股浓郁的文化气息就会扑面而来，因为一尊先师孔子塑像就静静地矗立在院落中央。书院是坐北朝南的两进院落，一进院原为授课之所，正

复州城的横山书院

横山书院内的孔子像（汤亚辉/摄）

中是讲堂。二进院原为师生食宿之处。在院子的一角，还有一条长50米的碑廊，里面摆放着复州各时期的数十块碑刻，真实地折射出复州历史的沿革变迁。

我看到的横山书院，感觉比想象中的要小，走进去，里边静悄悄，看不到一个人，只有一只花猫躲在墙角里看着我们。各房门都上着锁，在厢房，我隔着老式窗棂的玻璃向里边看，那里已辟为图书馆，一排排书架上排满了图书，但是没有人，没有过去书院里清脆的读书声和学子们的身影了。门前现在挂的牌子是"瓦房店文化馆复州分馆"。

整个院落建筑是黑和红两种色彩，渲染出特有的凝重和古朴，在周边现代楼房的映衬下，明晰的清代建筑风格让它显得格外与众不同。

据了解，过去书院的主管人称之为山长或主讲，历来都是本州的学正（相当于教育局长）或吏目担任。

应该从清代中期开始，辽南地区的学子渐渐会集于此，原来空旷神秘的将军府传出了琅琅的书声，朝经暮史，口诵心惟。它让我们记忆起古老岁月里的那些留着辫子的求读书生。庭院里花开花落，学子们你来我走，而从这里走出去的学子，就散落在全国各地，成为那个时代的精英种子。

随着横山书院的名气远播，前来求学的人也越来越多，从前的房屋已不够使用。到了咸丰年间，新上任的复州知州王廷祯增建正厢瓦房11间，东西两间各6间，一时间此处学风盛极一时。

光绪十七年（1891年），复州学正步其端热心教育，聘请知名学者郦宗来院讲学，此后复州考生高科连捷，达到复州学风最盛时期。

横山书院从1844年至1905年的60年间，在册中获取科名的有271人，其中庠生220名，贡生58名，举人10名，进士2名，翰林1名。此翰林即清末大才子徐赓臣。

说到横山书院，徐赓臣是不能不讲的。

复州文人首推徐赓臣及其家族。徐氏家族人才辈出，堪称大连第一诗文世家。徐赓臣是复州太平庄（今瓦房店元台镇）人，字韵初，号东沙。道光年间拔贡，咸丰十年（1860年）朝考第一，中进士，钦点翰林院庶吉士，一时名扬朝野，几位主考官曾推荐其为太子之师，他以"才疏学浅"谢绝，遂被放任为直隶肥县知县，后因在南阳参与平乱有功，奉旨授直隶州牧加知府衔。辞职还乡后，应复州知州之聘，于横山书院执教五年，复州名士陈登瀛、李青云、张家翰、王翰芗等皆其高足。

徐赓臣博学多闻，著有《韵初遗稿》、诗集《斯宜堂诗稿》和劝诫鸦片的《鸦片词四十八首》等。当年的《庚年北归山海关旅舍》一诗，就表达了他不慕官场的心情：

绝胜久断梦里归，何辞驿路雪菲菲。

河深久断人行迹，野店何来夜扣扉。

入世自知经济拙，问心不羡官囊肥。

明朝走马榆关道，万里城头看旭晖。

一次复州唱戏，诸君请他写联，他提笔一挥而就两联，将咸丰前大清皇帝年号按顺序融进对联中，成为千古绝唱。联云：

离宫照明几番妙舞翻红雪，瑶池凌空一曲清歌卷白云。

顺天康民雍然乾坤嘉王道，治世熙务正是隆春庆诏光。

光绪三十二年（1906年），清廷派大臣访欧，回来后便效仿西欧办学方式，废科举，办学堂，于是当时州官曹祖培将横山书院改为"横山学堂"。

公元1913年，改复州为"复县"，横山学堂又改为"奉天省复县中师学校"。解放后，在横山书院旧址建立了复县第二中学，后因校舍所限，复县第二中学迁至复州城南街，横山书院遗址保留至今。

在现代史中，从横山书院就走出了四位将军，于永波、谷善庆、张治中和韩吉堂都曾在这里读过书。

现在的复州城还有这个习俗，那些从复州城周边乡镇考上高中的，报到第一天就要到横山书院去走一走，据说进横山书院里走一圈，沾点书香，就能金榜题名。书院的确题有这样的楹联：

广厦千万间，大庇欢颜蔚桃李；

同堂二三载，共欣聚首契芝兰。

现在的横山书院已成为复州城的历史文化中心，这里有"五展馆一碑廊"。五展馆即复州历史博物馆、复州民间艺术展馆、复州皮影展馆、当代名人馆、徐翰林展馆；一碑廊即在书院的一侧建造了一条长50米、宽3米的碑碣展廊，其中包括明永乐年间所建的石城碑、乾隆年间所建的砖城碑、清光绪年间重修复州城碑、甲午战争清爱国将领宋庆功德碑等。

2

在横山书院的南侧，距永丰塔不远，还有一棵形状奇特的槐树，因其枝干遒劲、错节盘根，而被形象地称为"龙爪槐"。

其实龙爪槐作为绿化树并不鲜见，现在的城市社区街道里常见，但是像复州古城里的这一棵，却是绝无仅有。

据说，是在明朝嘉靖初年，一法号叫慧天的游方僧人在永丰寺暂住，亲手栽种了这棵龙爪槐，算起来，此树距今已有四百多年历史。每当春夏之交枝叶浓密时，此树恰似碧云凝空，遮天蔽日，又如擎天巨伞，不透雨滴，因而常作顽童避雨之所。

复州的老人们介绍说："此树的特点是滴水不漏，即枝叶浓密下雨不漏。孩子们在这里玩耍遇到了雨就躲到树下。"

更为奇特的是，龙爪槐的"一根分枝再连理"，人们走到树下，清晰可见一支树干横在两大分枝树干之间，有一条几乎与地面平行的横枝，无论从左看还是从右看，都说不清这一怪枝是从哪里横逸而出。百十年间，至今无人能够破解，是左边的分枝连右边的枝，还是右边的分枝连左边的枝。

进入夏季，龙爪槐枝繁叶茂，两大枝干树冠相拥相抱，如同雌雄两头狮子在接吻。

回看龙爪槐，枝繁叶茂，树大根深，不正像复州厚重历史文化的一个写照吗？

3

说到厚重的历史文化是一点不假。现在，复州古城镇就有三个国家级非物质文化遗产项目。有关文化专家认证，三个国家级非物质文化遗产项目出自于一个镇，在中国还是绝无仅有的，更何况复州还有四个省级非物质文化遗产项目呢。

在国家级非物质文化遗产中，复州皮影最有特点。

据考证，明万历年间，复州的皮影戏由陕西来东北戍边的士兵传过来。后来又由军营传到了民间，这一点和金州龙舞很相似。清嘉庆年间，北京附近"白莲教"盛行，因有皮影艺人参加被诬陷为"悬灯匪"，并下令禁演，于是滦州皮影艺人被迫大量流入东北。同时山东登州皮影也跨海到辽南来演出，复州的皮影戏就是从这时活跃起来。

复州皮影的"影人"最早是用草纸进行制作，后来发现驴皮透明，用它做出的影人可以清晰地分辨出五颜六色，比纸制皮影美观，表演更具色彩，就逐渐用驴皮影代替了纸制皮影。在表演上，最初由于看皮影的观众少，复州各影班在唱影时都用8寸影人，随着皮影观众的逐渐增多，距离影窗较远者看不清影人，开始改用1.2尺的大影人，皮影的演出形式也十分简单，只需在一高台上用一幅宽1米、长2.3米左右的白布作为影窗，演员在幕后通过灯光照射，将影人投影在影窗上，表演者在幕后演唱、道白、配乐，影人在幕上表演，形成一人口述千古事、双手舞弄百万兵的热闹场面。

皮影班经常演出的著名作品以长剧目为主，包括《西游记》《二龙山》《白蛇传》《盗马关》《岳飞传》等。

横山书院

复州皮影主要有4个皮影戏班，即温家班、孙家班（德胜班）、韩家班、义和班，而目前只有复州城镇德胜班和得利寺镇义和班还在坚持演出。

在复州皮影申请成为国家级非物质文化遗产项目的过程中，复州文化馆馆长金延年功不可没，他在担任文化馆馆长之后，听说了复州有传统的民间艺术皮影，曾经冒着酷暑骑自行车四处打听皮影的传人，后来首先找到了复州城莲花村最有名的皮影艺人孙德深（得胜班）。

从1991年开始，金延年开始把皮影介绍给老百姓，推向市场。然而这条推广之路并不像他想象的那么一帆风顺。在1991年的乘凉晚会上，金延年首次推出了皮影免费专场。"当时，孙德深带着八个人来演《大唐英烈传》，起初有上千人来看，后来就剩下百八十人。"

第二年的乘凉晚会，第三年的庙会，甚至想出了送皮影戏到村的想法，周而复始，一年年的坚持，虽然有些艰苦，但皮影戏终于延续传承下来。2006年12月，复州皮影戏被列为全国首批非物质文化遗产保护项目。2008年，孙德深被国务院认定为该项目国家级代表性传承人，并获得了中华人民共和国文化部颁发的证书。

除了皮影，复州还有东北大鼓和双管乐也被国务院列为国家级非物质文化遗产保护项目。

步行于复州城中，看古塔，赏老槐，拜书院，能感觉到厚重的乡土文化气息扑面而来，这座千年古城在渤海湾畔悠然横卧，似乎在向每一位来访者静静讲述着它风云绝代的前世今生。

吟咏辽南古城的诗词

从诗人的角度来说，金州、复州古城那伟岸的城墙、巍峨的城楼，就是用来登临抒怀的，远观山海形胜，近睹人物风情，以思古忧今，自然浮想联翩，诗情大发。

但明代以前的文人墨客，是否有登临金州、复州等辽南古城并且赋诗的？因文献极少已不可考。从明代后期起，才有了关于金州和复州古城的诗词。

在描写金州古城风景的诗词里，经常会被提及和转引的一首诗，就是明

永丰塔下的风景

嘉靖年间辽东巡按御史温景葵的这首七律《金州观海》：

　　青山碧水傍城隈，驿使登临望眼开。
　　柳拂鹅黄风习习，江流鸭绿气皑皑。
　　浮槎彷佛随人去，飞鹭分明自岛来。
　　极目南天纷瑞霭，乡人指点是蓬莱。

这大概是古代诗人以金州之名为题的第一首诗。

"柳拂鹅黄"说明是在一个春天，曾经在苏州和福建任过官的山西籍巡按大人，登上了明代金州卫古城的西城门。

在城头观海是永远的风景。今天观海豪宅依然抢手，说明古人今人都是一种审美观。

"浮槎彷佛随人去，飞鹭分明自岛来"，这写的就是金州老八景的"龙岛归帆"了。看海天交界处，飞鹭奔来，浮槎驶去。说明当年这里就有海鸟栖息，就有大片湿地，今天虽然大片湿地已因填海而消失，还是能见得到如白尾海雕等珍稀海鸟来栖息。"极目南天纷瑞霭，乡人指点是蓬莱"，说明金州的"乡人"正是山东海南丢。

这首七言诗，犹如一幅淡雅清新的水墨画。温景葵是在嘉靖四十二年以右佥都御史巡抚顺天，所以这首《金州观海》的写作时间大约就在1556年到1563年之间。

温景葵，山西大同人。嘉靖七年（1528年）中的举人，曾任苏州知府。温景葵巡抚辽东期间，曾作诗多首。还有一首就是写复州的永宁监城的《永

永宁监城址

宁监道中即事》：

> 黄鸟飞飞青犊眠，循行骢马又南还。
> 夭桃欲笑含春露，嫩柳低垂带晓烟。
> 海国山河联百二，江村骒牝畜三千。
> 却思骠骑时方赖，为赋毛诗驷驷篇。

除了温景葵，嘉靖年间的辽东巡按御史李辅，他也是《全辽志》的作者，也曾写过《金州道中》：

> 万山罗列蔼熹微，海水浮天白日飞。
> 满地黄花迷野径，数行衰柳掩柴扉。
> 客中多病偏寒早，马上看云意独违。
> 扰扰宦游南北路，不堪风动别时衣。

前四句就已经勾勒出了前往金州卫途中的景色，"万山罗列，海水浮天，满地黄花，数行衰柳"，描写的是夏秋之际的辽南。他又为复州古城赋诗一首《五十寨早行至复州拟古》：

> 鼓角秋天曙，旌旗海日斜。岩虚留宿雾，树霭散流霞。
> 望入沧溟迥，行随道路赊。马蹄翻露草，人迹印龙沙。
> 问俗成荒径，褰帷玩物华。蓬蒿阡陌处，烟火两三家。
> 丧乱频惊寇，流离失种麻。甘棠谁有爱，中谷汝堪嗟。
> 督府新传令，将军高建牙。楼兰何日斩，辽水静胡笳。

和明代不同的是，清代辽南诗风日盛，诗作日多。而且诗歌的创作已不局限于对自然山水、田园风光的咏叹，更多是直接地触及社会和生活，反映现实哀民疾苦的入世之作。

魏燮均是咸丰年间铁岭贡生，博学多识，诗文俱佳，为辽东地区的著名文人。他一生不志官场，负笈远游，曾在金州幕府任职文书。著有《香雪斋笔记》《九梅树诗集》。

魏燮均在金州任职两年，写有大量诗歌，是古城外地文人留诗最多的作家。他作为金州幕府的一名小吏，经常深入民间，体察民情，对百姓的生活与苦难有着很深刻的了解。写有《流民歌》《荒年叹》《赈灾行》《金州杂感》等，因而成为古城现实主义诗歌的开创者。

1853年春天，魏燮均从家乡铁岭重返金州的路上，看到了因去岁风灾向北逃难的难民，于是写下了这样的诗句：

永丰塔下的风景

辞家向海壖，千里驰征轮。
路遇尽流亡，遍是金复民。
去岁被灾始，陆续及今春。
络绎载道途，自旦达黄昏。
饥饿无人色，羸病行且呻。
辗转卖儿女，骨肉生离分。
非不惜骨肉，残命危难存。

这是魏燮均的五言长篇叙事诗《金州杂感》。

他在诗中写到"草子收为粮，树皮剥亦吃"。倘若"村中有举炊，众馁争奔集"。为了生存，金州的百姓"或卖女为妾，或典儿为奴"，默默忍受着"生离骨肉思，泪眼肝肠枯"的情感折磨。以致达到了使金州百姓感到"故乡不可恋"的地步，从而萌发了背井离乡、"逃往北荒陲"的念头。

魏燮均用诗歌的形式记述了金州历史上出现的这苍凉悲惨的一页。

在《金州杂感》"其七"中，诗人还告诉我们，此地在咸丰元年（1851年）也曾遭受风灾：

烝黎本穷困，况屡遭凶年。
去岁被风灾，尚有六分田。
今年苦阴雨，风灾尤甚焉。
大木乃为拔，禾稼摧如绵。
纵横卧陇亩，不辨陌与阡。

1852年的这场台风过后，整个金州的乡村地貌都被剥蚀得面目模糊。读魏燮均的诗，既有古乐府的感觉，也常常会想起杜甫笔下的"三吏三别"。

清代著名诗人多隆阿也曾有《复州十咏》，现附录其二：

缕缕炊烟起陌头，随风缥缈上城楼。
飞鸿渡岭云低就，触浪淘沙水急流。
日映荒台千壑冷，霜催古木万峰秋。
前生欠得长途债，又自驱车下復州。

地志详查记未讹，一州形胜入包罗。
山连北界花椒岛，水绕东隆毕里河。
户尚淳良污俗少，人敦礼让古风多。
年年倘有丰年庆，四野应听击壤歌。

多隆阿，辽东岫岩人，姓舒穆禄氏，隶满洲正白旗，清道光五年（1825年）拔贡。曾任南京金山书院、盛京莲宗书院、山西平阳书院山长。多隆阿平生好学，著述甚多，除诗作外，兼善经学考据。他还为庄河的高句丽山城作《古城二首》：

  古迹凭谁问，残碑僅记年。
  荒城今若此，古堞久頽然。
  戟拾沙中拾，人耕郭外田。
  倦倚危石坐，老树郁春烟。

  莫笑岘山泪，羊公傅至今。
  此城应有主，何事竟难寻。
  迹向苔中没，春从雨后深。
  潮来冲岛响，似听鼓鼙音。

近代以来，金州古城遭遇甲午和日俄战争的战火摧残，这也激起了诗人的强烈愤慨和爱国情怀。清末天津人杨凤鸣，曾经常年在金州古城行医，他写的《金州道》就是感慨古城被日俄所占：

  明珠合浦几时收，国破山河恨未休。
  到此无端增感触，孤城乔木古金州。

甲午战争后，清军著名将领宋庆曾率部来金州反击日军，以图收复。看到英灵横遭涂炭、满目疮痍的情景，他在金州龙王庙钓鱼台曾题诗：

  遥望金州疮痍满，倭贼杀戮勇三千。
  英灵永垂铭千古，龙王南边埋骨田。

关于战火之后的古城诗句，人们更熟悉的也许是金州诗人王天阶的一首七律《九日登金州城楼》。

  荆棘丛生雉堞荒，登临满目感沧桑。
  人烟萧索经兵燹，衙署倾颓作市场。
  几树寒鸦秋色老，一声孤雁客心伤。
  苍凉晚景凭谁赏，枫叶飞红菊绽黄。

这是一年的重阳节，王天阶信步登上已经残败的金州城楼，举目四望，满目沧桑，一片荒凉景象。

曾几何时，金州是辽东重镇，城高池深，如今却已是荆棘丛生，城垣破

永丰塔下的风景

败，人烟萧瑟，连过去威严的海防同知衙署，都成了人们交易货物的市场。

王天阶是金州杏树屯人。自幼涉猎诸子百家，名闻乡里。光绪十四年（1888年）考入北京国子监读书，为光绪年间贡生。回乡后设馆授学，有高士之风。诗人表现了极强烈的家国情怀。

关于古城东侧的屏障大黑山，诗词尤多，当代诗人张本义1991年在金州博物馆任馆长时期，曾主持大黑山唐王殿的修复工程，工程告竣后也有一首七言：

唐王殿起底若何？观者如云论不颇。
古刹依然夕照笼，新碑怕有烈风摩。
卑沙城上前人泪，点将台边后代歌。
遍倚危栏极目望，江山胜处感怀多！

诗歌是历史的影子，文章是现实的写照，一代诗文可以见证一代历史，近代金州地区的诗文真实地反映了当时的现实。

从望海埚到羊官堡

古戍卫国　烽火斥堠

望海埚城与抗倭大捷

> 望海埚一仗,是明初对倭寇作战最大的一次胜利,此役让倭寇主力殆尽,大明王朝在辽东的海疆由此平静了数百年。此后三百多年,倭寇不敢再犯辽东。

过去读大连历史,除了金、复两座古城曾做过明代的卫城外,还从没觉得明城会有多高的地位。这个偏见,是在我走了一些明城遗址之后扭转过来的。有明一代,除了金复两座雄伟的州城,还曾经有一些驿邮小邑和海防城堡留下的遗址可供我们凭吊。

元末明初,正值日本南北朝封建诸侯混战时期。日本沿海地区一些失意的封建主,纠集武夫、浪人、海盗、走私商人,携带武器,成百上千地到中国沿海各地抢劫财物,杀人放火,无恶不作。北自辽海、山东,南抵闽浙、东粤,他们打家劫舍的袭扰,史称"倭乱",而这些海匪则被称为"倭寇"。

倭寇袭扰,其"来若奔狼,去若惊鸟,烧杀奸淫,劫掠财物,无恶不作"。《倭变事略》载,明洪武十二年(1379年)、二十六年(1393年)、二十七年(1394年)、二十八年都有倭寇从金州沿海上岸,劫掠乡里,祸害百姓。此等挑衅,让大明王朝备受其辱,所以才有了这许多的海防城堡。

明代辽东的海防城堡是以卫城为中心,辅之以其他沿海城堡和驿城,有效地对沿海烽火台实行管理,使沿海烽火台与城堡成为一张大网,从而起到防御倭寇、保卫海疆的作用。

1

金州城东北 70 华里,亮甲店街道金顶山村赵王屯的东侧有一小山,当地百姓称之为东砣子。空中俯瞰,它中间凹下,四周凸起,犹如一个土锅,登临其上,沿海诸岛,尽收眼底,这里故此得名望海埚。

这座看上去普普通通的小山丘,曾经是一处著名的古战场,也是一座凯旋门。

望海埚的地理位置十分独特，大黑山雄踞其南，小黑山屹立其后，东依登沙河河口，西临青云河水库。青云河、登沙河两条水系交汇，这里繁荣富庶，膏腴丰厚。同时这里也成了历代倭寇入侵的首选之地。据史书记载："凡有寇至，必先经此。实为滨海、襟喉之地。"洪武、永乐时期都有倭寇劫掠，百姓苦不堪言。一场改写辽东历史的战役——"望海埚大捷"便由此地上演传奇，百世流芳。

刘江塑像

刘江是大明朝第三任的辽东总兵。在辽东驻守了十年，让人们记住他的是因为这一场战役。

朱元璋曾说："沧海之东，辽为首疆，中夏既宁，斯必戍守。"

辽东作为明代九边之首、京师肩背，对于防御蒙古、女真和倭寇，及保卫京师都具有重要的战略意义。因此历任总兵人选都是朝廷名将和心腹，也是当时在东北辽东地区最高的军事指挥官。

永乐九年（1411年）3月，朝廷忍无可忍，派大将刘江来当辽东总兵官。

刘江，宿迁（今江苏省宿迁市）人。本名刘荣，因替父参军故冒父名刘江，后来立功授广宁侯，才改用初名刘荣。

刘江智勇双全，深得永乐皇帝喜爱。"靖难之役"时，刘江跟随燕王朱棣冲锋陷阵，屡立战功，由百户升为都指挥佥事。永乐八年（1410年），刘江跟随朱棣出征塞外，消灭元军残部。进攻时冲锋在前，退却时横刀断后。因表现出色，朱棣派他去镇守辽东。

辽东总兵的府址在今天的北宁市、当时的广宁卫，实际是明朝在东北最高的军事机关驻地。

刘江上任伊始便巡视海防，永乐十四年（1416年）12月，于旅顺口、望海埚、左眼、右眼、西沙洲、三手山、山头等地修建烽火台7座，派兵防守，以防倭寇。

位于亮甲店金顶山的望海埚遗址

早在洪武八年建金州卫之后，明朝就以金州城为中心修建了五条烽火联络线，分别通往石河驿、望海埚、归服堡、红嘴堡、柳树屯，筑有烽火台、墩、架95处。而望海埚为一方中心台，下隶18处墩、架。

查阅《辽东志》，在卷二曾经详细记载了金州复州的"沿海城堡墩架"：

金州卫

金州城堡墩架操守（官军一千七百二十六员名）

本城（官军达舍三百七十八员名）

旅顺口城（守堡官一员）

望海埚堡（守堡官一员）

红嘴堡（守堡官一员）

黄骨岛堡（官舍余丁二百一十员名）

墩架（七十三座瞭守官军余丁四百三十五员名）

冬操夏种（官军余丁七百员名）

复州卫

复州城堡墩架操守（官军六百四十七员名）

本城（官军达舍五十一员名）

杨官寨堡（守堡官一员）

乐古驿堡（守堡官一员）

墩架（一十六座瞭守官丁四十四员名）

冬操夏种（官军五百五十二员名）

永乐十六年（1418年）8月，刘江到金州卫巡视，他来到望海埚，见其地高且广，旁可驻兵千余人，并听当地的百姓说："凡有寇至，必先经此。实为滨海、襟喉之地。"于是，"刘江上疏，用石垒堡筑城，置烟墩瞭望。"

刘江所筑的望海埚城，是一座用于军事防卫的小城，更准确地说是一个城堡，位于海拔116米高的丘陵上。城平面为椭圆形，形状如瓮，北窄小而南宽大。城墙周围长度约二百米，下部是石垒，上部是砖筑。北面为烽火台，南面为城门。城东侧为军马营，城东南为樱桃园城堡。烽火传递讯息的速度加之城堡的坚固，为望海埚大捷奠定了基础。

望海埚城堡虽然小，但在冷兵器时代具有重要的战略意义，这里给养供给方便，地势高临，可监视东南沿海。望海埚虽然平时仅设1名守堡官和百余名兵士，但它随时可得到两翼增援，首发尾应，机动灵活。

望海埚山下是金皮大道，是古时沿海通内地的必由之路，可谓咽喉要塞。这一带得益于青云河之利，耕田肥沃连片，村落密集富庶，是明代金州经济最繁荣的地区之一。因此，这里也成为倭寇抢劫的"重灾区"。

1419年6月14日傍晚，瞭望哨报告，发现东南王家岛上有火光。刘江预料倭寇将要来进犯，立即调兵遣将，严阵以待。当时，整个金州卫驻有步军1756名，屯田军2020名，煎盐军、炒铁军近百人。

第二天清晨，倭寇1500余众，分乘寇船31艘，从马坨子出发到登沙河海口，弃舟登岸。倭寇头目率领部众，成一字长队，鱼贯而行，直扑望海埚城堡而来。

此时，刘江早已安排好了全歼倭寇之计，他令指挥使徐刚等率领步军埋伏于山下；令指挥使钱真等率领马军（马队）绕到倭寇背后，准备截其归路；令百户姜隆率领壮士绕道到海口，准备潜烧倭寇所乘寇船。刘江同马、步、民三路首领约定"旗举伏起，炮鸣奋击，不用命者，以军法从事"。马、步、民三路指挥遵令而去。

当倭寇窜入到望海埚城堡中，发现堡中空空如也，疑心中计，正欲出堡。恰在这时，旗举炮鸣，伏兵尽起，两翼并进，杀得倭寇鬼哭狼嚎，尸横遍野。

残寇不敌明军的追杀，便向樱桃园（后称柳树园）空堡中逃去。明军将士斗志昂扬，正要追入樱桃园空堡中歼敌，刘江却不许。他亲率官兵从三面将空堡围住，特意留出西北口不守。残寇见有隙可乘，争相逃命。正在残寇你推我挤往堡外逃奔之时，明军的马军与步军一拥而上，把残寇几乎一网打尽。少数先逃出空堡的倭寇，退到江边，也都被姜隆率领烧寇船的壮士们逮住，无一逃脱。

此战总计杀死倭寇742名，生擒857名。刘江令用50辆大车载运俘虏，胜利地结束了望海埚战斗。

望海埚大捷后，刘江向朝廷报捷。朝廷封刘江为广宁伯，子孙世袭，还分别奖赏了294名作战有功的将士。

永乐十八年（1420年）4月，刘江病逝。朱棣赐谥"忠武"，改广宁伯为广宁侯，于京西卢沟河（今永定河）畔四平山赐葬。墓地规模宏大，松柏参天，环境极其幽静。现在，北京还有三处以"广宁"命名的地名：一是西城区的广宁伯街，二是石景山区的广宁路，三是广宁村（原名广宁坟，俗称西坟）。都是因刘江而得名。

诸多史书如《明史》《明实录·太宗实录》《明史稿》《通鉴明纪》《国榷》《皇明四夷考》《辽东志》《全辽志》《盛京疆域考》《明史纪事本末》《明通鉴》等均对这场大捷做了大量的记载。

真武庙

重修后的真武庙

2

望海埚战役之后，刘江在亮甲店金顶山建得胜庙，塑了真武大帝神像。

正德元年（1506年）金州都指挥鲁勋又重修了真武庙。重修真武庙的古碑世人称"得胜庙记碑"，现在还在真武庙中，可惜由于年久，碑文漫漶过半，时断时续，几不可读。后来真武庙又多次重修。此庙又名金顶山庙，因刘江立功被授广宁伯，又称"广宁伯祠"。2002年，亮甲店乡对真武庙进行了恢复性重建，望海埚也成为一处重要的爱国主义教育基地和旅游景点。

但望海埚城堡早已不见踪影，因为当年仅仅是一座小型军事城堡。当地的一些老人回忆，在他们记事的时候就没有见过望海埚城堡，只是在望海埚上有烽火台的土堆数座。

遗憾的是仅有的几座烽火台也没有保存下来，在20世纪70年代时，望海埚周围的村庄开始打石头，开采当地的一种名为"黄木纹"的石材，残留的烽火台就在开山凿石中灰飞烟灭了。

望海埚一仗，是明初对倭寇作战最大的一次胜利，此役让倭寇主力殆尽。因为望海埚大捷，从此，倭寇再也不敢从金州上岸。倭人改为南下，后来才有了山东戚继光抗倭的故事。按时间算起，刘江抗倭比戚继光抗倭早了一百多年，因为有了抗倭英雄刘江，辽东的老百姓着实过了几十年安生日子。

六百年过去了，这片土地上的人们从来没有忘记过刘江和望海埚大捷，现在金州地区内诸多如"台山、二台、三台、四台"等因烽火台而命名的村

二十里堡烽火台遗址

普兰店永安的圆柱形烽火台遗址

石河烽火台

屯就在我们身边，看见这些烽火台，也许就会浮现出当年的烽火连天，惊天地泣鬼神的那场战役。

在辽南，保存完好的还有二十里堡烽火台、石河烽火台、普兰店皮口新台村的永安烽火台等等，这些依然傲立在辽南大地上的烽火台，现在是如此安静、神秘、悠久，那些沧桑的刻满岁月痕迹的石灰岩块和大青砖，埋藏着多少秘密和传说呢？

清末的庄河名士刘滋桂曾有《七律》一首，咏当年的抗倭烽火台，附录于此铭记这些民族英雄吧：

烽火连营画角催，山椒屹立有高台。
黄沙已没尸千冢，白草空余土一堆。
片石支床棋局对，重阳扫榻酒樽开。
中原岁久销狼燧，故垒秋风锁绿苔。

万马奔腾的永宁监城

> 战马奔驰保边疆，辽东养马永宁城。

永宁监古城位于今瓦房店市北部永宁镇的老城区，从地理位置看它比陈屯汉城还远，向北马上就要到盖州了。

永宁监古城始建于明朝永乐七年（1409年）。永宁镇的名字便是由永宁监城而来。

永宁监城由于城墙土质极好——相传当年是豆浆和泥夯筑成的——因此这些年来，仅剩的一些土墙也被附近百姓挖去做建筑材料了。如今的永宁监城，只剩城东邹家宅院东厢房后面留有的一段6米长、2米宽、近2米高的土墙了。邹家人说，为了保护这段土墙，他们得罪了村里不少人。

那次去探访，走在原永祥寺外的小广场上，看到了大连市政府竖立的"市级文物保护单位 永宁监城址"石碑，我在永宁监城遗址碑周围徘徊了很久，问了一些老人，他们都说这座城已经没有任何存留下来的遗迹了。我不甘心，幸好后来遇到一位老人，直接把我领到邹家那段残墙处。之后邹家人又带我去认识了对永宁古城了解颇多的老人韩永昭。

韩永昭已经80多岁，身体依然健壮，他早年在人民公社时期做过生产队队长，当年他曾经为永宁监城的永祥寺外两根旗杆拍过照片，可惜，经过几次搬迁原照片找不到了。近些年，他和韩氏宗族内的兄弟子侄们根据保存下来的零星族谱，又编纂出一本韩氏族谱，并且出版了这本《永宁涧韩氏族谱》，书中对永宁监城进行了较为详细的记述，是一本难得的地方志类族谱。

如今的永宁镇内楼房林立，多数人已经不知道这座古城了，只有那仅剩的一段残墙，还承载着那些悠久的传说吧。

永乐四年明朝廷共设北直隶、辽东、平凉、甘肃四个苑马寺，每个苑马寺下设六监，每监设四苑。

何为苑马寺呢？就是明、清两朝掌管养军马的机构。

明代的辽东苑马寺设于辽阳城，其长官是从三品的苑马寺正卿。按照规

定，苑马寺官员原则上只负责管理马政，与地方事务全无关系。然而在嘉靖年间，辽东苑马寺卿却被调整职务，兼任管辖附近金州、复州、盖州三卫军民的兵备官。就是说，随着辽东政治、军事形势的发展，辽东苑马寺卿逐渐成为辽南地区重要的军政长官。

永宁监就属于辽东苑马寺管辖，这个永宁监还下辖龙潭苑（今得利寺镇龙潭山）、复州苑（今复州城镇东关）、清河苑（今松树镇）、深河苑（今万家岭镇）四个下属机构，据说每个苑养军马多则近万，少则几千。

冷兵器时期马军的作用不可忽视，所以当年这里是万马奔腾的景象。

永宁监城建于永乐七年，初建时为土城，坚固无比。嘉靖十四年（1535年），苑马寺卿杨最调金州、复州、盖州三州军民，在土城的基础上用石、砖砌成更加坚固的一座石城。

永宁监城设东、南、西三门，依次叫"寅宾门""日永门""聚泉门"。城高8米，周长约三里二百五十步，呈正方形，城墙宽至可行走车马。护城河深5米，宽4米。嘉靖三十八年（1559年）和万历五年（1577年），先后进行两次维修。

关于此城初建时间和独缺北门，有两个民间传说。传说永宁监城最早是在唐朝时修建的，当时高句丽与唐军连年征战，高句丽大将盖苏文在此修建城池抵御唐军。高句丽时，刑场设在北门外。后来每到深夜，常见鬼火，时起时灭，并伴随着鬼魂哭嚎的声音，所以人们就堵住了北门，只留下东、南、西三门。

城内东南角有一块地方叫"鸡鸣谷"。传说唐太宗当年东征高句丽，被困永宁城内，即将断粮。唐太宗命士兵吃完饭就到地里去种谷子。第二天鸡鸣时，士兵发现满地都是金灿灿的谷子，敌军知道这个消息后就撤走了，于是这块地就叫鸡鸣谷。

在明代，永宁监城的面积仅次于金州城和复州城，按规模排行老三。城内当时设有察院行台、永宁监公署、儒学学校等。到嘉靖四十四年（1565年）巡按御史李辅主持编写《全辽志》时，辽东苑马寺所辖升平、新吕、辽河、长平、安市五监及所辖苑（20个）俱废，仅剩永宁监及其所辖清河、深河二苑。此时，永宁监城实际上已经成为辽东的马政中心。

清朝时，政府撤销苑马寺，永宁监也不再养马，于是，城外的老百姓便陆陆续续搬进城内。清末民初，城内已经出现药铺、染坊、杂货铺、旅店等。

康熙四十八年（1709年），在城内街心路北建造永祥寺。寺庙的主体是大雄宝殿，左右两侧建有天齐庙、地藏王庙、娘娘庙、关帝庙、九圣祠等庙宇，占地约600平方米。据当地人说，庙内神像极其逼真，有的神像藏有机关，不但眼珠可以转动，还能手舞足蹈。

永祥寺正门东西各立一石狮和旌旗杆。旗杆约六丈高，约在四丈高处各有一方斗，方斗四面各写一字，东边方斗写"风调雨顺"，西边方斗写"国泰民安"。永宁监城向北一里有一座烽火台，监视着永宁监城周边的地方。

到了近代，永宁监城年久失修，坍塌之处渐多。而在民国时期的战争中，特别是国共在辽南的拉锯战，此城起到了巨大的防御作用。新中国成立后，此城坍塌更为严重，加之人为毁坏，于1958年大跃进年代，由永宁公社组织人将此城拆毁。"文革"时期更是对城内设施进行了彻底的摧毁，"文革"结束时，永宁监城内的庙宇已经无影无踪，只剩下一些为数不多被毁得不彻底的城墙依旧屹立着。

永宁古城即现在的永宁镇很好找，走沈大高速在瓦房店鞍屯下道，走202国道正好经过永宁镇，如果没时间下车，就深情地望一眼吧。

永宁监城里的永祥寺

现存最完整的羊官堡石城

> 古戍烽烟迷斥堠，夕阳村落解鞍鞯。不知征战几人还。

探访羊官堡古城是在去年早春的一个周日。我们驱车从沈大高速一直北行，瓦房店老虎屯下高速再上202国道，然后到仙浴湾镇。实际到仙浴湾时，我们还是转了一圈弯路，因为羊官堡实在偏僻，罕有外人至此。

位于仙浴湾西南的这座古城，系明代在辽南抵御倭寇的一个重要关隘。如今饱经沧桑，破旧不堪，就像一位耄耋老者，早已没有了当年伟岸身躯，没有了雄关气势。现在能看到的仅仅是聚落在古城内的十多家和围城之外——主要是城南的一些散落庄户——共25户农家，统称为仙浴湾镇丁家村羊官堡屯。

这个渤海湾东岸的小小屯落，距离夏季人声鼎沸的仙浴湾海滨浴场只有2.5公里，却一直默默无闻，鲜为人知。

走进羊官堡屯，除了偶尔一两个老人蹒跚的身影，再难见到闲人。但是古城的厚重气息却扑面而来，因为那高高的城墙，巨大的墙垛豁口，打磨成形的石块，都出现在你面前。这座城，城墙南北长约260米，东西长约160米，呈长方形状。城墙存高6到8米，宽3到4米。难得的是，经历了数百年，虽然城门没有了，城墙的四面轮廓还在，十分尊严地保持了一个城的形象。尤其东墙的一段，约有150米还十分完好，其他处则都是残垣断壁，形成了60到80度的斜坡。我在城墙顶部勉强走了一段路，因为石块散落，凸凹不平，加上杂草灌木丛生，行走十分艰难。

城墙坍塌的原因是早年砌城的大石块逐渐被村里人家抽走，垒自己的房屋和院墙。只有东墙还有两人多高，像一个勇士一样傲然屹立，雄伟亦壮观。东墙下是果园，桃树丛丛，一农妇正在那里喷洒农药，埋头作业，毫不理睬我们在那里拍照或者议论。一中年男人辅助洒药，也在忙碌着。城墙东侧是一栋高大的塑料大棚，走进大棚看种的是油桃，已经开始结果，这个农家大棚估计将来会是一个很好的农家旅游景点。

和这位中年男人聊起来，他说古城如果好好修一修，也许能成为一个旅游的景点，大连电视台都来拍过片子……

我答，这处古城将来肯定会成为一个景点，因为非常珍贵，尽管这座城是明城，距今也已经五六百年了。

走进城里时遇见一位84岁的老人，聊起来他也非常渴望政府能来修缮这座城墙，他说他就是在这里土生土长的，从小到现在，没有离开过这座古城。

城内原有真武庙、山神庙等建筑。真武庙位于近北门处，坐北面南，面阔三间，门前右侧立有雍正六年（1728年）《重修真武碑记》，左侧立有乾隆三十一年（1766年）《重修真武庙碑记》两通石碑。殿前有石筑钟楼。据雍正六年《重修真武碑记》所载："我羊官堡之真武庙创自明季，列于通衢，威镇北门，想必灵应一方。"

可知此真武庙始建于明末，而且位置显著。据碑文记载，至雍正六年之时，神像久已损坏，殿宇倾坍，往来行人孰不目睹心伤。幸有主持重塑神像，重修庙宇，"四方善信君子靡不喜施乐助，不日而告厥成"，恢复了昔日规模。到了乾隆三十一年，再次重修。真武庙1966年9月毁于"破四旧"中。山神庙很小，与饮水井很近。毁于何时已不可知。

1920年的《复县志略·艺文略》收有诗人张时和《过羊官堡》一诗，该

羊官堡保存最好的一段城墙

诗前有小注：城西南三十五里，南、北二门。北门有石匾，刻曰羊官堡，清嘉庆四十二年（1837年）重修。盛京通志作杨官堡。此处清嘉庆四十二年，实为明嘉靖四十二年。诗中写道：

羊官何日误杨官，断碣模糊仔细看。

半壁石城衔落日，不堪久立海风寒。

明永乐末年，倭寇侵扰渐盛，至明嘉靖年成患，位处辽南复州湾地区亦未例外，因而明朝统治者选取羊官堡为复州城西防门户，筑城设关，与栾古关（位瓦房店李店镇岚崮村）一道构成了当时复州境内的两大关防要地。传说平时驻兵150人左右，明朝大将周遇吉就曾在此驻军。然而随另一股少数民族——建州女真的兴起并逐渐控制东北地区，迫在眉睫的威胁，使得明王朝不得不将防御方向由"海防倭侵"转向"陆御后金"，不断地修补和完善辽东防御，大连地区的城防也因晚明"辽饷"消耗过度而终无暇顾及，渐渐失去其军事屏障作用。后来，随着清代羊官堡关的撤废，羊官堡城内不再有军兵防守，于是，附近的百姓开始入城居住，羊官堡的军事防御使命亦因此彻底终结，逐渐湮没在历史的尘烟中甚至几乎被世人遗忘。

当年羊官堡周围西山、南山、东山共建有4处烽火台。4处烽火台均位于山顶，以当地产石块筑成，西山有2处烽火台，相距约400米。至今尚有一些台基遗迹可寻。

这座城的来历传说也很多，据说原来东墙上有一块匾额，上书"尉迟敬德，监工重修"。所以有人就认为羊官堡城不是明城而起码是隋以前的城，唐代重修。羊官堡城只有南北两个门，据说北门有一块匾上写着"羊官堡"三个字，南门匾上写着"镇夷"两个字，这两块匾和东墙上的匾都已经不见了，只有传说，却没有人看到过它们。

南北两个石拱门，现在村中的人大都没有见过的，早已是两道大缺口。

羊官堡石城的文物保护石碑

城中原有四口古井也一一被填了。城外西南侧有一口井还在，据老人说，这口井也是古井，具体是什么时期的不得而知。

东墙上有一座古塔，在"文革"时期被砸了，现在只剩一道城墙缺口。同时被毁了的还有北门东侧的真武庙和庙旁的参天古树——紫穗槐。因为古槐高大，又在真武庙旁，所以方圆数十里的人们常常到树前求药，数百年不断。

虽然真武庙已经没有了，但是当地人依稀记得真武庙前石柱上的楹联：

威震北方凛凛英风光日月，

精分水性腾腾杀气啸乾坤。

当年羊官堡有护城河，现在几乎没人能准确地判断出护城河的具体位置了，村民们较为统一的说法是城西离城二三十米远的那条沟，沟宽约两米，长约三百米。

至于羊官堡城的军事功能，当然不能把它当作一座孤城来看待，它和周围其他城池形成一个军事防御网，多个城堡共同抵御外寇。

老人说，古代渤海海湾就在羊官堡城西北的不远处，此说有一定的可靠性，刚好证明羊官堡城是防御倭寇和海盗的，是复州城的一个前哨。

想探访羊官堡古城很简单，从沈大高速北行1小时在瓦房店老虎屯下，再上202国道到仙浴湾镇，羊官堡距离仙浴湾只有2.5公里，羊官堡的东山烽火台东部山脚下即是美丽的莲花泡水库。

一道残墙映落日：牧城驿

明代的牧城驿城位于金州卫城西南60里，今甘井子区营城子镇前牧城驿村，地处金州城与旅顺的交通要道中段。向北数里即至渤海。

因为牧城驿城周围蜿蜒起伏的山岭占尽了方圆几十里的制高点，并且东面有牧城河这条天然护城河，所以成为历代兵家必争之地，海防要冲。

唐代这里人烟稀少，覆盖着广袤的森林，是天然的伐木场和放牧场，所以牧城驿城在那时被称为"木场堡"。到明代，朝廷为了加快传递军令、政令，在全国范围内广设驿站。辽东有四条主干线，其中辽南旅顺至沈阳有十一个驿站和城堡，牧城驿城是第二个。当辽东半岛以及朝鲜半岛有战事时，牧城驿城作为一个驿站，大量转运从山东海运到旅顺再到牧城驿的粮食和各种物资。清康熙年间编撰《盛京通志》时，牧城驿城被称为"木厂堡"。清同治时重修牧城驿城，这时被改称为"木厂驿"。19世纪末，"木厂驿"被改称为"牧城驿"并沿用至今。

牧城驿城建于明永乐十三年（1415年），因据资料显示，城内建于明代中期的关帝庙，在明清两朝期间，经嘉靖二十五年（1546年）、万历五年、乾隆二十五年（1760年）、同治四年（1856年）共四次重修，所以牧城驿城至少也重修四次，可见其重要性。

牧城驿城周围的山上共修有十四座烽火台，中心烽火台监控区包括今甘井子区、沙河口区以及旅顺口区部分地区。如今，附近山上已不见烽火台遗迹，仅留下台山的名称。

牧城驿城既是军事要塞，又是辽南重要驿站，所以城内设有百户所和驿站官署、递运所及常驻守城官兵和驿兵等，是金州卫城到旅顺牧羊城一线的唯一驿站。

因为其名为牧城驿，所以有人猜测，其含义为"通往牧羊城的驿站"。

今天，牧城驿城已经成为一片废墟，仅剩南北两面城墙的残余部分。南

牧城驿城仅剩的残墙

城墙东段近百余米残留有坍塌的石头；东墙与南墙墙角有一段6米长、2米高、1米宽的残墙；南城门一侧5米左右的城墙还能看出城墙的形状；北城墙的东段近百余米也是坍塌的石头，还有几处很短的残墙，已看不出形状了。其余部分有的是民用平房，有的是高楼大厦，南北两城墙分两段保护，已经无法看出城的原形。

根据史料记载与近代学者的考证得知，牧城驿城当初南北最长处约600米，东西最长处约300米，面积约12.5万平方米。南北墙为直墙，西墙略弯，南宽北窄，呈口袋形，也有说船形，当地人称之为"船城"，不知道这与近海是否有关系。牧城驿城面积比旅顺南北二城的总面积还大。其建于明永乐十三年，比同期的红嘴堡与归服堡兴建时间都要早。从规模和时间上也能看出牧城驿城的重要地位。

牧城驿城北高南低，城墙为大方石与大青砖堆砌而成的。下面为大方石，上面为大青砖，很显然是明代建筑。下面的大方石还残留很多，但上面的大青砖已所剩无几了，只有南城门一侧的墙上有数十块。其余的青砖在过去文物不被重视的年代里，均被百姓拆了盖房。

南城门一侧的5米长、3米高的一段城墙是此城保护最好的一段，还能看得出城墙的形状。可能因为地势的原因，也可能因为年久，城墙向南倾斜，政府为了保护，在其两端各砌一座1米左右长、与墙同高的正方形石垛子。

有人以南城门这段墙作为院墙的一面，赫然建起一个农家院落，这户院落至今还有人住。

其实并不奇怪，南城墙与北城墙那些残留的碎砖坍石中，城墙的砖石已经不多，大部分为现代民房的残迹，因为这些砖石中，有大量瓷砖之类的现代建筑材料。

原来，这些民房都是依靠城墙而建。之后房地产开发，大部分民房均被拆毁，原本就所剩无几的城墙更加面目全非。

大楼已经盖了很多，北城墙处还没有动工，此时省政府批示牧城驿为辽宁省第九批省级文物保护单位，并将保护区域用铁丝网围了起来。面对着满地破砖烂瓦，还有堆积如山的垃圾，省政府的那块文物保护单位的大石碑似乎也在沉痛地叹息。

牧城驿这座城经历过多少腥风血雨？也许只有北城墙内的那棵二人环抱的老槐树似乎还能记得一些，它孤独而又骄傲地挺立着，一边回忆一边向人们诉说，可惜我们听不懂。

这座古城早在 1982 年 8 月时就被甘井子区人民政府立为区级重点文物保护单位，但在 1982 年到 2014 年的 32 年间，牧城驿城却是一直处于被破坏的过程中。

在我观察南城门时，身边有一位中年男人一直在自言自语："这有什么好看的，一堆烂石头，一点价值都没有。"

当我站在临近山上时，只能看到古城边的楼房和一片拆迁现场包括垃圾，古城遗迹根本看不见。每座古城都像一个个孤独的老人，渐行渐远。

如果你从金州出发，想探访牧城驿的路线可以是这样的：

坐轻轨到香炉礁站，步行 1300 米左右到香工街，乘坐 1101 路公交车到乔山墓园站，行程约一个半小时，途经 20 个公交站。从乔山墓园再步行大约 1500 米到前牧城驿村。牧城驿即在前牧城驿村。

参考文献

[1] 孙宝田.旅大文献征存[M].大连：大连出版社，2008.

[2] 素素.流光碎影[M].大连：大连出版社，2008.

[3] 《大连通史》编纂委员会.大连通史：古代卷[M].北京：人民出版社，2007.

[4] 周永刚.大连港史：古、近代部分[M].大连：大连出版社，1995.

[5] 韩悦行.大连掌故[M].大连：大连出版社，2007.

[6] 李振远.大连文化解读[M].大连：大连出版社，2008.

[7] 牛正江.复州史话[M].大连：大连出版社，2008.

[8] 吴青云.大连历代诗选注[M].大连：大连出版社，1992.

[9] 钟有江.金州史话[M].大连：大连出版社，2010.

[10] 曹钧.辽南汉代丧葬研究[M].北京：文物出版社，2008.

[11] 金县博物馆.金州名胜与风光[M].沈阳：辽宁人民出版社，1985.

[12] 阎承骏，秦玉.追溯大连的城史纪元：第一站：张店[N].大连日报，2010-8-15.

[13] 孙进己，冯永谦.东北历史地理[M].哈尔滨：黑龙江人民出版社，2013.

[14] 三宅俊成.中国东北地区考古学概说[M].李莲，译.东北亚细亚古文研究所，1989.

[15] 三宅俊成.在满二十六年[M].东京：内藤製本所，1985.

[16] 王禹浪，王文轶.辽东半岛地区的高句丽山城[M].哈尔滨：哈尔滨出版社，2008.

[17] 杨旸.明代辽东都司[M].郑州：中州古籍出版社，1988.

附　录

北瓦房店山城

　　北瓦房店山城北距瓦房店市区约 60 千米，建在万家岭镇北瓦房店村旁的山顶上，为瓦房店市与盖州市界山。地处白砂河上游，南距得利寺镇龙潭山山城约 30 千米。白砂河发源于北瓦房店村东北之老帽山北麓，西流注入渤海。

　　山城城垣由石块砌成，城垣沿山脊之走向修筑，平面呈不规则状，周长约 2.5 千米。山城内曾出土万字纹镂孔铁砚，这是东北地区少数民族居民于冬季使用的特殊砚台，盛行于五代之时。

普兰店大城子山城

　　大城子山城位于普兰店区大城子乡附近的山冈上，此山冈又名"夹河山"。其东临碧流河与庄河市城山乡高句丽城山山城隔夹河相对，是庄河城山山城的姊妹护卫城。当地称其为夹河山城、城山后城。

　　山城居于碧流河下游右岸，是控制由碧流河河口沿碧流河河谷进入盖州境内的重要隘口。山城周长 5 千米，有两门。城用石砌，修筑得不甚规范，规模远大于对岸的城山山城，但城内设施不如前城。

普兰店西山山城

　　西山山城位于普兰店区墨盘乡马屯村西山顶部。山城西距庙岭山 10 千米，其海拔 541 米，为附近最高山峰。北距大城子村 5 千米，南距红旗水库 5 千米，东距碧流河约 5 千米。

　　山城规模较大，周长约 4 千米，城墙用石块沿山脊砌筑，大部为楔形石块。山城内有泉井及蓄水池，城垣上筑有两座城门，一在西侧，另一建在谷口处。山城平面呈不规则形，山城内修有高台建筑，均用石块垒砌。城北侧有房屋遗址，出土有红色绳纹瓦等遗物。

　　山城东隔碧流河，与庄河市城山乡山城也成对峙之势，控扼西侧由黄海海路进入碧流河的交通要道。与上述两座山城，共同组成阻扼从海路进入辽东腹地的防御要塞体系。

普兰店老白山山城

老白山山城位于普兰店区元台乡二陶村东侧老白山顶部。山下有大沙河流经。山城城垣依山势用石块砌筑在山脊之上，平面呈不规则形，周长近2.5千米，在谷口处筑有城门，山城中有高台子、泉眼水井、蓄水池等遗迹。

瓦房店南马圈子山城

南马圈子山城位于瓦房店市得利寺镇崔屯村下崔屯南马圈子山顶部。此城居复州河上游并与得利寺龙潭山山城呈东西向对峙，山城西南80千米即复州湾。这两座山城控扼着此出入东北部山区腹部地的山口。

山城城垣修筑在蜿蜒曲折的山脊之上，平面呈不规则形，城墙均用石块砌筑而成。周长约2千米，城门筑在谷口处。城内有蓄水池及泉井，山城内曾出土红色绳纹瓦等文物。

瓦房店城山山城

高句丽城山山城位于瓦房店市太阳升乡那屯村高句丽城山顶部。地处复州河下游左岸。山城西接复州河，东连岗地，负山面海。

高句丽城山山岩陡峭，悬崖绝壁酷似城墙，城垣多依自然天险为屏，用人工加工后的石块连接陡峭的山岩筑成。山城所处地势险峻，易守难攻。城门筑在谷口处，登山唯此一条小路。山城内有泉井、蓄水池及房屋遗址。登上山城可以眺望复州湾，辽东湾亦尽收眼底。

瓦房店岚崮山山城

岚崮山山城位于瓦房店市李店乡南岚崮山顶部。海拔406米，是附近最高峰。东距岚崮水库1.5千米，北距李店乡5千米。源于岚崮山东侧之九龙河为复州河下游支流。岚崮山南距普兰店湾仅20千米，是控扼普兰店湾的战略要地。

山城城垣随山脊走势而筑，平面呈不规则形，城墙用人工加工后的石块

岚崮山城址

砌成，周长近 2 千米。山城内有泉井及蓄水池，山城偏西处有石砌高台遗址，当是瞭望台遗迹，立于高台之上普兰店湾尽收眼底。

庄河旋城山山城

旋城山山城位于庄河市西平山乡旋城村东北的山顶部。地处庄河下游入海口。其地负山面海，山城恰好扼守住庄河的通道。

山城周长为 1.3 千米，城墙沿山脊用石块筑在山脊之上，城内有蓄水池及泉井，城门筑在谷口处。山城所在地的山岩陡峭难攀，唯从谷口方能进入城内，属小型石城。

旅顺二城

南城位于原普希金小学中心（大华街、长江路、红光街、忠诚街中间部分），北城以今旅顺九三小学为中心（清代为宋头兵营）。两城相距约 200 米。

明太祖洪武四年七月，定辽都卫都指挥使叶旺、马云二将率大军在狮子口登陆后，改狮子口为"旅顺口"，当即命军士"树木为栅"，修成一座木栅城，留兵防守，此即旅顺北城。洪武二十年，为防倭寇侵掠金州沿海，明朝廷决定加强旅顺一带海防，即将金州卫中左千户所调往旅顺驻守。其后倭寇屡犯金州沿海，旅顺作为御倭前哨，地位越发显得重要，永乐元年（1403 年）特于旅顺设立了都司官备御。而金州城由土城改筑为砖城、复州城由土城改筑为石城以及旅顺南城（土城）、永宁监城（土城）等修筑工程也相继完成，于是在永乐十年（1412年）由金州卫指挥使徐刚主持，将木栅城改筑为砖城。新筑就的旅顺北城，周长一里一百八十步，护城河深一丈二尺、宽二丈。砖城南北各有一座城门：南曰"靖海"，北曰"威武"。

旅顺既是海防前哨，也是明军海路入辽登陆地、内地供辽各种海运军需物资的存储地和转运地，仅修一座规模不大的城池显然不够。于是在永乐四年旅顺军民又于北城之南另修了一座新城，此即旅顺南城，当时为土城。至永乐十年，金州卫指挥使徐刚督率军民，将土城改筑为砖城。新筑就的旅顺南城比北城略大，周长一里三百步，护城河深一丈二尺、宽二丈五尺，南北各有一座城门：南曰"通津"，北曰"仁和"。"登州卫海运军需至此"，卸货后存储、转运。

到嘉靖四十四年（1565年）《全辽志》成书时，旅顺"北城废"，明末后金南下时拆毁了北城，旅顺南城则废于清代。

红嘴堡

红嘴堡又称"镇海关"，当地俗称"红土城子"，位于普兰店区（原新金县）皮口街道新海社区西城屯北。《全辽志》有"红嘴堡，原废。嘉靖三十三年新复，官军一百三十五员名"的记载。清《盛京通志》云：在宁海县（金州）城东一百二十里，周围二里一百八十步，一门。城为砖土合筑，城墙内壁为红色和黄色土夯筑，外包以青砖。平面呈正方形，

归服堡

归服堡位于金州卫城东北一百六十里，地属今普兰店区城子坦街道春满社区昌盛街阳光路，濒临黄海，东连黄骨岛堡，西接红嘴堡，与今长海县大长山岛隔海相望，地理位置十分重要。《全辽志》有"归服堡，原废。嘉靖三十三年新复，官军一百三十员名"。

明代归服堡城门石额

与红嘴堡同时修筑于永乐二十年(1422年)。城为砖石土合筑，城墙内壁石筑，外包以青砖。平面呈长方形，经实测，南北长约150米，东西宽约125米。据调查，城墙高约10米，基宽约3米。门二，南、北各一，石砌券顶，门宽5米。南门为正门，门上嵌有"归服堡"三个大字的石门额，环以瓮城。归服堡毁于清代雍正年间。

黄骨岛堡

黄骨岛堡位于今庄河市(原庄河县)东约15千米的黑岛镇黄贵村城街屯北，《辽东志》《全辽志》和明代辽东文献中有记载。据文献和现有调查资料，城墙为砖石土合筑，城壁虽毁，今仍可见其隆起于地面。城内面积约2.4万平方米。城北约1.5千米是一条横贯东西的山冈，城南伸向黄海中的突出部分，古时称黄古(贵)岛，现名大南岛(樱桃山)，城东北为丘陵地带。清代城东建有古善寺。

金城子

金城子位于瓦房店市的西南部，今复州湾镇的金城村。它的南面是盐田，东、西、北三面是山和丘陵。瓦房店通往五岛去的火车，在这里设复州湾火车站。距复州湾镇人民政府所在地仅有一滩之隔。该城也是石城，建筑面积与羊官堡镇相似，只有南门，城门上石匾刻有"盐城"二字。为什么叫"盐城"？据《复县志略》记载：明朝在复州境内设炼铁军和煮盐军，说明那时还不会用海水去晒盐，得把海水放在锅里煮，才能煮出盐粒来，因为煮盐军驻在城里煮盐，所以称此城为"盐城"。

清朝撤煮盐军，城里不驻军了。因此，最早来复州垦荒的金姓农民就住进城里来，后来群众就把盐城改称"金城子"。

城里中心处有座观音庙，金姓农民就在庙里做道士(属正一派，俗称"伙居道")，世代相传直至解放前。

金城子的城墙和观音庙都已倒塌，今日遗迹无存了。

土城子

土城子位于瓦房店土城乡的土城村，东靠哈大公路，西临渤海，是土城乡人民政府的所在地。

土城子在明朝时称为"五十里寨",后来才改称土城子。

明洪武二十一年(1388年),从辽阳到旅顺沿途设驿站,在复州境内设五十里寨、复州城(在城驿)、栾古驿三个驿站,南接石河驿,北接熊岳驿。

天启元年,又在五十里寨里设铺递。这座土城就是为设驿站和铺递才修的。

据《复县志略》记载:土城的周长为一里一百二十六步(折合262米)城高不详,只有一个南门,门名不知。这里设的役夫数和任务,与栾古驿是一样的。

清沿明制,仍在这里设驿站和铺递。光绪三十三年(1907年),因设邮便所开办电报业务,将这里的驿站和铺递撤销了。

清撤驿站后,老百姓就住进土城里来。土城墙年久失修,今已倒塌。

大连地区的汉城

山城名	位置	规模	发现时间	备注
张店汉城	普兰店区铁西街道二道岭村张店屯	南北长340米,东西宽300米	1972年	
陈屯汉城	瓦房店市太阳升乡王店村北,今复州河右岸	20余万平方米,现存城东墙遗址长520米,宽12米,残高2—3米	1982年	
牧羊城	旅顺口区铁山镇刁家村西南的丘陵台地	南北长132米,东西宽82米	1928年	
大岭城	大连开发区大李家大岭村青云河左岸	边长约160米	1933年	
董家沟城	大连开发区董家沟街道南山		1908年	
东马圈子汉城	金州区	边长110米		
黄家亮子城	普兰店区	东西长109米,南北宽50米		
朱家屯汉城	长海县	长90米,宽110米		

大连地区的高句丽山城

山城名	位置	规模	寺院	备注
卑沙城	金州城区东 7.5 千米处大黑山上	海拔 500 余米，周长 5 千米，城壁高 3—5 米，宽 3.3 米	石鼓寺	
得利寺龙潭山山城	瓦房店北约 30 千米龙潭山上	海拔 555 米，周长 2240 米	得利寺	
北瓦房店山城	万家岭镇北瓦房店村旁山顶	周长约 2.5 千米		
普兰店巍霸山城	普兰店区星台镇东郭屯北部山顶	周长约 6 千米，城墙高约 9.4 米	清泉寺	
庄河城山山城	庄河市城山镇沙河村碧流河与夹河汇合处北 10 里的夹河东岸山上	周长 2898 米	法华寺 五老宫	
普兰店大城子山城	普兰店区大城子乡附近山冈上	周长 5000 米		
普兰店西山山城	普兰店区墨盘乡马屯村西山顶部	周长约 4 千米		
普兰店老白山山城	普兰店区元台乡二陶村东侧老白山顶部	周长约 2.5 千米		
瓦房店南马圈子山城	瓦房店市得利寺崔屯村下崔屯南马圈子山顶部	周长约 2 千米		
瓦房店城山山城	瓦房店市太阳升乡那屯村高句丽城山顶部，地处复州河下游左岸			
瓦房店岚崮山山城	瓦房店市李店乡南岚崮山顶部	海拔 406 米，周长近 2 千米		
庄河旋城山山城	庄河市西平山乡旋城村东北的山顶部	周长 1.3 千米		

大连地区的明代城堡

城名	位置	修筑年代	周长	边长（米）	面积（平方米）	形状	结构	备注
金州城	金州区域内	1371-1377年	6里	750	562500	方形	砖城	原为辽金土城
复州城	瓦房店市复州镇内	1381年 1403-1406年	4里300步	620	384400	方形	石城	原为辽金土城
旅顺北城	今中心小学为中心	1371年 1412年	1里180步	197	38810	方形	砖城	初为木栅城
旅顺南城	原普希金小学旧址为中心	1406年 1412年	1里300步	245	60025	方形	砖城	初为土城
永宁监城	瓦房店市永宁镇	1409年 1535年	3里80步	407	165650	方形	石城	初为土城
木场驿城	甘井子区营城子镇前牧城驿村	1415年后	2里241步	南北600 东西200—300	125000	蚕豆形	砖石城	驻百户所
石河驿城	金州区石河镇	1415年后	366米	91.6	8400	方形	砖石城	驻百户所
栾古关城	瓦房店市李店镇岚崮村	明初	1里108丈	215	46225	方形	石城	
羊官堡城	瓦房店市仙浴湾镇	嘉靖	840米	南北260 东西160	41600	长方形	石城	
归服堡城	普兰店区城子坦街道	1422年	550米	南北150 东西125	约19000	长方形	砖石城	
红嘴堡城	普兰店区皮口街道西城屯北	1422年	328米	南北84 东西80	6720	方形	砖城	

续表

城名	位置	修筑年代	周长	边长（米）	面积（平方米）	形状	结构	备注
望海埚堡城	金州区亮甲店街道金顶山村	洪武初	约200米	50	2500	椭圆形	砖石城	
黄骨岛堡城	庄河市	约1415年	—	—	—	—	—	不详
五十里寨城	瓦房店市土城乡土城子村	1388年	1里126步	230	52900	方形	土城	俗称土城子
王官寨城	金州区湾里乡王官寨村	1388年	560米	140	19600	方形	土城	
黄贵城	庄河市黑岛镇黄贵村	嘉靖	620米	155	24000	方形	砖石城	镇守使黄贵筑
亨兰堡城	普兰店区城区内	万历	—	—	—	方形	石城	存"亨兰"石额
土城子城	庄河市太平岭乡土城村	—	440米	110	12100	方形	土城	
城山堡	庄河市大郑镇大林村	—	76米	19	360	方形	石城	
谦泰土城	庄河市步云山乡	—	800米	200	40000	方形	砖石城	
盐城	瓦房店市复州湾镇金城村	—	约850米	212.5	45156	方形	石城	驻煮盐军，俗称金城子

后 记

对于辽南这块热土来说，无论是最早的带弓箭的夷人，还是燕秦汉移民到辽东郡沓氏的先民，抑或后来彪悍勇武的高句丽人、契丹人、女真人、蒙古人，也包括外来的侵略者俄国人、日本人……都已随风逝去了；无论这里发生过多少次残酷的战争，或者是苦难屈辱、悲伤如河，所有的一切都已湮灭在历史风尘之中了。

现在是楼房林立、车水马龙，现在是暮云春树、海阔天长……只有金州、复州、旅顺、卑沙城、牧羊城、张店汉城、陈屯汉城等等这些名字留了下来。

尽管我们生活在忙忙碌碌的今天，生活在琐碎的、烦恼的各种纠结中，但每个人内心深处都会有一种历史寻根情结。今天，我们虽然生活在信息爆炸的时代，但这些令人眼花缭乱的碎片并不能代表真正的历史。真正的历史，需要把我们笨拙的笔来当作洛阳铲，一点一点地往下深挖。

所谓古城就是历史的堆积或积淀，古城不仅是物质的，也是文化的，是有生命的，通过对大连古城的盘点，或许可以更了解我们这座城市。

《大连古城》一书这次做了很大的一个修订，在《大连古城》第一稿完成过程中，摄影家汤亚辉和编辑郭朝晖两人当司机兼摄影。我们专程去瓦房店复州城、吴姑城、普兰店巍霸山城、旅顺牧羊城和营城子汉墓等处采风。在这一次修订过程中，范志民又为我当司机去庄河城山山城和花园口，然后我自己又去了大岭屯汉城、羊官堡、牧城驿、永宁监城等处考察采风，后来因为拍摄大型人文历史纪录片《望海埚》的机缘，又去了七处古烽火台遗址……

书中所记述的大连地区古城，我都去过了，有的还不止一次两次。

身体力行，才知道田野调查是非常有意思、有意义的一件事情，不身临其境不知其乐其趣。

本书采用的图片较多，除了我自己采风所摄，本书的摄影作者还有金州古城的摄影家薛家玺、郭德昌，大连老作家韩悦行、大连日报记者阎承骏、辽师教授刘俊勇等人，还有张仁军和一些尚联系不上作者的摄影作品。由于时间久远，有些个别老图片已经不知出处，非常抱歉，如果有疏漏之处敬请谅解。

本书引用的史实典故多，难免有讹脱疏漏之处，非常感谢大连地方史老专家孙玉先生曾经为之勘正校对。

走过这些古城遗址后我有一个深刻的体会就是，我们大连这座城市，不是缺乏历史底蕴与文化传统，而是缺乏关注与思考，缺乏挖掘与研究，缺乏保护与开发，或者说缺乏视野与情怀。尤其是相当多的一些人对大连历史产生了一个错觉，就是将大连建市百年史看作是全部的大连史，这是一个很大的误区。

建议真正热爱大连的人，在喧嚣都市的忙碌中，找一个机会以自驾游的方式，带上你的相机和眼光，相约几个志同道合的伙伴，从半岛最东边最古老的牧羊城作为起点，然后走营城子、牧城驿、过哈斯罕关、大嘴子青铜遗址再到金州古城，然后上大黑山卑沙城；再到大李家大岭屯汉城、普兰店张店汉城、过城子坦到达复州古城；从复州城后到得利寺山城、巍霸山城和庄河的城山山城，再往西北到陈屯汉城、羊官堡城……

这一段旅程当然不会是纯风景之旅，却是寻根之旅和心灵之旅，走过这条路线之后就会明白，大连，是一座历史十分厚重的城市。

犹如黑山的巍峨庄重，恰似双海的奔涌激情，大连的厚重历史也有许多节点和亮点。一座座古城或遗址就是它的空间节点，一段段历史人物演绎的故事或传奇就是时间亮点。那古城遗址或悲怆，或峥嵘，或静默，或独语，都在记忆着辽南、记忆着大连的光荣与梦想、不屈与抗争。

我们爱大连，既爱她的时尚浪漫，美丽繁荣的当下；也爱她忧患与苦难煎熬，热血与山花绚烂的历史，包括那些残存的古城、古墙、青铜短剑和秦砖汉瓦、石斧青岩。

这一次的重新修订编校，又增加了8万多字，衷心感谢汤亚辉、郭朝晖、范志民、徐建华、铭鸿、郑雅文等人给与的帮助。

最后想说的是，退休之后，我能够一直坚持完成这本书修订的最大动力，就是热爱；完成之余，欣慰地抚摸着书稿的心情，就是感恩这些支持我的人。

作　者